처음 하는 인권교육

100시간교육 포럼

처음 하는 인권교육

배우며 실천한 공감의 인권 수업

**인천광역시교육청 학교민주시민교육
교사아카데미 지음**

마북

프롤로그:
인권교육을 위한 100시간의 여정

유범상 한국방송통신대학교 교수

빵과 권력으로 본 인권

'나는 생각한다. 그러므로 나는 존재한다.' 데카르트의 말이다. 인권은 인간이 생각하는 존재이고, 그 생각을 발언할 수 있어야 한다는 선포이다. 즉 인간이라면 자기 목소리를 가져야 하고, 공동체에 나가 자기 견해를 자유롭게 이야기할 수 있어야 한다. 프랑스혁명은 이와 같은 자유권적 인권을 인간의 권리로 명시했다.

어느 인문학 강의를 8차시에 걸쳐 한 후였다. 참여자들은 학습 동아리를 만들어 배움을 이어 갔고, 그중 명선 씨(가명)는 누구보다도 열심히 책을 읽고, 질문하고, 토론을 했다. 강좌와 토론을 통해 자신이 그동안 스스로 생각한 것이 아니라, '생각당해' 온 것을 깨달았다고 고백했다. 마트에서 일하며 학습 동아리 활동을 병행하자면 피곤했을 법한데, 늘 눈을 반짝이며 토론에 참여했다.

6개월이 지난 어느 날, 명선 씨가 학습 동아리에 이별을 고했다. 갑

자기 무슨 일인지 걱정이 되어서 그 이유를 물었다. 세월호 참사가 일어났을 때, 마트의 사장이 이 사건으로 자식을 떠나보낸 피해자인 유민 아빠를 거칠게 비난했다고 한다. 명선 씨는 욱하는 분노가 목구멍까지 치밀었지만 참았다고 했다. '빵'을 얻기 위해 명선 씨는 자기 목소리를 내지 않기로 한 것이다.

나는 말했다. "그럴 수 있습니다. 하지만 학습 동아리는 왜 안 나오려고 하죠?" 명선 씨가 대답했다. "예전엔 이런 일이 있어도 화가 나지 않았습니다. 그러려니 했고, 별다른 제 생각도 없었죠. 그런데 학습 동아리를 하면서 세상에 눈을 뜨고 나니 분노가 많아졌습니다. 여기에 더 있다가는 아무래도 사장을 치고받을 것 같아서……. 그래서 아무래도 학습 동아리에 나오지 말아야 할 것 같아요." 명선 씨는 현실과 의식 사이의 괴리로 인해 힘들었던 것이다. 그래서 자기 목소리가 생길 기회 구조를 거세하기로 한 것이다. 먹고 살아야 하니까.

이와 유사한 경우는 도처에 존재한다. 노동인권교육을 받은 청소년들은 아르바이트를 하거나 회사에 실습을 갈 때, 최저 임금을 보장받아야 하고 근로 계약서를 작성해야 한다는 사실을 알고 있다. 하지만 막상 현실에 닥치면 침묵할 수밖에 없다. 왜냐하면 빵을 얻어야 하니까. 한때 '사축 동화'가 유행한 적이 있다. '사축'은 '회사 가축'이라는 의미로, 기존 동화를 노동자의 상황에 빗대어 표현한 것이다. 사축 동화 『인어 공주』에서 인어 공주는 마녀에게 정직원이 되게 해 달라고 간청한다. 마녀는 정직원을 시켜 주는 대신 인어 공주의 목소리를 가져가고, 인어 공주는 아무리 부당한 일을 당해도 하소연을 할 수 없는 처지가 된다. 현실 노동자의 모습을 상징적으로 보여 주는 내용이다.

미투 운동도 유사한 맥락에서 바라볼 수 있다. 미투 운동을 주도한 이들은 검사, 기자 등 전문직에 종사하는 소수 여성 노동자가 대부분이다. 일반 여성 노동자들의 상황은 더 열악해서 빵을 걸고 자기 목소리를 내기 위해서는 더 많은 용기를 내야 한다.

이런 상황에서 인권 민감성을 교육한다면 어떻게 될까? 명선 씨처럼 인권 민감성은 높아지지만, 현실에서는 말을 하지 못할 가능성이 크다. 빵을 안정적으로 확보해야 말을 할 수 있기 때문이다. 강자들은 자신의 빵을 안정적으로 확보하고 있기 때문에 말을 할 수 있는 것이다. 이들은 남의 빵을 좌우할 힘도 갖고 있다. 이처럼 빵을 갖고 있는 사람들은 권력도 가지고 있다. 이들은 빵과 권력 덕분에 언제든 자기 목소리를 낼 수 있다.

모든 사람들에게 기본적인 빵을 제공할 수는 없을까? 사회권적 인권은 이런 문제의식에서 제안되고 쟁취되었다. 따라서 인권을 바라볼 때 기존의 자유권적 시각에 더해 사회권적 인권도 생각해야 한다. 소득, 의료, 교육, 주택, 고용 등의 영역에서 사회권이 보장되면 명선 씨는 마트의 사장에게 자신의 의견을 말할 수 있지 않을까? 사회권은 빵을 확보하지 못한 사람들도 자기 목소리를 낼 수 있는 근거가 된다.

사회권에 대해 모두가 찬성할 것 같지만, 현실은 그렇지 않다. 사회권은 다양한 세력으로부터 공격을 받는다. 태생적으로 갈등적인 사회권의 원리 때문이다. 첫째, 사회권을 실현하기 위해서는 필연적으로 사회의 자원을 재분배해야 한다. 더 안전한 사람들의 몫을 불안전한 사람들의 몫으로 소득 이전을 해야 한다. 둘째, 이렇게 되면 명선 씨 같은 사람들이 빵을 안정적으로 확보할 뿐만 아니라, 자기 목소리를 내고 권력도 갖게 된다. 강자의 입장에서 볼 때 사회권은 자신의 재산권에 대한 침해일 뿐만 아니라, 약자들의 도전을 전면화하는 계기일 수 있다. 이처럼 사회권은 약자에게 자유권을 온전히 발휘할 수 있는 조건인 반면 강자에게는 인권 침해로 인식될 수 있다.

사회권도 자유권처럼 갈등과 타협의 정치 드라마를 거듭한 끝에 쟁취되었다. 그리고 여전히 사회권을 쟁취하는 과정 중에 있는 사람들이 있다. 사회권의 도입과 유지는 빵의 결핍을 느끼는 사람들이 참여할 때 이뤄졌다. 이들이 사회권을 자신의 권리로 인식하고, 이 권리를 관철하기 위해 단결하여 조직화할 때, 즉 권력을 가질 때 사회권이라는 꿈은 이뤄진다.

빵과 장미를 향한 100시간의 인권 여행

이 책은 인천광역시교육청이 주최하고 '시민교육과 사회정책을 위한 마중물'(이하 사단법인 마중물)이 주관한 100시간의 민주시민교육의 산물이다. 2019년에 이어 2020년에도 교사들이 100시간의 과정을 함께 완주했다는 사실이 놀랍다. 교사들은 100시간 동안 인권에 대한 학습과 토론을 통해 공통의 생각을 찾아내고자 노력했다.

우선 100시간의 토론에서 인권이 민주시민교육과 깊이 연관되어 있다는 것을 이해했다. 민주주의가 자기 목소리를 내는 사람들이 공동체를 형성하는 것이라면, 인권은 이 목소리를 내는 것이 권리라는 것을 의미한다. 따라서 인권은 민주주의의 원리와 운영에서 필수적이다. 시민이 말할 권리를 자각하고 권리를 실제 행사할 때, 민주주의가 가능하다. 민주주의는 인권이 보장될 때 가능하고, 인권을 위한 실천이 곧 민주주의이다.

다음으로 '인권이란 무엇인가'에 대해 논의했다. 그동안 인권은 자유권적 관점에서만 접근해 온 경향이 있다. 인권교육도 인권 민감성이나 인권 감수성을 주로 가르쳐 왔다. 그런데 민감성의 눈으로 인권 침해를 인지했다고 하더라도, 힘이 없거나 경제적인 위협을 받고 있다면 그것에 대해 말할 수 없을 것이다. 이 같은 문제의식에 따라 우리 학습에서는 사회권의 눈으로 인권을 바라보고자 했다. 자유권을 얻어도 말하지 못하는 사람들에게 빵과 권력은 필수적이다. 따라서 사회권은 자유권을 온전히 확보할 수 있는 전제이자, 필요조건이다. 또한 사회권은 연대할 수 있는 원천적인 자원을 제공한다. 이런 점에서 사회권은 빵과 권력을 분배하는, 인권의 핵심적인 요소이다. 이처럼 우리는 인권을 정치의 맥락에서 이해했다.

마지막으로 참여자들은 교사로서 새롭게 논의한 인권을 교실에서 어떻게 교육할 것인가를 고민했다. 교사들 중에는 이미 인권교육을 해 온 사람들도 있고, 막 인권교육을 시작한 경우도 있었다. 인권교육의 경험을 성찰하거나 새로운 계획을 세우면서 토론을 이어 갔다.

이 책은 이와 같은 과정의 기록이자 성과물이다. 제목 『처음 하는 인권교육』은 인권교육을 처음 하는 분들을 위한 안내서임을 강조하고 있다. 교사들이 교육 현장에서 시행착오를 거치며 실천한 내용을 담고 있기에, 처음 인권교육을 시도하는 교사들에게 실질적인 길잡이가 되리라 기대한다. 아울러 인권교육이 그 어떤 교육보다 우선해서 이뤄져야 할 중요한 교육임을 강조하는 제목이기도 하다.

부제 '배우며 실천한 공감의 인권 수업'에는 이 책을 쓴 저자들의 자세와 인권교육의 지향점이 담겨 있다. 현재 교육 현장에 있는 교사들 대부분은 인권교육을 받은 적이 없는 세대이다. 인권교육의 방향이나 내용에 대한 사회적 합의도 부족한 상황이다. 그래서 이 책의 저자들은 아직까지 생소한 영역인 인권교육을 위해 100시간 교육에서 '학생'이 되기를 자처했다. 100시간 교육을 통해 사회권의 맥락에서 인권을 새롭게 배우고 이를 교실에서 실천하였다. 이 책이 저자들의 입장에서는 '처음 하는 사회권적인 인권교육'의 기록물인 셈이다. 부제의 마지막인 '공감의 인권 수업'은 이 책이 사회권적인 인권교육을 지향함을 말한다. 빈곤하고 어려운 상황에 있는 타인을 동정하고 시혜를 베풀라고 가르치는 '연민의 인권교육'이 아니다. '공감의 인권교육'은 권리의 결핍과 기울어진 운동장을 문제로 인식하고 시민력을 키워 함께 '빵과 장미'를 획득할 길을 고민한다.

　이 책은 크게 세 부로 나뉘어져 있다. 1부 '인권교육이 서 있는 자리'에서는 인권을 빵과 장미를 향한 정치로 규정하고(1장 유범상), 청소년 인권의 현주소와 학교 인권교육의 역사를 살펴본다(2장 김용진). 또한 한국의 교육열이 인권에 미친 영향을 살펴보고(3장 고정창), 기후위기 교육이 인권교육의 연장선에 있음을 보여 준다(4장 문준영).

　2부에서는 주어진 인권교육을 답습하지 않고 '교사 스스로 질문하는 인권교육'이 얼마나 중요한지에 주목한다. 인권교육이 어려운 이유와 해법을 학생, 교사들과의 대화를 통해 찾고(5장 손주호), 학생자치를 학생인권 차원에서 바라보고 어떻게 개선할지 고민한다(6장 호명성). 지금까지 해 온 다문화교육을 인권의 관점에서 돌아보고 새 방향을 모색하며(7장 정고은), 예술을 인권교육에 활용한 경험을 공유한다(8장 신혜연). 돼지를 학교에서 기르면서 벌어지는 일을 통해 동물권에 대해 생각해 볼 수 있는 기회를 제공한다(9장 이동철).

　3부는 '공감과 연대의 인권교육'을 고민하고 실천한 기록이다. 10

장(조영은)은 교사의 다른 질문 한마디가 어떻게 공감의 인권교육으로 이어지는지를 보여 준다. 11장(우성용)은 경쟁자가 아닌 동료를 얻는 토론 수업을 진행하기까지의 과정을 담았다. 12장(박희현)은 곧 노동자가 될 특성화고 학생들과 함께한 인권 수업기이다. 마지막 13장(김현아·정미경)은 헌법을 텍스트로 삼아 인권교육을 시도한 시행착오의 과정을 생생히 소개하고 있다.

고마움을 전하며

이 책은 따뜻한 인권적 토양, 즉 동료애가 없었으면 태어날 수 없었다.

이 책은 '인천광역시교육청 학교민주시민교육 교사아카데미'(이하 교사아카데미) 2기생들이 집필한 책이다. 100시간 동안 이뤄진 민주시민교육에 참여한 이들의 존재로 이 책이 가능했다. 2기들은 코로나19로 인해 대면 교육과 토론에 상당한 제약을 받았다. 하지만 저자들의 앎을 향한 열정과 시민교육에 대한 사명감에 힘입어 이 책이 완성될 수 있었다.

이 책의 출간은 2019년 100시간 민주시민교육에 1기로 참여한 동료들의 존재에 힘입은 바가 크다. 이들은 『민주주의자들의 교실』이라는 책을 철학편과 실천편으로 나누어 두 권으로 집필했다. 먼저 이 과정을 밟고 책을 출판한 '선배'들이 있었기 때문에, 2기의 학습과 출판이 더 탄탄히 진행될 수 있었다.

이 책은 도성훈 인천광역시교육감의 지지와 후원이 있었기에 가능했다. 인천광역시교육청의 김용진 장학사는 남다른 열정과 일관된 신념을 가지고 이 과정을 잘 이끌어 주었다. 깊은 감사와 신뢰를 보낸다. 사단법인 마중물의 김향미·양순식 국장은 학습과 토론이 원활히 진행될 수 있도록 최선을 다하였다. 인천광역시교육청과 사단법인 마중물은 2021년 현재 3기 100시간 민주시민교육을 평화와 생태를 주제로 진행하고 있다. 더 많은 결실을 기대해 본다. 강의를 통해 교사아카데미의 깊이를 더해 준 김선욱 숭실대 교수, 김형완 인권정책연구소 소장, 박영균 작가께 감사를 드린다.

　출판사 마북이 없었다면, 이 책은 대중서가 아니라 보고서에 머물렀을 것이다. 교실이나 강의실의 표현을 시민들의 정서와 눈높이로 전환해 준 이영은 편집자와 이 책의 가치와 지향을 오롯이 드러내는 멋진 디자인을 해 준 공미경 디자이너께 감사를 드린다. 김민하 마북 대표가 『민주주의자들의 교실』에 이어, 이 책도 발행해 준 것에 진심으로 감사한다. 저자가 많은 책은 그만큼 품이 많이 들어가는데, 책을 의미로 이해하고 좋은 책이 되도록 해 주었다.

　마지막으로 이 책이 빵과 권리의 결핍을 느끼고 있는, 특히 코로나19로 인해 빵을 구하기가 더욱 어려워진 시민들을 깊이 이해하는 데 도움이 되었으면 한다. 더 나아가 인권교육을 위해 애쓰는 일선의 시민교사들이 시민들을 교육하고 조직하는 데 작은 디딤돌이 되기를 소망한다.

차례

프롤로그: 인권교육을 위한 100시간의 여정 5

1부 인권교육이 서 있는 자리

1장 인권은 정치다: 빵과 장미를 향한 민주시민의 여정 21
1. 빵은 물론이고 장미도 — 21
2. 빵과 장미를 얻은 사람들 — 26
3. 상퀼로트의 빵과 장미, 사회권과 연대권 — 31
4. 흔들리는 인권과 민주시민교육에 담아야 할 것들 — 37

2장 청소년 인권과 학교 인권교육의 역사 43
1. 민주시민교육과 인권교육 — 43
2. 한국 청소년 인권의 역사 — 46
3. 학교 인권교육, 어디까지 왔나 — 55
4. 인권 교사로 산다는 것 — 60

3장 교육열과 인권 63

1. 높은 교육열의 명암 ——————————————————— 63
2. 초등학교 교실에서 체감하는 교육열 ——————————— 67
3. 교육열의 사회학 ——————————————————— 68
4. 교육과 인권이 만나려면 ———————————————— 71

4장 기후위기와 인권 75

1. 기후위기대응교육 돌아보기 —————————————— 75
2. 기후위기대응교육 뜯어보기 —————————————— 76
3. 기후위기대응교육 실천하기 —————————————— 79
4. 코로나 사태의 교훈 ————————————————— 92

2부 교사 스스로 질문하는 인권교육

5장 인권교육이 어려운 이유 97

1. 질문의 계기 ———————————————————— 97
2. 경청 ——————————————————————— 99
3. 오해 ——————————————————————— 107
4. 무지 ——————————————————————— 109
5. 현실 ——————————————————————— 110
6. 대화 ——————————————————————— 111

6장 학생인권의 바로미터, 학생자치 113

1. 학생들은 억압받고 있는가 ─────────────── 113
2. 학생들의 목소리가 반영되는 학생자치활동 ──────── 120
3. 억눌린 자들을 위한 학생자치 ─────────────── 129

7장 인권의 눈으로 본 다문화교육 131

1. 무엇을 가르치고 있나 ──────────────────── 131
2. 어떻게 가르치고 있나 ──────────────────── 133
3. 새로운 다문화교육의 실천 ───────────────── 138
4. 문화 다양성을 말하기 전에 물어야 할 질문들 ─────── 144

8장 예술로 만나는 인권교육 147

1. 인권교육, 조금은 불편하고 부담스러운 ──────────── 147
2. 인권교육과 예술의 만남 ────────────────── 148
3. 느끼고 표현하며 배우는 인권 ───────────────── 149
4. 예술을 매개로 한 인권 수업의 예 ─────────────── 150
5. 인권교육이 일상이 되는 날을 바라며 ──────────── 159

9장 돼지, 학교에 오다 161

1. 그저 '고기'였던 돼지와의 만남 ———————————— 161
2. 돼지를 키우며 시작된 고민 ———————————— 164
3. 교실에서 시작하는 동물권 고민 ———————————— 170
4. 뚱이에 대한 고민은 계속된다 ———————————— 176

3부 공감과 연대의 인권교육

10장 질문을 바꾸니 보이는 인권교육 183

1. 무엇이 문제인가 ———————————— 183
2. 무엇을 가르쳐야 할까 ———————————— 186
3. 어떻게 가르쳐 왔는가 ———————————— 189
4. 어떻게 가르쳐야 하는가 ———————————— 193
5. 공감의 인권교육을 위하여 ———————————— 201

11장 인권이 살아 있는 토론 수업을 꿈꾸며 203

1. 경쟁식 토론을 시도하다 ———————————— 203
2. 새로운 토론을 위한 만남들 ———————————— 207
3. 새로운 토론을 시도하다 ———————————— 213
4. 다음 비경쟁식 토론을 준비하며 ———————————— 220

12장 비주류 학생들과 함께한 인권 수업 이야기 223

1. "쏭생님, 기도 플레이스(선생님, 기도실 없어요)?" ─ 224
2. 특성화고에서 인권 수업하기 ─ 225
3. 다음 인권 수업을 고민하며 ─ 236

13장 헌법과 인권교육을 위한 '대화' 239

1. 수업 친구, 함께 교육과정을 재구성하다 ─ 239
2. 헌법을 매개로 인권 수업을 계획하다 ─ 241
3. 헌법 인권 수업의 실제 ─ 245
4. 다시, 헌법 공부를 하다 ─ 252
5. 미완의 수업, 그러나 인권의 정치성에서 길을 찾다 ─ 262

에필로그: 토론하는 동료와 함께 떠나는 즐거운 소풍길 267

참고 문헌 285

1부
인권교육이 서 있는 자리

인권은 이 시대에
함부로 다루어도 된다고 인식되는 사람들,
즉 빵과 장미가 결핍된 사람들에게
주목하려는 노력이다.

1장
인권은 정치다:
빵과 장미를 향한 민주시민의 여정

유범상 한국방송통신대학교 교수

1. 빵은 물론이고 장미도

인간은 자기 목소리로 공동체에 참여하는 존재이다. 그러나 처음부터 이런 생각이 받아들여진 것은 아니다. 중세까지만 해도 인간은 신의 피조물로서, 신의 뜻을 알고 신이 원하는 대로 살아야 하는 존재였다. 인간에게 땅을 준 것도 신이었다. 인간은 땅을 소유하지 못하고 점유할 뿐이었다. 인간의 권력도 신에 의해 정당화되었다. 왕권신수설이 그 예이다. 따라서 모든 결정에 앞서 해야 할 중요한 일은 신의 생각을 알아내는 것이었다. 그렇다면 누가 그 일을 했을까? 성직자이다. 신이 누구에게 땅을 빌려 주고, 권력을 하사하는지를 알아내는 존재가 교황이었다. 따라서 성직자가 1계급이 되었고, 귀족은 그 뒤를 이어 2계급이 되었다. 성직자와 귀족은 3계급인 농노 위에 군림했다. 이런 상황에서 인간에게 자기 목소리란 있을 수 없었다. 인간은 신의 목소리에 따라 '번역된 존재'에 불과했다. 공동체는 '하나님의 뜻이 하늘에서와 같이 땅에서도 이루어지게' 노력해야 했다. 신의 공동체가 인간 세상의 모델이었다.

근대는 인식론적 혁명의 시대였다. 모든 것의 기준이 신에서 인간으로 바뀌고, 신의 눈이 아니라 인간의 눈으로 세상을 바라보기 시작했다. '나는 생각한다. 그러므로 나는 존재한다.'는 데카르트의 언명은 더 이상 신의 생각을 따르지 않고, 이성을 가진 인간으로 생각하겠다는 선언이었다. 신의 존재 여부에 대한 판단도 개인의 몫이었다. 개개인의 판단에 따라 신은 존재하기도 하고 존재하지 않기도 한다. 신을 선택할 자유, 종교의 자유도 가지게 되었다. 이제 인간은 자기 목소리를 가지게 되었다.

로크가 사적 소유권을 정당화하는 근거를 제시하면서, 인간은 점유하는 데 그쳤던 땅도 소유할 수 있게 되었다. 로크는 자연 그 자체는 신의 것이지만, 인간이 유일하게 소유한 자신의 노동을 섞으면 자연도 개인의 소유가 될 수 있다고 주장했다. 왕권신수설도 뒤집혔다. 중세에 신이 교황을 통해 군주에게 준 권력은 신성한 것이었다. 따라서 권력은 도덕적이고 윤리적이어야 했다. 하지만 근대적인 권력은 인간이 권모술수를 통해 획득하고 유지하는 것이다. 마키아벨리는 『군주론』에서 말한다.

"군주가 짐승의 방법을 취하지 않을 수 없을 경우에는 여우와 사자를 선택해야 한다. 사자는 함정에 대하여 속수무책이며, 여우는 늑대에 대하여 손을 들게 마련이다. 그러므로 함정을 알아차리기 위해서는 여우가 되고, 늑대를 쫓아 버리기 위해서는 사자가 되어야 한다."

마키아벨리가 말하는 짐승의 방법이란 여우와 사자의 힘으로 자신의 의지를 관철하는 것을 뜻한다. 더 이상 공동체는 신의 형상을 좇지 않는다. 인간이 정치를 통해 스스로 자신들의 공동체를 만들어 가는 것이다. 이제 인간은 자기 목소리를 가지고 공동체를 형성하는 주체가 되었다.

그렇다면 근대 이후 모든 인간은 새로운 원리에 따라 자기 목소리를 내며 살았을까? 빵을 자력으로 해결할 수 있는 소수만이 이 권리를 누렸다. 빵이 결핍된 인간에게 자기 목소리를 낼 권리는 그림의 떡에 불과했다. 해고의 위협 앞에서 누가 감히 자기 목소리를 낼 수 있을까? 역사적으로 빵을 안정적으로 확보한 자들만이 자기 목소리를 낼 수 있었다. 따라서 근대의 역사는 기본적으로 빵을 얻기 위한 투쟁의 역사라고 말할 수 있다. 빵은 윤리와 도덕에만 호소해서는 얻을 수 없다. 권력을 쟁취해야만 획득할 수 있다. 빵을 얻기 위한 수많은 투쟁 가운데 하나가 1910년대 전후의 미국 여성 노동자들의 투쟁이다. 이들은 외쳤다.

"우리에게 빵을 달라, 그리고 장미도!"

이 구호는 제임스 오펜하임의 시 〈빵과 장미〉(1911)에서 비롯된 것으로, 장미는 희망, 권리, 품위, 존엄 등을 상징한다. 동물은 빵만으로 살아갈 수 있지만, 인간은 빵은 물론 장미까지 가져야 살아갈 수 있는 존재라는 주장을 담고 있다.

불쌍히 여겨 나누어 주는 자선과 동정의 빵은 생계를 해결해 줄 수는 있지만 모멸감을 안겨 준다. 구호 속에서 외치는 장미는 빵을 품위 있게 얻을 수 있는 권리를 의미한다. 이 같은 권리를 갖기 위해서는 노동자들이 빵의 생산뿐 아니라 분배의 과정에도 참여할 수 있어야 한다. 공동체의 구성원으로서 어떤 상황에서라도 최소한의 빵을 품위 있게 얻을 수 있는 권리, 이것이 사회권이다. 국가적 차원에서 처음으로 사회권 보장의 청사진을 제시한 「베버리지 보고서」(1942)는 국가가 소득 결핍, 무지, 질병, 불결, 나태 등 다섯 거인의 공격으로부터 시민을 안전하게 지켜야 한다고 주장했다. 시민들은 사회보장, 의무 교육, 공공 의료, 공공 주택, 완전 고용을 국가에 요구할 권리를 가지며, 국가는 이를 이행할 의무가 있다.

사회권이 성립하려면, 더 많이 가지고 더 안전한 사람이 더 내놓아야 하는 반면, 더 많이 필요로 하고 더 위험한 사람은 더 많이 가져갈 수 있어야 한다. 이것이 어떻게 가능할까? 권리를 자각하고, 이 권리를 실현하려는 시민들의 연대 덕분에 가능해진다. 「베버리지 보고서」가 나왔을 때, 이를 구해 읽으려는 시민들이 1.6km의 장사진을 이뤘다고 한다. 제2차 세계대전 중임에도 불구하고 시민들은 「베버리지 보고서」를 읽고 방공호와 도서관에서 토론을 하였다. 그러나 연립 정부의 수반이었던 보수당의 처칠은 당초 베버리지와의 면담조차 거절하였다. 처칠은 베버리지의 보고서가 시기상조라고 생각했다. 반면 노동조합이 창당을 주도한 노동당은 「베버리지 보고서」를 전폭적으로 수용했다. 전쟁 영웅이었던 처칠은 종전 직후에 치루어진 총선에서 노동당에 크게 패한다. 「베버리지 보고서」의 수용 여부가 승패를 갈랐던 것이다. 이처럼 '요람에서 무덤까지'라는 사회보장 제도의 기초가 된 「베버리지 보고서」는 노동자와 시민들의 지지와 연대로 가능할 수 있었다. 북유럽의 국가들에서 발달한 '학습 동아리 민주주의'도 연대의 관점에서 눈여겨볼 만하다. 이들 국가에서는 성인 인구의 약 70%가 학습 동아리에 참여하고 지역 문제에 참여한다. 유럽 국가들의 선례에서 알 수 있듯, 시민들의 연대성은 하늘에서 뚝 떨어지는 것이 아니다. 끊임없는 시민교육을 통해 자각한 자만이 연대에 나선다. 그리고 연대하여 정치에 참여하면서 시민들의 연대성은 더욱 강화된다.

사회권이 보장되면 많은 측면에서 시민들 간의 격차가 줄어든다. 어느 가정에서 태어나든지 출발선을 같게 함으로써 조건의 평등이 실현된다. 또한 빵이 보장되므로 누구나 자유롭게 발언하고, 노동자와 시민들이 조직화하여 정치에 참여할 가능성도 높아진다. 이처럼 사회권은 단순히 빵을 나누는 것이 아니라 권력, 즉 장미를 선사하는 계기를 만든다.

이상에서 보듯이 본 글은 인권을 빵과 장미를 요구할 권리라 정의한다. 그리고 이와 같은 인권이 보장되는 데는 사회권이 필수적이라고 본다. 사회권은 빵의 결핍을 최소화하여 누구나 자기 목소리를 낼 수 있는 자유권을 실질적으로 보장하기 때문이다. 만약 사회권이 주어지지 않는다면, 빵을 이미 확보하고 있는 사람만이 자기 목소리를 낼 수 있다. 사회권은 노동자와 시민의 연대, 그리고 그 연대의 결과 가능해진 소득 이전으로 인해 비로소 성립된다. 사회권을 포함하는 인권은 누구나 목소리를 낼 수 있는 조건을 형성한다는 점에서 매우 정치적인 개념이다.

2. 빵과 장미를 얻은 사람들

빵을 향해

중세의 빵은 농노들이 만들었다. 농노들은 그 빵을 조금밖에 가질 수 없었고, 나머지는 귀족들에게 바쳐야 했다. 빵을 많이 먹고 소유할 수 있는 존재는 밭에서 일하지 않는 귀족과 성직자들이었다. 이것이 가능했던 것은 계약 조건 때문이다. 계약에 의해 귀족은 빵이 나오는 땅을 외부의 공격으로부터 지켜 주었고, 성직자는 일용할 양식, 즉 빵을 달라고 하나님에게 기도했다.

그런데 계약 공동체인 중세의 땅에 '이상한 사람들'이 나타났다. 이 사람들은 중세의 일반적인 관념 및 행동에 비춰 볼 때 확연히 다른 존재들이었다. 중세는 먹기 위해 빵을 만들었고, 사용하기 위해 물건을 만들었으며, 그러고 나서 남은 것을 물물교환했다. 하지만 이 사람들은 팔기 위해 빵과 물건을 만들었다. 만든 물건은 상품이 되었고, 이것을 시장에서 돈을 받고 매매했다. 중세 사람들이 땅을 하나님의 것이라고 생각한 반면, 이 사람들은 자신의 노동을 섞으면 자기 소유가 될 수 있다는 관념을 갖고 있었다. 하나님의 것으로 공적 소유였던 것들이 인간의 사적 소유로 전환되기 시작했다. 중세 사람들이 태어난 곳에서 죽을 때까지 계약에 묶여 살았다면, 이 사람들은 상품을 팔기 위해 이곳저곳을 돌아다녔다. 상품 판매를 위해 세상을 연결하기 시작한 것이다. 이들은 이성을 강조하면서 더 이상 중세와 신의 법에 묶여 있기를 거부했다. 인간 중심주의가 탄생한 것이다. 그렇다면 이 사람들은 누구일까? 자신들만의 성(불어로 '부르그')에 모여 살던 시대의 이단

아들을 부르주아지(성에 사는 사람들)라고 불렀다.

부르주아지는 점차 경제를 장악해 나갔다. 돈이 되는 것이라면 무엇이든지 했다. 십자군 전쟁을 후원하고 참여하기도 했다. 상품을 사고 팔기 위해 새로운 무역로도 개발했다. 부르주아지는 더 싼 원료와 노동력을 얻기 위해 신대륙을 발견하고, 노예 무역을 시작했다. 부르주아지는 개척자이자 탐험가이고, 제국주의자였다.

부르주아지의 돈을 향한 행진에 가장 큰 걸림돌은 바로 중세라는 체제였다. 장원제로 분할되어 있는 지역들 간의 장벽은 상품과 노동력의 흐름을 방해했다. 중세의 봉건 체제는 지역을 이동할 때 많은 세금을 부과했고, 상품의 안전마저 위협했다. 봉건 영주와 성직자는 부르주아지에게 우호적인 세력이 아니었다. 성직자는 이윤 활동을 부정적으로 보았다. '마음의 가난'을 외치는 종교의 관점에서 부르주아지의 탐욕이 곱게 보일 리 없었다. 영주들은 부르주아지의 이동과 성장을 방해했다. 그들은 자신들의 영토에 들어오고 나가는 것을 지속적으로 통제하려 했다. 부르주아지가 힘을 갖는 것을 봉건제에 대한 위협으로 인식하여 경계했다.

부르주아지는 봉건제를 넘어서는 데 유용한 협력자를 발견했다. 부르주아지는 교황과 봉건 영주에게 영향력이 약했던 군주와 결탁하고, 많은 자원을 제공하였다. 이 돈으로 군주는 군대를 만들고 공무원을 채용했다. 근대 국가의 기반인 상비군과 관료제는 이렇게 탄생했다. 이런 점에서 근대 국가는 부르주아지의 욕망의 결과물이라 볼 수 있다.

부르주아지는 근대 국가 성립을 통해 광범위한 지역에서 자유롭고 안전하게 상행위를 할 수 있게 되었다. 그렇다면 이제 빵을 얻는 여건이 부르주아지가 바라는 만큼 충분히 개선되었을까? 군주는 근대 국가의 성립과 함께 절대 군주로 성장했다. 절대주의는 많은 군대와 공무원을 유지해야 하기 때문에 더 많은 돈을 필요로 했다. 또한 성직자와, 절대 군주의 친인척인 귀족들까지 부르주아지의 부에 기생하고 있었다. 권력이 부르주아지의 돈으로 부르주아지를 억압하고 있었던 셈이다. 부르주아지는 상품을 만들고 교역하여 막대한 부를 축적했지만, 여전히 사회의 주체로 인정받지 못하였다. 빵을 만들었지만 빵을 지킬 권리는 그들에게 없었다. 이와 같은 상황에 부르주아지가 불만을 가지면서 부르주아지와 군주 간 연대에 균열의 조짐이 생겼다.

내 가슴에 장미를

부르주아지는 빵을 만들고 시장을 활성화시켰다. 더 많은 빵을 위해 봉건 제도를 무너뜨리고, 권력이 이동하는 데에도 큰 영향력을 행사했다. 하지만 새로운 체제인 절대주의도 부르주아지의 빵을 향한 여정에 여전히 방해가 되었다. 이때 한 선동가가 나타났다.

"우리는 모든 것을 생산한다. 그런데 현재 정치적으로 아무것도 아니다. 이제 모든 것이 되어야 한다."

시에예스는 성직자와 귀족이 사회에 어떤 유용성도 없다고 비판했다. 그리고 빵을 만드는 사람들인 제3신분이 전체 인구의 90% 정도를 차지하지만, 권리와 권력의 측면에서 아무것도 아닌 것으로 취급받는 현실에 분노했다. 부르주아지는 시에예스의 이런 주장이 담긴 팸플릿, 「제3신분이란 무엇인가」에 열광했다. 이런 상황에서 절대 군주는 공교롭게 제3신분 대표를 불렀다. 재정이 궁핍해지자 더 많은 돈을 걷기 위해 귀족, 성직자, 그리고 제3신분으로 구성된 삼부회를 소집한 것이다. 제3신분은 삼부회가 자신들의 돈을 합법적으로 갈취하기 위한 기구라고 생각했다. 세금 한 푼 내지 않는 귀족과 성직자가 한편이 되어 절대 군주의 세금 정책에 손을 들어주었기 때문이다.

부르주아지는 절대 군주와 귀족, 성직자의 횡포를 더 이상 참을 수 없었다. 프랑스혁명은 삼부회를 거부하고, 테니스 코트에 모인 부르주아지의 집단행동에서 시작되었다. 이들은 「인간과 시민에 관한 권리 선언」, 즉 프랑스 인권 선언을 낭독했다. 이는 빵을 지키기 위한 선언으로, 절대 권력에 대항한 것이다. 그러나 정작 군대에 맞서 싸운 것은 부르주아지가 아닌 상퀼로트였다. 상퀼로트는 귀족들이 입는 반바지가 아닌 긴바지를 입는 사람들, 즉 민중을 의미한다. 민중들은 레미제라블(Les Misérables), 비천한 사람들이었다. 시대를 막론하고 늘 빵을 얻기 힘들었던 이들은 혁명이 자신들에게 새로운 빛이 될 것이라고 생각했다.

프랑스혁명은 제3신분인 부르주아지와 상퀼로트가 절대 권력을 대상으로 벌인 투쟁이었다. 하지만 혁명에 임하는 두 존재의 목적은 서로 달랐다. 이미 빵을 얻은 부르주아지는 자신들의 정치적 권리, 장미를 얻기 위해 투쟁했다. 그 결과 법을 통한 지배와 삼권 분립 등 부르주아지를 위한 체제가 수립됐다. 새로운 공동체는 부르주아지에게 정치적 자유를 선사했다.

그렇다면 상퀼로트에게 프랑스혁명은 무엇이었을까? 봉건제와 절대주의 모두에서 빵을 얻지 못한 비천한 사람들이 생존권을 위해 벌인 몸부림이었다. 상퀼로트는 세 살 때부터 분진 가득한 탄광, 솜먼지

날리는 방직 공장, 턱을 괴사시키는 인을 다루는 성냥 공장 등에서 일했다. 그러다 보니 어린 나이에 산업 재해로 사망하는 경우가 많아 당시 상퀼로트의 평균 수명은 20세가 채 되지 않았다. 그들에게 프랑스혁명은 오늘과 다른 내일을 위한, 퇴로 없는 선택이었다. 혁명이 부르주아지에게 가슴에 장미를 달기 위한 것이었다면, 상퀼로트에게 혁명은 빵의 약속이었다. 그렇다면 혁명은 상퀼로트에게 약속을 지켰을까?

자유권을 사유하다

프랑스혁명은 과연 모두에게 빵과 장미를 가져다주었는가? 「인간과 시민에 관한 권리 선언」은 모든 인간에게 자유를 선포했다.

> **「인간과 시민에 관한 권리 선언」 제1조**
> **인간은 자유롭고 평등하게 태어나서 생활할 권리를 가진다. 사회적 차별은 오로지 공동 이익을 위해서만 가능하다.**

모든 인간은 자유롭고 평등하다. 즉 장미를 입에 물고 태어난 존재이다. 이처럼 프랑스혁명은 모두의 자유를 표방했지만, 실상은 일정한 재산이 있는 사람들에게만 투표권을 주었다. 부르주아지는 프랑스혁명을 통해 사적 소유를 정당화하고, 재산권을 보호받을 권리와 권력을 갖게 되었다. 이런 점에서 프랑스혁명은 부르주아지 혁명으로 평가받기도 한다. 프랑스혁명의 자유는 부르주아지에게 빵을 지킬 자유를 의미했다. 결국 빵을 가진 자만이 장미를 가질 수 있었다.

「인간과 시민에 관한 권리 선언」은 모두가 인간이라고 선언했지만,

빵을 가지지 못한 상퀼로트는 인간이 아니었다. 자유가 재산과 연동되면서 특정 소수에게만 허용되었기 때문이다. 결국 투표권은 5%의 사람들에게만 돌아갔다. 여전히 상퀼로트와 여성, 그리고 외국인은 공동체에 자기 목소리로 참여할 수 없었다.

 노동자들은 저항했다. 하지만 이 저항은 파리 코뮌을 거치면서 정부에 의해 진압되었다. 이 과정에서 노동자들은 빵을 얻기 위해 권력을 가지는 것이 필수적이라는 사실을 깨달았다. 노동조합이 주도한 차티즘 운동을 통해 일부 노동자들은 참정권을 쟁취했다. 그리고 자유권에서 재산권 조항이 폐지되었다. 이제 참정권을 얻었으니, 노동자들도 드디어 자기 목소리를 갖게 되었을까?

3. 상퀼로트의 빵과 장미, 사회권과 연대권

사회권으로 빵을

인권은 모든 인간에게 자유권적 인권, 즉 자유권과 정치권이 있다는 사상이다. 1948년 유엔에서 채택한 「세계인권선언」은 모든 인간이 언론, 출판, 집회, 결사, 사상, 표현 등의 자유를 갖는다는 내용을 담고 있으며, 참정권을 보장한다. 점차 재산, 성별, 인종 등의 조건이 사라지면서 상퀼로트도 표현의 자유와 투표권을 가지게 되었다. 그렇다면 과연 이들은 자기 목소리로 공동체에 참여할 수 있을까? 아니다.

 자기 목소리는 생각할 여유가 있을 때 가질 수 있다. 고된 노동을 쉼 없이 해야 하는 사람에게 생각은 사치일 수 있다. 예를 들어 3교대로 고된 노동을 반복하는 노동자가 독서와 토론을 하고, 생각을 할 물리적 시간과 여유를 갖기는 쉽지 않다. 설사 생각할 시간이 있어 자기 목소리를 가지게 되었다 하더라도 그 목소리를 내기란 쉽지 않다. 목소리는 안전할 때 낼 수 있기 때문이다. 해고의 위험을 무릅쓰며 회사의 방침을 비판하고, 임금과 노동 조건 개선을 요구할 수 있을까? 빵의 위협을 느낄 때 자유권은 무용지물이 된다.

자본주의의 발달로 생산력이 기하급수적으로 증대되었지만, 상퀼로트가 안정적으로 빵을 구할 수 있는 구조는 여전히 만들어지지 않았다. 이런 구조를 어떻게 만들어야 할까? 이런 고민 끝에 고안된 것이 사회권이다.

사회권은 '누구에게나' '기본적인' 빵을 '공적으로' 보장하는 것이다. '누구에게나'는 모든 시민들을 의미한다. '기본적인'이 의미하는 것은 국민기준선(national minimum standard of living)이다. 이것은 인간다운 삶이 가능하도록 최소한의 빵을 보장하는 것이다. 국민기준선은 모든 시민이 배부를 권리는 없을지라도 최소한 배고프지 않을 권리가 있다는 선언이다. 이 사회에서는 배고픈 소크라테스가 존재해서는 안 된다. 배고프지 않은 소크라테스이어야 한다. 시민들은 언제 어떤 상황에 처하더라도 배고프지 않고 생각할 수 있어야 한다. 「베버리지 보고서」는 시민들의 삶을 위협하는 다섯 거인을 제거해야 한다고 주장했다. 마지막으로 '공적으로'는 국민기준선을 국가가 보장해야 한다는 것을 의미한다. 개인이나 단체의 자선과 시혜가 아니라, 국가가 법적·제도적 방식을 통해 시민의 안전을 확립해야 한다.

이상에서 보듯이 부르주아지가 시장에서 자신의 능력으로 빵을 얻었다면, 상퀼로트는 사회권을 통해서야 비로소 빵을 안정적으로 보장받게 되었다. 빵에 대한 걱정이 사라지자 상퀼로트도 생각하고 토론하며 자기 목소리를 낼 수 있는 존재가 되었다. 사회권은 상퀼로트에게 말할 시간과 용기를 준 것이다. 자유권적 내용에 한정되었던 인권 개념도 사회권적 개념까지 아우르게 되었다.

사회권은 부르주아지와 상퀼로트에게 다른 의미를 지닌다. 상퀼로트는 사회권이 있어야 자유권을 누릴 수 있다. 빵의 걱정이 없어야 말할 수 있기 때문이다. 빵이 있어야 장미를 가질 수 있는 것이다. 하지만 부르주아지에게 사회권은 오히려 재산권을 침해하는 반인권적인 요소일 수 있다. 사회권을 실현하기 위해 소득 이전을 할 때 부르주아지는 재산상의 불이익을 당하기 때문이다. 즉 말할 조건을 이미 갖춘 사람들은 사회권이 오히려 인권을 억압한다고 생각할 수 있다. 이런 점에서 사회권은 갈등적이고 정치적이다.

마샬의 논지에 따르면 자유권, 정치권, 사회권으로 구성된 시민권은 지위에 관한 권리이다. 국가와 국민의 관계를 생각하면, 지위에 관한 권리라는 개념을 쉽게 이해할 수 있다. 국가의 구성 요소는 주권, 영토, 국민이다. 국민이 없다면 국가도 없다. 그래서 국민이라는 지위만으로 국가에 빵과 장미를 위한 기본적인 권리를 요구할 수 있다. 마치 한 집안의 아이가 그 집에 태어났다는 이유만으로 가족에 대한 어떤 기여나 업적에 상관없이 보호받아야 하는 것과 같다. 따라서 국가는 국민이라는 이유만으로 빵과 장미를 제공해야 한다. 이런 맥락에서 시민권의 구성 요소인 사회권은 시민의 기본적인 권리로 보장되어야 한다.

노동권과 연대권으로 장미를

상퀼로트는 공장에서 일을 해서 빵을 얻는다. 공장은 부르주아지가 빵을 얻는 장소이기도 하다. 동일한 빵을 상퀼로트와 부르주아지가 나누어 가져야 하는 문제가 발생한다. 이때 가치 분배는 어떻게 이루어질까? 그리고 누가 분배를 해야 할까? 그 일을 하는 것이 정치이다. 정치학자 데이비드 이스튼은 정치를 '가치의 권위적 분배'라고 정의했다. 가치 분배의 과정과 결과가 권위를 갖도록 하는 행위를 정치로 본 것이다. 권위적인 분배가 되기 위해서는 구성원들이 동의를 해야 하는데, 구성원들이 분배 과정에 직접 참여할 경우 동의를 이끌어 내기에 유리하다.

상퀼로트가 이 분배 과정에 참여한다고 하더라도 혼자서는 목소리를 내기 어렵다. 공장주인 부르주아지가 공장에서 절대적인 힘을 갖고 있기 때문이다. 단, 상퀼로트 여럿이 함께라면 목소리를 내는 것이 가능할 수 있다. 상퀼로트에게 단결할 권리가 필요한 이유이다. 상퀼로트는 단체로 협상하고, 협상이 결렬되었을 때 단체로 행동할 수 있어야 한다. 단결권, 단체교섭권, 단체행동권으로 구성된 노동3권은 노동자들이 빵을 안정적으로 얻는 데 필수적인 것이다. 노동권은 공장에서 노동자들이 자신들의 권리를 관철할 수 있도록 해 준다는 차원에서 공장에 들어간 시민권이자 정치권이라 할 수 있다. 이 노동권이 상퀼로트에게 장미를 선사한 것이다.

노동권은 법적·제도적으로 명문화되었을 때 비로소 효력을 발휘할 수 있다. 이것이 제도 정치이다. 이를 위해 노동자들은 공장을 넘어 사회로, 제도 정치로 자신들의 영향력을 확장시켜 나갔다. 정당을 직접 만들거나 정당에 영향력을 행사하였다. 대표적인 예로 영국의 노동당은 노동조합을 기반으로 만들어졌다. 노동권이 정치적 산물이라는 것을 깨달은 상퀼로트의 자각과 적극적인 실천 덕분이었다. 그런데 노동당이 집권을 하기 위해서는 시민 사회의 지지가 필수적이었다. 그래서 공장의 상퀼로트는 시민들의 지지를 얻고자 노력하기에 이른다. 오늘날 복지국가의 노동조합이 조합원 교육을 넘어서 시민교육을 하는 것도 이 같은 맥락이다.

이상에서 보듯이 상퀼로트의 사회권은 연대의 산물이다. 연대는 생산 수단을 가지지 않은 오늘날의 상퀼로트인 노동자들과 시민의 협력을 의미한다. 즉 노동 운동뿐 아니라 시민운동 진영까지 사회권의 필요성을 자각하였기 때문에 사회권이 현실화될 수 있었다.

사각지대는 여전하다

인권은 권리를 위협받는 당사자들이 자신들도 인권을 가진 존재임을 자각하고, 자기 목소리를 내는 과정에서 발전되어 왔다. 부르주아지에 이어 대공장의 상퀼로트도 차티즘 운동, 공장법 개정 운동, 사회참여 운동 등을 통해 빵과 장미를 얻었다. 대공장 노동자들에게 국한되었던 권리가 점차 모든 남성으로 확대되었고, 여성으로까지 확장되었다. 이제 현대의 민주주의 국가들은 모든 사람들에게 인권을 보장하고 있는 것처럼 보인다. 과연 그럴까? 인권의 사각지대는 여전히 도처에 존재한다.

켄 로치 감독의 〈빵과 장미〉는 오늘날 상퀼로트의 현주소를 보여 준다. 이 영화는 미국의 하층 노동자들의 이야기로, 특히 인권 사각지대에 놓여 있는 불법 체류 노동자들의 실상을 보여 주고 있다. 이들은 장미는 고사하고, 고용 불안정과 빵의 결핍 상태에 놓여 있다.

> "82년 청소부의 시간당 임금은 8.5달러였고, 의료 보험과 치과 보험에 모두 가입이 되어 있다. 그러나 99년 청소부의 시간당 임금은 5.75달러이고, 아무런 보험 혜택도 없다. 그 강도 같은 놈들은 미국의 최빈곤층에게서 20년 동안 수천억 원을 가로챘다."

영화 속 청소 노동자들은 빵과 장미를 얻기 위해 단결하여 자기 목소리를 낸다. 노동자들의 삶이 나날이 악화되는 가운데 터져 나온 외침이 월가 시위(Occupy Wall Street)이다.

한국도 예외가 아니다. 『배달의민족은 배달하지 않는다』라는 책은 배달 노동자들의 현실을 고발하고 있다. 소위 라이더(음식 배달 노동자)는 원래 음식점에 고용되어 오토바이를 제공 받고, 산재 보험 등의 사회 보험에 가입된 노동자이다. 그러나 현재는 라이더가 1인 사업자로 등록하여, 자신의 오토바이로 콜(주문)을 받고 수수료를 받는 구조로 되어 있다. 그래서 사고가 나면 라이더 본인이 책임을 져야 한다. 고용주의 입장에서 보면 부담과 책임을 회피할 수 있는 편리한 구조이다. 이것을 가능하게 하는 것이 '배달의민족'과 같은 회사이다. 부르주아지는 더 영악해지고, 상퀼로트는 나날이 무력해져 장미는 고사하고 빵마저 위협받는 지경에 처해 있다.

이상에서 보듯이 노동자들은 여전히 빵과 장미를 얻기 힘든 상황에 놓여 있다. 노동자들의 인권은 자본주의 초기의 모습에 대비해 본질적으로 크게 나아지지 않은 듯하다. 노동자들은 불안정한 고용 상태로 인해 고통받는 프레카리아트(불안정한 무산계급이라는 뜻)가 되어 가고 있다. 인권의 사각지대는 더욱 넓어지고 보편화되었다.

4. 흔들리는 인권과 민주시민교육에 담아야 할 것들

사회적 위험에 흔들리는 인권

자본주의가 이윤을 얻기 위해 무한 질주하는 모습을 울리히 백은 '돌진적 근대화'로 표현했다. 돌진적 근대화 과정에서 상퀼로트는 착취당했다. 초기 자본주의는 최소 비용으로 최대의 이윤을 얻을 수 있다면 전쟁도 불사했다. 이윤 극대화를 위한 착취의 대상에서 동물도 예외는 아니었다. 그 예가 공장식 축산이다. 인간과 동물에 대한 착취는 필연적으로 자연에 대한 착취로 이어졌다. 자연은 이윤을 위한 돌진적 근대화 속에 갈수록 원형을 잃어 갔다.

노동자와 동물, 자연에 대한 착취의 결과는 부메랑이 되어 인간에게 돌아왔다. 산업 재해, 원인을 알 수 없는 질병, 더 나아가 생태와 기후의 변화로 인해 인류 전체는 위험에 직면했다. 자본주의의 위험은 사회화되었다. 위험이 특정 개인에게 국한된 것이 아니라 모든 사람들에게 영향을 미치기 때문이다. 하지만 사회화된 위험에 대한 대응력은 계급별, 국가별로 다르게 나타난다. 예를 들어 하층민일수록 질병에 더 많이 노출되고, 평균 수명도 더 짧다. 의료 보장이 잘되어 있는 나라의 시민들은 그렇지 못한 나라의 시민들보다 상대적으로 더 안전하다. 이처럼 위험은 누군가에게는 큰 위협이 되고, 다른 누군가에는 미미한 영향에 그친다. 사회적 위험의 영향과 이에 대한 대응력이 다르다는 점에서 근대적인 위험은 계급적이고 정치적이다.

여기서 간과하지 말아야 할 것은 사회적 위험이 자본을 가진 자에게 더 많은 이윤을 추구할 수 있는 기회가 된다는 점이다. 한국의 경제위기로 인해 특정 국가는 돈을 벌었고, 코로나19로 인해서도 모든 사람들이 손해만 본 것은 아니다. 울리히 벡에 따르면, 부는 상층에 축적되고 위험은 하층에 축적된다.

코로나19는 자본주의의 위험을 압축적으로 보여 주고 있다. 코로나19는 동물과 자연을 향한 부르주아지의 멈출 줄 모르는 착취로 인해 자연 속 깊숙이 존재했던 바이러스가 동물의 몸을 통해 인간에게로 이동해 온 결과이다. 인간의 공격을 받은 자연과 동물이 만든 재난인 것이다. 그리고 어느 한 지역이나 일부 국가, 특정 사람에 한정되지 않는 전 지구적 위험이다. 그러나 코로나19의 피해는 하층에 더 큰 타격을 주고 있다. 의료적인 피해와 경제적인 충격 모두 취약층에 집중된다. 반면 특정 제조업과 자본 시장은 오히려 코로나19 발발에 따른 이익을 보고 있다.

착취와 사회적 위험에 노출된 사람들이 단결하고 저항하며 새로운 희망을 개척해 나가듯, 세계적인 금융 위기와 코로나19도 반전의 계기가 될 수 있을까. 안타깝게도 당장의 전망은 비관적이다. 전 세계적으로 불평등은 심화되고 트럼피즘과 같은 국가주의로 치닫는 양상을 보이고 있기 때문이다. 마이클 무어 감독은 투표와 동의를 통한 '부드러운 파시즘'에 의한 디스토피아의 도래를 경고하고 있다.

장미를 잃으면 다 잃는 것이다

"사람이 자존심을 잃으면 다 잃는 것이오."

영화 〈나, 다니엘 블레이크〉에 나오는 대사이다. 평생 목수로 일했던 블레이크는 심장병이 악화되어 더 이상 일을 할 수 없는 상황에 처한다. 생계 때문에 질병 수당을 신청했으나, 정부는 현실과 동떨어진 심사 기준으로 블레이크에게 노동력이 있다며 심사에서 탈락시킨다. 질병 수당을 받을 수 없게 된 블레이크는 실업 수당을 신청하지만, 정부의 심사 절차 때문에 그마저도 쉽지 않다. 질병 수당도 실업 수당도 받을 수 없는 진퇴양난의 상황에서 결국 블레이크는 사회복지사에게 질병 수당을 받기 위한 항고를 하겠다며 항의한다. 사회복지사는 그러다가 모든 것을 다 잃는다고 경고한다. 그러자 블레이크는 말한다. "사람이 자존심을 잃으면 다 잃는 것이오." 블레이크는 소송을 진행하는 도중 심장마비로 사망한다.

이 영화는 오늘날 국가와 노동자들이 서 있는 지점을 갈파한다. 영국의 보수당은 신자유주의를 전면화했다. 노동당은 '제3의 길'을 표방하며 권력을 되찾지만 사실 제3의 길은 신자유주의와 닮은꼴이다. 사회복지를 일을 시키는 지렛대로 제공했다는 점에서 '일을 위한 복지(workfare)'로 불린다. 일하지 않는 자에게는 빵을 제공할 수 없다는 선언이다. 문제는 블레이크처럼 건강상의 위험이 발생했을 때 엄격한 선별 기준을 통과하기 어렵다는 것이다. 그리고 선별의 과정에서 인간적 모멸감은 불가피하다. 블레이크는 제3의 길의 희생양이라고 할 수 있다. 블레이크가 항소심에서 읽으려고 준비한 글은 그가 빵과 장미를 가질 권리가 있는 시민이라는 것을 천명한다.

"내 이름은 다니엘 블레이크, 나는 개가 아니라 인간입니다. 이에 나는 내 권리를 요구합니다. 인간적 존중을 요구합니다. 나, 다니엘 블레이크는 한 사람의 시민 그 이상도 그 이하도 아닙니다."

블레이크는 모멸감을 주는 제도에 저항했다. 빵을 잃을 수도 있는 위험을 무릅쓰고 인간이고 시민이라는 것을 선언했다. 그는 복지국가 시대에 누렸던 장미를 추구하다 사망에 이르렀다. 영화 〈빵과 장미〉의 노동자들이 단결해서 파업으로 나아갔다면, 실화를 바탕으로 한 영화 〈나, 다니엘 블레이크〉의 노동자는 홀로 싸우다 사망했다. 이것이 오늘날의 현실인지도 모른다.

인권은 권력과 함께라야 살아 숨 쉰다

인권은 정치적이다. 부르주아지는 사회권이 자신들의 인권을 침해한다고 생각한다. 상속세, 종부세, 탄소세 등을 통해 국가가 강제적으로 자신들의 재산에 간여하기 때문이다. 이들에게는 사회권보다 재산권이 우선적이다. 따라서 이들은 인권의 범주 중 자유권만 보장되어야 한다고 생각한다. 반면 상퀼로트에게 사회권 없는 자유권은 그림의 떡이다. 사회권과 자유권은 불가분의 관계이고, 사회권과 자유권이 보장되려면 연대권이 있어야 한다. 이런 점에서 권력과 함께라야 인권이 실현될 수 있다.

인권에 대한 논의를 진전시키기 위해서는 코로나19의 역사적 교훈에 주목해야 한다. 코로나19가 인권의 지평을 넓히고 있기 때문이다.

첫째, 코로나19 바이러스는 동물과 자연의 착취에서 비롯되었다. 따라서 인권은 이제라도 생태 및 기후위기에 주목하여야 한다. 둘째, 코로나19는 국민국가 수준을 넘어 지구촌의 위험에 주목해야 한다는 것을 보여 주었다. 내 국가가 안전하더라도 지구촌이 아프면 모두가 위험해질 수 있다. 달리 말하면 코로나19는 국민국가나 지역 수준에서의 시민이 아니라 세계적 수준에서의 시민, 즉 세계시민에 주목해야 함을 일깨워 주었다. 아무리 우리나라가 방역을 잘한다고 해도 인도나 유럽, 그리고 아메리카 대륙의 시민들이 병들면 우리나라 국민을 포함한 세계시민 모두가 위험하다는 것을 보여 주었다.

그렇다면 인권을 실현하려면 어떻게 해야 할까? 첫째, 권리를 자각해야 한다. 자유권을 넘어 사회권, 더 나아가 생태, 기후, 평화, 그리고 동물권 등으로 권리의 영역을 넓혀야 한다. 코로나19 앞에서 흔들리는 인권은 역설적으로 권리의 영역이 넓어져야 한다는 것을 보여 주었다.

둘째, 권리에 대한 자각에 멈추지 말고 권리를 관철하는 힘으로 이어져야 한다. 권리는 권력과 함께라야 살아 숨 쉴 수 있으므로, 권리의 결핍을 느끼는 사람들은 권력을 가져야 한다. 다니엘 블레이크처럼 고독한 나는 권리를 관철할 수 없다. 권리는 정치적으로 얻어지기 때문이다. 따라서 고독한 나를 벗어나 함께하는 우리가 될 수 있는 방법을 모색해야 한다. 이때 한 국가 차원의 연대에 그치지 말고 세계시민의 연대성에 주목해야 한다.

셋째, 이 모든 실천은 내 공간에서 나다운 실천을 모색하는 데서 출발해야 한다. 역사적으로 자본과 권력을 가진 중앙으로부터 시작된 변화는 없었다. 늘 도처에 존재하는 결핍된 사람들의 자각과 저항, 그리고 실천이 모여 중앙을 밀어 올렸다. 따라서 내 공간에서 나다운 실천을 모색하는 가운데 세계시민과 연대하려는 노력을 기울이는 것이 매우 중요하다.

　이상의 일련의 과정에서 특히 주목해야 할 존재가 있다. 호모 사케르이다. 호모 사케르는 로마 시대에 사회로부터 배제당하는 형벌을 받은 죄인으로, 함부로 죽여도 되는 존재를 의미한다. 인권은 이 시대에 함부로 다루어도 된다고 인식되는 사람들, 즉 빵과 장미가 결핍된 사람들에게 주목하려는 노력이다. 지그문트 바우만은 이것을 '퓨즈의 정치'로 표현했다. 문제가 생기면 제일 먼저 퓨즈가 끊어진다. 인권은 사회적 위험에 가장 먼저 노출되어 있는 사람들의 삶에 민감해야 한다. 이것은 인권 민감성이 상퀼로트에게, 그중에서도 특히 호모 사케르에게로 향해야 한다는 뜻이다. 퓨즈의 정치는 호모 사케르들의 권리와 권력의 중요성을 일깨워 준다.

　권리의 자각과 시민력의 조직화는 민주시민교육에서 비롯된다. 『도서관과 작업장』이라는 책은 복지국가가 위기 상황에서 택한 상이한 두 길을 소개하고 있다. 영국은 작업장을 선택했고, 스웨덴은 도서관을 선택했다. 영국이 빅토리아 시대의 성실한 근로자로 돌아갈 것을 선포했다면, 스웨덴 시민들은 토론을 통해 자신들의 권리를 인식하고 연대를 모색했다. 코로나19의 위기는 그동안 인류가 이뤄 온 인권적인 성취를 무위로 만들 정도의 파괴력을 보이고 있다. 그러나 동시에 우리는 코로나19라는 위기를 통해 새로운 교훈과 성찰을 얻고 사회권과 세계시민의 연대성을 확장하는 길을 상상한다. 오늘날 인권은 지구적 위험 앞에서 갈림길에 서 있다. 도처에서 권리를 자각한 시민들이 자신의 공간에서 나다운 실천을 하는 도서관이자 광장의 길이 시민교육이 나아가야 할 방향이다.

2장
청소년 인권과 학교 인권교육의 역사

김용진 인천광역시교육청 장학사

1. 민주시민교육과 인권교육

몇 년 전, 어느 면접 시험에서 면접관을 했을 때의 일이다. 상호 토론 방식으로 진행된 면접이 끝나고, 옆에 앉은 남성 면접관에게 "역시 여자가 남자보다 말을 잘하네요."라고 말을 건넸다. 그 면접관은 강한 어조로 "그런 말 자체가 성차별이고 폭력입니다!"라고 답했고, 당황한 나는 "제가 실수했습니다."라고 상황을 수습했다. 어디에 숨고 싶은 심정이었다. 별 생각 없이 내뱉은 말 때문에 차별주의자로 오해받는 것 같아 억울한 마음도 순간 들었다. 당시 교육청에서 민주시민교육 업무를 담당하고 있던 나는 부족한 인권 감수성과 맞닥뜨린 이 순간을 곱씹으며 스스로에게 이런 질문을 던졌다.

"인권 감수성이 부족한 나는 과연 민주시민일까?"

인권과 민주시민

인권은 사람이라면 마땅히 갖는 존엄이며 누려야 할 권리이다. 민(民)이 주인이 되는 민주주의는 인권을 실현하기 위한 정치 체제이며 생활양식이라 할 수 있다. 그런 의미에서 민주주의와 인권은 한 몸과 같다.

그렇다면 민주사회에서는 누구나 인권을 보장받고 누릴 수 있을까? 그렇지 않다. 천부인권이 민주주의를 떠받치는 중요한 개념이지만, 근대 민주주의 역사에서 알 수 있듯 이를 보장받지 못하는 다수는 늘 있어 왔다. 시민혁명 이후 지금까지는 이들이 자신의 인권을 획득하기 위해 싸워 온 역사이다. 인권의 적용 범위와 내용이 확장되는 과정 자체가 민주주의의 역사라 할 수 있다.

여기서 주목할 것은 인권의 확장이 결코 권력을 가진 사람의 시혜로 이루어진 것이 아니라는 사실이다. 현실에 분노한 시민들이 연대하여 사회적 공감대를 형성하고, 정치적 투쟁을 거듭한 끝에 이뤄 낸 결과였다. 이와 같은 투쟁은 자신이 인간으로서 존엄한 존재라는 사실을 자각할 때 비로소 시작 가능하다. 또한 이 과정에는 '공감하는 타자'가 필요하다. 자신은 물론 타인의 인권 문제를 돌아볼 줄 아는 사람, 인식한 문제에 대해 자기 목소리를 내고 변화를 위해 행동하는 사람, 우리는 그들을 민주시민이라 부른다.

인권교육의 재정립

민주사회라고 해서 인권이 저절로 보장되는 것이 아니듯, 민주시민 또한 저절로 되는 것이 아니다. 시민성을 갖추었을 때 비로소 민주시민이 될 수 있다. 시민성에 대한 정의는 무수히 많지만, 이 장에서는 민주공화국의 시민으로서 필요한 자율성, 공공성, 연대성을 시민성으로 규정한다. 이 같은 시민성을 키워 주는 교육이 바로 민주시민교육이다.

민주시민교육은 기본적으로 정치교육이다. 어떤 사건이나 현상의 원인을 사회 구조와 권력관계 속에서 파악하고, 이를 해결하기 위해 행동하는 존재가 되도록 하는 교육이다. 이를 위해서는 정치, 경제, 사회, 문화, 권력 등을 이해할 수 있는 비판적 사고력이 필요하다. 프레이리는 이를 사회적 맥락에서 권력관계를 이해할 수 있는 세상 읽기라고 명명하였다.

그렇다면 이 책의 중심을 이루는 인권교육은 무엇인가? 교사들을 만나 보면 인권교육과 민주시민교육을 전혀 별개의 것으로 생각하는 경우가 종종 있다. 그래서 인권이 무엇인지 알려 주고 상대를 존중하는 태도를 익히도록 하는 것이 인권교육의 전부라고 오해하기도 한다. 하지만 인권은 투쟁과 사회적 합의의 과정을 무수히 반복한 끝에 이뤄 낸 사회 공론의 역사적 결과물이다. 따라서 인권을 둘러싸고 있는 권력관계를 보고 판단하는 문해력을 기르는 교육이 될 때 비로소 온전한 인권교육이 될 수 있다. 이를 위해서는 사회에서 이슈가 되는 논쟁적인 사안을 교실에서 쟁점으로 다룰 수 있어야 한다. 그리고 인식한 문제를 해결하기 위해 행동하는 사회참여역량을 기르도록 돕는 교육이 이루어져야 한다. 이처럼 진정한 인권교육은 인권에 대한 기본적 이해를 바탕으로 구체적인 사례 및 사회 구조를 분석하고, 사회적 공감과 연대를 통해 사회 구조를 개선하도록 하는 교육이다. 그런 의미에서 인권교육은 곧 민주시민교육이라 할 수 있다.

2. 한국 청소년 인권의 역사

우리나라 학교교육에서 청소년 인권, 혹은 학생인권이라는 말이 본격적으로 등장한 것은 2000년 이후이다. 2010년 학생인권조례가 제정되면서 체벌, 두발 규제 등 학생들을 독립된 인간으로 존중하지 않던 관행을 멈추고, 그들의 자유로운 선택을 보장해야 한다는 인식이 힘을 얻기 시작했다. 2010년 무상급식이 교육계는 물론 정치적 최대 이슈가 되며 평등교육의 토대가 마련되었다. 2014년 세월호 참사를 계기로 학생의 생명권과 안전권이 중시되며 민주시민교육과 안전교육에 대한 관심이 높아졌다. 이후 노동인권이 강조되었고, 기후변화에 대한 위기의식이 고조되면서 인간의 생존을 위한 생태전환교육 및 기후위기대응교육이 인권의 영역에서 다뤄지기 시작했다.

두발 자유화, 청소년 인권 운동의 시작

"오늘날 경쟁을 강요하는 입시 위주의 학교교육 안에서 권위에 대한 순종과 학생으로서의 의무만을 강요당해 왔다. 이런 현실을 뚫고 우리는 오늘 '두발 자유화를 위한 청소년 행동의 날'을 열게 되었다."

2005년 5월 14일 '두발 자유화를 위한 학생운동본부'가 두발 자유를 위한 거리 축제를 개최하면서 발표한 성명서의 일부이다. '학생다움'이라는 모호한 원칙을 들어 용모를 규제하고, 이를 따르지 않을 경우 체벌과 징계가 이루어지던 학교 관행에 학생들이 스스로 목소리를 내며 권리 찾기에 나선 것이다. 이후 종이비행기를 날리며 두발 규제 폐지를 외친 S공고 교내 시위 등 두발 자유화를 요구하는 움직임이 전국 곳곳에서 일어났다. 두발 규제 반대 온라인 서명 운동인 '노컷운동'에 10만 명이 넘게 참여하면서, 두발 자유화라는 단일한 이슈를 넘어 학생인권 자체를 표면화하는 계기가 되었다.

2005년 7월 국가인권위원회는 "학생 두발 자유는 기본권으로 인정되어야 한다."는 결정을 내렸다. 이어 민주노동당이 2006년과 2008년 두 차례에 걸쳐 학생인권법을 발의하며 학생들의 인권 보장을 위한 법제화에 나섰으나, 국회를 통과하지 못했다. 다행히도 2010년 경기도교육청이 학생인권조례를 전국 최초로 제정하면서 학생 개개인의 개성을 실현할 권리를 명문화하였다. 이는 두발 자유가 제도적으로 보장받는 길이 열린 것으로 서울, 전북, 광주 등도 잇달아 학생인권조례를 마련하였다. 인천의 경우 학생인권을 포함한 학교구성원(학생, 학부모, 교직원) 인권증진조례도 제정하였다. 그러나 위에서 언급한 시도교육청을 제외한 학생인권조례 제정 움직임은 교권 침해와 동성애 논란에 발목 잡혀 2021년 현재 답보 상태이다.

체벌 금지, 꽃으로도 때리지 말라

학생을 때려서라도 바르게 키워야 한다고 생각하던 시절이 있었다. 학교 내에서 이루어지는 체벌을 교육적 목적을 위한 '사랑의 매'라 부르며 비교적 호의적으로 바라보기도 하였다. 그러나 체벌은 일제 강점기와 군사 독재 등 권위주의의 유산이자, 입시 등 성과만을 중시하는 교육이 만들어 낸 어두운 그림자였다.

2000년 이후 과도한 체벌이 매스컴을 통해 알려지면서 체벌을 금지해야 한다는 목소리가 높아졌다. 이에 2002년 교육인적자원부는 초·

중·고 학교생활규정 예시안을 통해 체벌 도구의 규격, 횟수, 체벌 부위 등 구체적인 가이드라인을 다음과 같이 제시하였다. 그러나 현실성이 없다는 비판 속에 유명무실해졌다.

- 다른 학생이 없는 별도의 장소에서 생활지도부장이나 교감 등 제3자를 배석시킨 상태에서 실시
- 손이나 발로 체벌 금지
- 초·중학생의 경우 지름 1cm 내외, 길이 50cm 내외의 직선형 나무(1회 5번까지)
- 고교생의 경우 지름 1.5cm 내외, 길이 60cm 내외의 직선형 나무(1회 10번까지)
- 남학생은 둔부, 여학생은 허벅지에 한함

2010년 서울시교육청이 학생인권조례에 체벌 전면 금지 조항을 포함하면서 논란은 더욱 가열되었다. 체벌 금지를 반기는 측도 많았지만 교실 붕괴와 교권 침해를 우려하는 반대 목소리도 만만치 않았다. 논란 끝에 이듬해인 2011년 교육과학기술부는 초·중등교육법 시행령을 개정하여 학교 내 직접 체벌을 전면 금지하기에 이른다.

초·중등교육법 시행령 제31조 8항
학교의 장은 법 제18조 제1항 본문에 따라 지도를 할 때에는 학칙으로 정하는 바에 따라 훈육·훈계 등의 방법으로 하되, 도구, 신체 등을 이용하여 학생의 신체에 고통을 가하는 방법을 사용해서는 아니 된다.

체벌은 비단 학교만의 문제는 아니다. 하루가 멀다 하고 아동 폭력

사고 소식이 전해진다. 더욱이 아동을 보호해야 할 공간인 가정에서 오히려 폭력이 자행되고 있는 것이 현실이다. 다행스럽게도 2021년 민법 개정을 통해 자녀에 대한 체벌도 전면 금지되었다. 학교와 가정에서 징계권의 영역으로 용인되던 체벌이 완전히 금지된 것이다. 체벌이라는 용어도 신체 폭력을 교육의 일환으로 포장하는 데 일조를 한 만큼 이제라도 바로잡아야 한다. 그래야 보이지 않는 곳에서 신체 폭력이 교육이라는 미명 아래 재현되는 일을 막을 수 있다.

무상급식, 평등교육을 위한 첫걸음

학교 무상급식이 국내에서 큰 이슈가 된 시기는 2010년이다. 무상급식이 전국동시지방선거에서 교육감과 지방자치단체장의 핵심 공약으로 부각되면서, 보편적 복지와 선별적 복지에 대한 논란이 본격화되었다. 이후 2011년 서울시 주민투표, 2014년 경남 무상급식 중단 사태 등 무상급식 문제는 교육계를 넘어 정치권의 핵심 의제가 되었다. 무상급식 도입을 반대하는 쪽에서는 무상급식이 부자에게까지 무료 급식을 하는 잘못된 포퓰리즘이라고 비판했다. 반면 무상급식 도입을 주장하는 쪽에서는 저소득층에 한정된 무료 급식이 학생들에게 눈칫밥을 먹게 하는 '낙인 효과'를 가져와 인권 및 교육권을 심각하게 침해한다고 보았다.

2018년 교육감 선거에서 진보 교육감이 대거 당선되면서 대부분의 지역에서 무상급식이 이뤄지고, 무상급식 논란도 막을 내렸다. 이제 무상급식은 단순한 공짜 점심 한 끼가 아니라, 차별 없는 교육과정의 일환으로 받아들여지고 있다. 수익자 부담 원칙에 따라 개인의 부담이었던 교복과 교과서가 무상 제공되는 것도 차별 없는 기본교육을 위함이다. 이러한 측면에서 무상교육 정책은 학생들이 경제적 배경에 구애받지 않고 교육권을 보장받아야 한다는 사회적 합의에 바탕을 둔 교육정책이자 시대적 패러다임이다.

4.16 세월호 참사, 안전권 인식의 분기점

안산 단원고 학생 250명과 선생님 11명을 포함한 304명의 목숨을 앗아간 세월호 참사는 우리 사회에 큰 충격을 주었다. 특히 침몰하는 세월호 안에서 학생들이 '가만히 있으라'는 안내 방송을 따르다 참사를 당했다는 사실은 우리 교육이 학생들을 얼마나 순응적으로 길러 왔는지에 대한 자성을 불러왔다. 세월호 참사는 학생들이 주체적으로 판단하고 행동하는 시민으로 성장할 수 있도록 하는 민주시민교육의 필요성을 절감하는 계기가 되었다. 하지만 교육부의 정책은 개인 안전에 방점을 두고 이루어졌다. 형식적으로 이루어지던 대피 훈련을 강화하고, 초등학교 교육과정에 안전 과목과 생존 수영을 추가했으며, 일체의 수학여행이 금지되었다. 학생들의 인명 피해를 최소화하기 위한 고육지책이지만, 좀 더 근본적인 접근이 아쉬운 부분이다. 2018년이 되어서야 교육부 차원의 민주시민교육 종합계획이 발표되었고, 2020년 국회에 민주시민교육 촉진 법안이 발의되었다.

세월호 참사 이후로도 학생들의 건강과 안전을 위해 학교가 어떤 역할을 해야 하는지 돌아보게 하는 사회적 이슈가 잇달았다. 미세 먼지 문제가 심각해짐에 따라 학생의 건강권 문제가 본격적으로 부상했다. 2017년부터 학교에 공기청정기를 설치한 것은 이에 따른 조치이다.

2020년 코로나19가 확산되면서 감염병으로부터 학생을 지키는 방역 또한 학교의 중요한 역할로 자리 잡았다.

일련의 사태를 겪으면서 인권 중에서도 가장 기본이 되는 생명권과 건강권을 개인에게만 맡길 것이 아니라, 국가가 지켜 줘야 한다는 인식이 우리 사회에 확산되었다. 특히 자라나는 세대를 책임지고 있는 학교가 안심하고 배울 수 있는 '안전의 보루'가 되어야 한다는 공감대가 형성되었다.

그러나 교육 당국이 학교에서 일체의 안전사고가 일어나지 않도록 막는 데만 급급하고, 여전히 개인 노력을 강조하는 차원에서만 해법을 제시했다는 비판을 받고 있다. 학교에서 생존 수영을 가르치고, 공기 청정기가 설치된 환경을 제공하는 것도 중요하지만 여기에 그쳐서는 안 된다. 안전교육이 개인 노력을 강조하는 차원을 넘어서기 위해서는 문제를 사회 구조 차원에서 바라보고 연대하여 대안을 찾는 시민으로 성장할 수 있도록, 민주시민교육과 연계하려는 노력이 함께 이루어져야 한다.

스쿨 미투, 성폭력 없는 세상

#WITH YOU, #WE CAN DO ANYTHING #ME TOO

2018년 서울의 한 여고 창문에 위와 같은 메시지가 붙었다. 교사의 성추행을 폭로한 졸업생들을 응원하는 이른바 '창문 미투'로, 학생들이 스스로 연대의 목소리를 낸 것이다. 이에 앞서 이 학교 졸업생들은 '○○여고성폭력뿌리뽑기위원회'를 결성하여 1년 이상 지속된 A교사의 성추행을 폭로하고, 각종 사회관계망서비스(SNS) 등을 통해 이를 알렸다. 이 사건을 계기로 다른 학교 학생들의 제보와 폭로가 이어지며 교내 성폭력 고발 운동인 스쿨 미투가 전국적으로 확산되었고, 성폭력 발생에 따른 대책 요구가 빗발쳤다. 이에 각 교육청은 담당 부서와 담당자를 지정하는 등 대책 마련에 나섰다. 수많은 사례가 접수되고, 교육청과 학교가 조사한 내용들이 언론에 연일 보도되었다.

스쿨 미투는 사회에서 전개되고 있던 미투 운동의 축소판이었다. 교사와 학생이라는 위계 속에 발생한다는 점에서 사회와 판박이였다. 그러나 학생들은 미성년이기 때문에, 일반적인 미투의 피해자보다 스스로를 보호할 힘이 더 약했다.

더욱이 스쿨 미투에 대한 조사와 처벌이 '피해자 중심주의'를 제대로 구현하지 못하는 경우가 많았다. 더 이상의 피해를 막기 위해 용기를 냈던 학생들이 오히려 주동자 색출 위협에 시달리고, 신변이 노출된 후 소외와 배제를 견디다 못해 학교를 떠나는 경우도 생겼다.

스쿨 미투는 학생들 스스로 학교에서 벌어지는 인권 침해 사례를 고발하며 공론화의 주체가 되었다는 점에서 학생인권 운동의 큰 획을 그었다. 가해 교사 개인 처벌은 물론 학내 권력구조를 개선하고, 학교 내 양성평등 문화 정립의 필요성을 일깨우는 계기가 되었다.

18세 선거권, 청소년 주권 시대

선거는 '민주주의의 꽃'이고, 간접 민주주의 국가에서 국민 주권을 실현하는 핵심적인 행위이다. 2019년 12월 공직선거법이 개정됨에 따라 우리나라는 OECD 36개 회원국 중 가장 늦게 만 18세 청소년에게 선거권을 허용하는 국가가 되었다.

1947년에 우리나라의 선거권 연령은 23세였다. 1948년에는 21세, 1960년에는 20세로 낮춰졌고, 2005년에 19세로 하향 조정되었다. 청소년들은 2000년대 초반부터 선거 연령을 낮출 것을 요구하며 직접 단체를 만들어 거리 캠페인, 국민 청원 등을 벌여 왔다. 2002년 18세 선거권 운동모임 '낮추자' 등은 청소년 참정권 확대를 주장하며 제16대 대통령 선거에 대한 청소년 모의 투표를 진행하였다. 2004년에는 '18세선거권낮추기청소년공동연대'가 출범하여 전국 50여 개 시민 사회단체와 청소년 1,800명의 동의를 받아 제17대 국회에 1호 청원으로 선거 연령을 18세로 낮출 것을 요구했다. 청소년들은 2008년과 2010년에 열린 교육감 선거, 2012년 국회의원 선거, 대통령 선거에서도 만 18세 선거권 운동을 벌였다. '촛불청소년인권법제정연대'는 2017년에 43일간 국회 앞 천막 농성 등의 캠페인을 통해 18세 선거권 보장을 요구하였다. 그리고 마침내 2019년 국회는 공직선거법 개정을 통해 18세 선거권을 보장하였다.

  선거 연령이 18세로 낮아짐에 따라 정치 무풍지대였던 학교에서 학생들이 정치적 판단과 활동을 할 수 있게 되었다. 참정권의 주체인 학생 시민이 탄생한 것이다.

  하지만 교육 현장에서 느껴지는 변화는 더디기만 하다. 중앙선거관리위원회가 학교에서 실시하는 모의 선거를 현행법 위반이라고 유권해석을 내림에 따라, 일선 고등학교에서의 선거교육은 선거의 종류와 방법, 선거법 준수 등을 가르치는 데 머물러 있는 상황이다.

  일부 시도에서는 이런 현실적 한계를 보완하기 위해 선거교육을 참정권교육으로 진행하고 있다. 참정권의 핵심은 참여이다. 내가 국가의 주인이자 학교의 주인으로 참여할 권리를 갖는 것이다. 다수의 학생들은 학교 내 학생자치회 선거를 통해 참여를 체험하고 있다. 이는 청소년 주권 시대를 위해 학생회가 필요한 이유이자, 학생자치가 활성화되어야 하는 이유이다.

이제 학교에는 학생 유권자가 생겼고, 학생들은 자신의 권리를 바탕으로 교육정책에 목소리를 내며 명실상부한 학생자치, 학생 주권 시대를 열어 가고 있다.

청소년 기후행동, 기후정의와 인권

스웨덴의 환경운동가 그레타 툰베리는 15세이던 2018년 국회의사당 앞에서 '기후를 위한 학교 파업'이라는 피켓을 들고 시위를 했다. 그는 매주 금요일 학교에 가지 않는 등교 거부를 하며 기후 변화 대책 마련을 촉구했고, 이는 전 세계적인 동참을 이끌어 냈다. 우리나라에도 청소년들이 정부와 국회의 안이한 온실가스 감축 목표를 질타하는 헌법소원을 청구하고, 채식으로 급식 받을 권리를 요구하는 등 적극적인 기후행동에 나서고 있다.

인간과 자연은 생태계 안에서 상호 작용을 하며 함께 살아가는 공동운명체이다. 기후위기에 대응하고 생태 문제 해결에 적극적으로 참여하는 것은, 이제 선택의 문제가 아니라 인간의 생존을 위한 필수적인 행위로 인식되고 있다. 기후위기대응과 생물다양성 보전이 인권의 한 영역으로 인식되고, 그 중요성이 나날이 더 강조되는 이유이다.

한편 기후위기와 생태 문제는 불평등을 심화한다. 급속한 기후변화가 인류 전체를 위협하는 위기로 재인식된지 오래이며, 재난은 이미 현실화되고 있다. 문제는 재난이 모든 지역, 모든 사람들에게 균등하게 나타나지 않는다는 점이다. 기후위기의 원인으로 지목되는 온실가스의 경우 배출량이 소득에 따라 큰 차이를 보인다. 옥스팜과 스톡홀름환경연구소의 공동연구(2020)에 따르면, 1990년 대비 2015년 온실가스 배출량 증가에 기여한 비율은 소득 상위 10%가 46%를, 하위 50%가 6%를 기록했다. 그러나 그로 인해 일어나는 자연재해는 오히려 저소득층에게 더 큰 피해를 안겨 준다.

이런 이유로 이제 기후위기를 인권의 문제로 인식하고, 기후정의의 관점에서 바라보아야 한다. 개인 중심의 제로 웨이스트(zero waste) 노력을 넘어 사회, 경제 구조를 바꾸는 전환적인 사고를 통해 평화와 공존의 시대를 만들어야 한다.

3. 학교 인권교육, 어디까지 왔나

학생들의 인권 의식이 나날이 높아지는 가운데 학교의 인권교육은 어떻게 이루어지고 있을까?

학교교육은 국가교육과정에 따라 각 시도에서 지역교육과정이 만들어지고, 각급 학교에 따라 구체적인 학교교육과정으로 운영된다. 지역과 각급 학교에 따라 자율성이 있지만, 국가교육과정을 근간으로 하는 만큼 국가교육과정을 중심으로 살펴보면 학교에서 인권교육이 어떻게 진행되고 있는지를 가늠할 수 있다.

국가교육과정은 교과와 창의적 체험활동으로 구분되고, 인권교육 역시 이 체계를 따른다. 인권교육의 교과 수업은 도덕과와 사회과에서 주로 진행된다. 인권교육의 또 다른 축을 담당하는 창의적 체험활동은 자율활동, 동아리활동, 봉사활동, 진로활동 등으로 이루어진다. 한편 2009 개정 교육과정에 처음 등장한 38개 범교과 학습 주제에 인권교육이 포함되었다. 하지만 별도의 개념 정의 및 교육 방향은 제시되지 않았다. 이후 2015 개정 교육과정에 이르러서야 인권교육의 기본 개념과 방향, 내용 요소 등이 구체적으로 정의되었고, 성취기준을 연결한 교수학습자료도 각급 학교에 보급되었다.

교과를 통한 인권교육

학교교육과정에서 인권을 직접 다루는 교과는 도덕과와 사회과가 대표적이다. 도덕과는 도덕 가치를 중심으로 인간의 존엄과 갈등 해결을 다루고, 사회과는 민주주의와 법률을 중심으로 인권을 다루고 있다.

자료1. 도덕과와 사회과의 인권 관련 내용 체계

학교급	도덕과	사회과
초	[5, 6학년] 사회·공동체와의 관계	[5, 6학년] 인권 존중과 정의로운 사회 • 인권을 존중하는 삶 • 인권 보장과 헌법
중	[도덕] 사회·공동체와의 관계	[사회] 인권과 헌법
고	[생활과 윤리] 사회와 윤리 • 국가와 시민의 윤리 [윤리와 사상] 사회사상	[통합사회] 인간과 공동체 • 인권 보장과 헌법 [정치와 법] 민주주의와 헌법

교육부(2015)

2015 개정 교육과정의 도덕과에서는 인권을 존중하기 위해 타인의 입장을 이해하고 인정하는 것이 왜 필요한가(초등학교 6학년), 인권의 도덕적 의미는 무엇인가(중학교) 등에 대해 질문하고 답을 찾는다. 또한 고등학교의 생활과 윤리 과목에서는 시민의 생명이나 재산뿐 아니라 인권을 보호할 의무가 국가에 있음을 다루고, 통일 문제를 인권과 같은 보편적 가치 차원에서 조명하기도 한다.

사회과의 경우, 인권 신장을 위해 우리 조상을 비롯한 옛사람들이 어떤 노력을 했는지를 배우고, 인권 보장에 있어 헌법이 갖는 의미와 역할을 살펴본다(초등학교 6학년). 또한 일상생활에서 인권이 침해되는 구체적인 사례를 분석하고, 국가 기관을 통한 구제 방법을 알아본다(중학교 3학년). 고등학교 통합사회 과목에서는 근대 시민혁명에서 인권의 개념이 어떻게 형성되었는지부터 현대에 이르러 주거, 안전, 환경 등 여러 영역으로 인권이 확장되고 있는 양상을 살핀다.

내용상 아쉬운 점도 눈에 띈다. 일례로 헌법상 기본권을 인권으로 한정하다 보니, 헌법에 규정되지 않은 보편적인 내용은 인권으로 다뤄지지 않는 한계가 있다. 그로 인해 「세계인권선언」도 상대적으로 소홀히 다뤄지고 있다. 이러한 한계는 인권을 자칫 국경에 갇힌 제한된 개념으로 이해하고, 다른 나라 국민이나 난민 등에 대해 배타적 시선을 갖게 할 우려가 있다.

더 근본적인 문제는 고등학교의 경우 수능 중심의 입시 교육으로 인해 인권을 오지선다식 정답 찾기로 접근한다는 점이다. 이러한 평가 방식은 인권의 내재적 가치를 이해하고 실천하는 방향으로 학생들을 이끄는 데 오히려 방해가 된다. 또한 인권과 관련한 논쟁적인 사안을 제대로 다루지 못할 뿐 아니라, 인권과 관련한 다양한 갈등 현상의 원인까지 살펴보는 세상 읽기를 불가능하게 한다. 입시 중심의 '은행 저금식 교육'을 세상 읽기 중심의 '문제 제기식 교육'으로 전환해야 하는 이유이다.

범교과 학습 주제를 통한 인권교육

범교과 학습 주제는 국가·사회적으로 중요하게 요구되는 학습 내용을 선별한 것으로 학교와 교사, 그리고 학생의 필요와 요구에 따라 재량껏 시간을 확보하여 가르친다. 7차 교육과정 재량활동에서 시작되었으며, 2015 개정 교육과정에서는 교과와 창의적 체험활동 등 교육활동 전반에 걸쳐 통합적으로 범교과 학습 주제를 다룰 것을 권고하고 있다.

교육과정 해설서와 범교과 학습 주제 교수학습자료에서 제시된 인권교육의 개념과 내용 요소를 살펴보면 자료3과 같다.

자료2. 범교과 학습 주제의 변화

2009 개정 교육과정	2015 개정 교육과정
민주시민교육, 인성교육, 환경교육, 경제교육, 에너지교육, 근로정신함양교육, 보건교육, 안전교육, 성교육, 소비자교육, 진로교육, 통일교육, 한국정체성교육, 국제이해교육, 해양교육, 정보화 및 정보윤리교육, 청렴·반부패교육, 물보호교육, 지속가능발전교육, 양성평등교육, 장애인이해교육, 인권교육, 안전·재해대비교육, 저출산·고령사회대비교육, 여가활용교육, 호국·보훈교육, 효도·경로·전통윤리교육, 아동·청소년보호교육, 다문화교육, 문화예술교육, 농업·농촌이해교육, 지적재산권교육, 미디어교육, 의사소통·토론중심교육, 논술교육, 한국문화사교육, 한자교육, 녹색교육 등	안전·건강교육, 인성교육, 진로교육, 민주시민교육, 인권교육, 다문화교육, 통일교육, 독도교육, 경제·금융교육, 환경·지속가능발전교육

자료3. 범교과 학습 주제의 인권교육 개념과 내용 요소

	인권교육	노동인권교육
개념	• 아동 및 청소년이 존중받으며 살아갈 수 있게 하고, 장애인이 차별받지 않도록 한다. • 양성평등, 노동인권 존중 등에 대한 학습을 통해 인간의 존엄성과 권리를 존중하도록 하고, 각종 폭력을 예방하도록 한다.	별도 개념 정리 없음
내용 요소	• 인간의 존엄성과 인권 존중 • 장애인 차별 예방 • 폭력 예방 • 양성평등(일·가정 양립문화) • 유엔안보리결의 1325호	• 노동의 의미 • 노동의 역사 • 노동과 사회 • 노동자의 권리 • 노동과 행복한 삶

　노동인권과 유엔안보리결의 1325호를 다룬 점이 특히 눈에 띈다. 아직까지도 노동자라는 용어를 꺼리고 근로자로 표기하는 우리 사회에서 노동인권 존중을 인권교육의 일부로 제시한 점은 매우 진보적이다. 또한 여성의 참여와 성범죄로부터의 여성 보호 등 성 인지 관점을 담은 '여성, 평화와 안보를 위한 유엔안보리결의 1325호'를 내용 요소로 직접 제시한 점도 주목할 만하다.

　하지만 실제 운영에 있어서는 상황이 그리 녹록치 않다. 중고등학교의 경우 범교과 학습 주제는 일반적으로 계기교육의 형태로 운영되고 있거나 거의 다뤄지지 않는다. 정규 교육과정에는 포함되지 않지만 학생들과 공유할 필요가 있다고 판단되는 시사적인 논쟁 사항을 범교과 학습 주제에서 다룰 수 있을까? 그런 수업을 시도했다가 민원에 시달려 본 교사라면 그것이 결코 쉽지 않음을 알 것이다.

　세월호 참사 계기교육이나 노동절 계기교육을 하자면 이념 편향 논란에 휘말릴 각오를 해야 한다. 동성애 등 첨예하게 시각이 갈리는 주제를 다루기는 더욱 어렵다. 상황이 이렇다 보니 학교폭력예방교육, 아동학대방지교육, 장애인권교육, 교권존중교육 등 논란의 소지가 비교적 적은 주제로 한정해 인권교육을 진행하는 경향이 있다. 혹은 사회적 맥락은 논외로 하고, 개인의 인격 수양을 강조하는 인성교육과 크게 다를 바 없는 내용으로 인권교육을 진행하기도 한다.

인권교육이 허울에 그치지 않고 제 역할을 다하기 위해서는 교육 현장에서의 논쟁성 재현을 보장하는 것이 급선무이다. 이를 위한 사회적 합의를 이루려는 노력을 기울이는 동시에 인권교육에 열의를 가진 교사들을 뒷받침해 줄 수 있는 제도적 장치가 마련되어야 한다. 또한 학생들에게 타자와 연대하고 행동할 수 있는 사회참여의 기회를 충분히 제공해야 한다. 그래야 인권교육이 지식에 머물지 않고 인권 감수성을 기를 수 있는 삶의 교육이 될 수 있다. 이를 위해 교육부와 교육청은 제도적 뒷받침에 나서야 한다. 학생 중심 교육이라는 모호한 말에 그치지 말고, 논쟁성을 재현하고 학생들이 스스로의 판단에 따라 주체적으로 행동할 수 있는 교육이 이뤄지도록 국가교육과정에 근거를 마련해야 한다.

4. 인권 교사로 산다는 것

1945년 해방 이후의 학교교육은 독재, 산업화, 민주화 등 우리나라 역사가 겹겹이 쌓여 그려 낸 자화상과 같다. 학교는 한때 국가에 순응하는 존재를 양성하는 곳, 산업 사회에 필요한 인력을 양성하는 곳이었다. 이제 학교는 청소년들이 자아실현을 하고 민주시민으로 성장하도록 돕는 역할을 부여받은 공간으로 거듭나고 있다.

한때는 인권에 대한 인식이 부족해 까까머리와 단발머리를 강요받으면서도, 나의 권리가 침해된다는 생각조차 하지 못했다. 국가와 사회 발전을 위한 개인의 희생이 당연시되던 시절의 이야기다. 하지만 현재 학교에서의 인권은 두발 자유나 체벌 금지와 같은 소극적인 자유권을 넘어 젠더, 인종적 배경, 장애 유무와 상관없이 평등을 보장하는 적극적인 사회권 영역으로 확장되고 있다. 인권의 확장에 따라 학교 인권교육도 개개인의 다름과 차이를 인정하는 다양성을 강화하는 방향으로 이루어지고 있다.

청소년의 인권과 인권교육 영역은 시대의 변화에 따라 확장되고 있다. 그것이 가능할 수 있었던 가장 큰 이유는 자신의 권리를 인식하고 목소리를 낸 청소년들이 있었기 때문이다. 그리고 그들의 목소리에 공감하고 연대하는 교사가 함께했기 때문이다.

교육기본법 제12조
학생을 포함한 학습자의 기본적 인권은 학교교육 또는 평생교육의 과정에서 존중되고 보호된다.

교육기본법에 명시되어 있는 것처럼 학교는 학생의 기본적 인권을 존중하고 보호하는 공간이어야 한다. 학교에서 학생의 인권을 존중하고 보호할 1차적 책임은 교사에게 있다. 따라서 모든 교사는 인권 교사가 되어야 하며 그에 걸맞게 행동해야 한다.

학생의 인권을 존중하고 보호하기 위해 교사는 무엇을 해야 할까. 학생을 무조건 보호해야 할 미성숙한 존재로 인식하고 바르게 계도하면 되는 것일까. 두발 규제나 체벌도 학생의 일탈을 막고 보호해야 한다는 이유를 내세웠음을 기억해야 한다. 학생을 보호하는 선의의 목적이라 하더라도 강압적인 규제를 동원한다면 결코 학생의 인권을 존중하는 것이 아님을 청소년 인권 역사가 보여 주고 있다.

인권 교사가 되는 첫걸음은 학생을 주체적인 존재로 인식하는 것에서 시작한다. 자신을 주체적인 존재로 인정하는 교사의 가르침 속에서 학생은 권리의 주체로 성장해 나갈 수 있다. 교사가 학생 한 명 한 명의 존엄을 존중할 때, 학생도 학교의 주체로서 자신의 권리를 인식하고 당당하게 주장할 수 있다. 나아가 사회의 주체로 자기 목소리를 내고 타인의 인권을 존중하며 공동체에 참여할 줄 아는 시민으로 바로 설 수 있다.

3장
교육열과 인권

고정창 인천석천초등학교 교사

1. 높은 교육열의 명암

목요일 오전 8시 40분, 전국 50만 명이 넘는 학생들이 평생 준비한 시험에 응시한다. 고되기로 유명한 수능은 무려 8시간 동안 계속된다. 이는 대학 진학 여부를 결정할 뿐만 아니라 취업, 소득, 거주지, 심지어 미래의 인간관계까지 영향을 준다. 매년 11월 수능일, 대한민국은 멈춰 선다. 상점, 은행, 주식 시장의 개장 시간이 늦춰지고 이례적인 침묵에 휩싸인다. 대부분의 건설 작업도 중단되고, 비행기 이착륙과 군사 훈련도 잠시 멈춘다. 때때로 간헐적인 사이렌에 의해 고요함이 깨질 때가 있다. 경찰이 시험에 늦지 않도록 수험생을 태우고 빠르게 달리며 내는 소리이다. 많은 부모들이 절이나 교회에서 시험을 치르는 아이들을 위해 기도를 하며 하루를 보내기도 한다.

영국 BBC는 〈수능, 한국 사회가 고요로 뒤덮이는 날(Suneung: The day silence falls over South Korea)〉에서 우리나라의 수능일을 위와 같이 묘사했듯. 단 한 번의 시험에 지금까지 공부한 모든 것을 쏟아부어야 하는 한국 청소년들의 현실을 전하고 있다. 그리고 이 시험 결과가 대학은 물론 취업, 인간관계 등 미래의 많은 것을 결정하는 주요 요인이 된다는 것에 놀라워한다. 원활한 시험 진행을 위해 전 사회가 협조하는 모습은 한국 사회에서 수능이 갖는 막대한 영향력을 단적으로 보여 주고 있다.

자국의 공교육 개혁 의지가 높았던 버락 오바마 전 미국 대통령은 한국의 공교육에 대해 찬사를 보내는 쪽이다. 그는 "미국 아이들이 한국 아이들보다 매년 학교에서 보내는 시간이 1개월이나 적다."며 한국의 교육을 본받아야 한다고 주장했다. 미국의 교육부 차관도 "한국인의 교육에 대한 열의가 미국에 큰 영감을 준다."고 말했다.

현재의 어려움 때문에 우리 아이들의 미래와 희망을 좌절시켜서는 안 된다고 생각합니다. 우리가 전쟁의 포화 속에서도 천막 학교를 운영했던 이유도 여기에 있습니다. 모두가 각자의 위치에서 방역 수칙을 지키며 학생들의 등교 수업을 돕는 것이 바로 지금 우리가 할 일입니다.

코로나19로 인해 전 세계가 팬데믹 상황에 빠진 2020년 6월, 초·중·고 전원에 대한 등교 수업이 재개되면서 당시 국무총리는 위와 같은 담화문을 발표했다. 국무총리는 교육은 전쟁이나 전염병에도 굴하지 않고 이어 가야 할 국가 과업이라고 말하고 있다.

이렇듯 우리나라의 교육열은 나라 안팎에서 정평이 나 있다. 높은 교육열이 전 국가의 교육 수준을 향상시키고, 개개인의 자아실현을 돕는 긍정적인 역할을 수행하던 때도 있었다. 하지만 교육열의 긍정적인

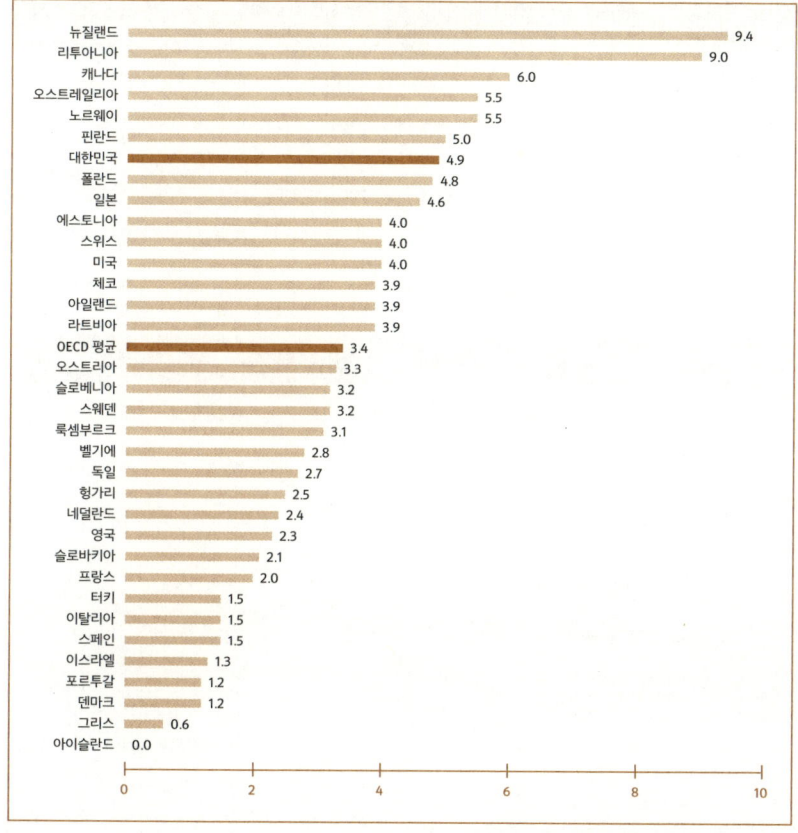

자료1. 2013~2017년 OECD 국가 10대 청소년 자살률(단위: 인구 10만 명당 명)

보건복지부·중앙자살예방센터(2020)

효과 이상으로 그 병폐가 짙은 그림자를 드리우고 있는 것이 오늘날의 현실이다. 단적인 예로 수많은 학생들이 학업에 대한 부담감과 스트레스로 목숨을 끊고 있다.

우리나라 청소년 자살률은 OECD 평균을 크게 웃도는 수준이다. 특히 우려되는 것은 청소년 자살률이 빠르게 증가하고 있다는 점이다. 한때 우리나라 청소년 사망의 가장 큰 원인은 교통사고였다. 그러나

자료2. 청소년 자살 생각 경험 여부(단위: %)

	생각해 본 적이 없다	가끔 생각한다	자주 생각한다
남자	80.5	17.6	2.0
여자	65.0	29.1	5.9
평균	73.0	23.1	3.9

한국청소년정책연구원(2020)

자료3. 청소년 자살 생각 이유(단위: %)

	남자	여자	평균
학업 부담, 성적 등 학업 문제	38.0	40.8	39.8
진로 등 미래에 대한 불안	25.3	25.7	25.5
가족 간의 갈등	17.2	15.3	16.0
선후배나 또래와의 갈등	4.2	5.1	4.8
경제적인 어려움	2.4	1.3	1.7
기타	12.7	11.9	12.2

한국청소년정책연구원(2020)

2009년 이후 지금까지 자살이 부동의 1위를 차지하고 있다.

2020년 「한국아동·청소년인권실태조사」에 따르면 자살에 대해 생각해 본 학생의 비율이 최대 35%에 달하는 것으로 나타났다. 자살을 생각하는 이유로는 '학업 부담, 성적 등 학업 문제'와 '진로 등 미래에 대한 불안'이 1, 2위를 차지했다. 유엔아동권리위원회는 2019년 우리나라의 아동권리에 대한 종합적인 평가에서 아동 예산의 부족, 가정 내 아동학대, 높은 아동 자살률, 경쟁을 부추기는 교육 환경 문제 등의 개선을 지적했다. 유엔아동권리위원회는 과도한 학업 부담에 따른 높은

스트레스를 아동 자살률의 원인으로 지목하며 깊은 우려를 표했다.

2. 초등학교 교실에서 체감하는 교육열

교육열은 비단 수능을 준비하는 입시생들만의 문제는 아니다. 내가 재직하고 있는 인천의 초등학교 교실에서 체감하는 교육열은 어떠한가.

담임교사로서 학부모 상담을 진행할 때 학부모들의 최대 관심사는 단연 자녀의 학습능력이다. 학습능력과 관련된 질문 중에서도 '우리 아이가 선생님 말씀을 잘 이해하나요?'나 '수업 진도를 잘 따라가는지 걱정이에요.'와 같은 학습능력 자체를 묻는 질문보다는 '평균보다 잘하나요?', '점수는 몇 점 정도예요?', '반에서 몇 등 정도 되나요?' 등 학업 수준의 상대적 위치를 묻는 질문의 빈도가 훨씬 더 높다. 교육부는 경쟁이 아닌 학업 자체의 성취를 중시하기 위해, 2014년부터 순차적으로 초등학교의 지필 평가를 폐지했다. 하지만 학부모들은 여전히 내 아이가 몇 등인지를 가장 궁금해 한다.

아이들은 초등학생 때부터 경쟁 지향적인 교육열에 찌든 모습을 보인다. 전날 늦은 시간까지 학원 순례를 한 탓에 피곤한 기색이 역력한 아이, 학원 숙제가 많아 자정이 되어서야 잠자리에 든다는 아이, 하교 하자마자 가야 할 학원 숙제를 하느라 쉬는 시간에 제대로 쉬지도 놀지도 못하는 아이들이 교실 곳곳에서 보인다. 대입과 취업이라는 '나중'을 위해 아이들은 '현재'를 그렇게 견디고 있다.

아이들에게 좋아하는 교과가 무엇인지 물으면 대부분의 아이들이 체육, 음악, 미술 등을 답하는 반면, 중요한 교과가 무엇인지 물으면 하나같이 수학이나 영어라고 입을 모은다. 적성이나 장래 희망을 불문하고 국영수를 잘해야 좋은 대학에 갈 수 있으니, 그 과목들이 중요한 과목이 된 것이다. 아이들은 자신이 좋아하는 길, 자신이 선택한 길이 아닌 부모가 정해 준 사회 통념상 번듯한 길을 걸으며, 꽃다운 소년기의 다양한 경험과 성찰의 기회를 박탈당하고 있다.

3. 교육열의 사회학

계층 사다리로서의 한국 교육

이처럼 우리 사회 전반을 지배하고 있는 교육열을 어떻게 바라봐야 할까.

한국의 교육열에 대해 여러 저작을 낸 바 있는 마이클 세스는 『한국 교육은 왜 바뀌지 않는가?』에서 '한국의 교육 = 계층 사다리'라는 등식을 강조한다. 그는 1950년대 이후 한국의 부모들이 자식들에게 '(나와 같은)농부나 노동자가 되지 말라.'는 가르침을 주었던 것에 주목했다. 당시 교육은 누구나 노력하면 계층 사다리를 오를 수 있는, 공정하고 유일한 수단으로 여겨졌다. 이는 당시 다른 나라에 비해 도시와 농촌 간의 교육 성취도의 격차가 현저하게 낮았던 현상에서 확인할 수 있다.

당시 우리 사회에는 교육의 기회는 누구에게나 공평하게 열려 있어야 하며, 교육의 내용과 질 또한 균등해야 한다는 국민적 공감대가 형성되어 있었다. 중학교 입학시험 폐지(1968년)와 고교평준화 시행(1974년) 등도 모두 교육 평등주의를 반영한 정책으로 평가된다. 중학교 입학시험을 폐지한 직후, 중학교 추첨 과정을 텔레비전으로 방송하는 등 당시 교육 당국은 공평성을 입증하기 위해 많은 노력을 기울였다. 1960년대 후반 사립 초등학교를 '귀족 학교'라고 비판하는 학부모들의 원성이 높아지자, 사립 초등학교 교장들이 엘리트주의적 태도와 우월감을 가지지 않겠다고 다짐하는 성명을 내기도 했다. 지금도 가정 환경과 무관하게 모두 같은 교복을 입도록 하고, 비싼 장신구와 고급 신발 등을 착용하는 것을 금지하는 교칙에서 이 같은 교육 평등주의를 엿볼 수 있다.

사라진 계층 사다리

평등하고 공정한 계층 사다리로서의 교육은 과거의 이야기가 된 지 오래다. 1997년 IMF 경제위기 이후 사회 경제적 불평등이 심화되면서 교육을 통한 계층 이동의 가능성은 갈수록 줄어들고, 오히려 교육이 계층 간 격차를 고착화하는 역효과를 내고 있다.

한숭희 교수는 글 「교육개혁, 이제는 고등평생학습개혁에 사활을 걸어라」에서 평등하고 공정한 계층 사다리는 사라지고, 교육은 '공정성 게임'으로 전락했다고 주장한다. 공정은 어디까지나 프레임에 불과하며, 실제로는 강자는 승자가 되고 약자는 패자가 되는 게임에 불과하다. 평등은 더 이상 이 프레임 내에 존재하지 않는다. 교육은 능력주의(Meritocracy)에 따른 학벌주의(Degreeocracy) 프레임에 갇혀 있고, 이 프레임 안에서 패자는 노력하지 않았다는 비난까지 감수해야 한다.

김왕배 교수는 논문 「한국의 교육열」에서 산업화 1세대와 2세대의 교육열을 구분하여 분석하였다. 산업화가 고속으로 진행되던 시기의 산업화 1세대에는 서민층에게도 사회적 지위 상승의 기회가 있었다. 당시 한국인들에게 교육은 자녀뿐 아니라 온 가족이 일거에 사회적 지위 상승을 할 수 있는 기회를 제공했다. 하지만 산업화 2세대의 교육열은 극심한 경쟁에서 탈락할지도 모른다는 '불안'으로부터 탈출하기 위한 몸부림이었다. 그는 "산업화 1세대의 경쟁이 연고성에 기초한 공동체적 경쟁이었다면, 산업화 2세대와 그 자녀들의 경쟁은 개별화되고, 파편화된 승자 독식의 경쟁"이라고 분석했다.

코로나19의 영향

교육이 계층 간 불평등을 심화하는 현상은 전 세계를 강타한 코로나19로 인해 더해질 것이라는 우려가 높다. 그리고 이는 이미 수치상으로 확인되고 있다. 교육부와 한국교육과정평가원이 발표한 「2020년 국가수준 학업성취도 평가 결과」에 따르면, 교과별 성취 수준에서 '보통학력 이상' 비율은 중·고등학교 국영수 과목 전체에 걸쳐 감소한 반면 '기초학력 미달' 비율은 증가하였다.

코로나19로 인해 실시하고 있는 원격 수업에서는 대면 수업에 비해 교사의 즉각적인 피드백이 이뤄지기 어렵다. 학생들의 수업에 대한 집중도도 현저히 낮아진다. 가정에서 원격 수업 시 보호자의 도움을 받을 수 있는 학생이 있는 반면, 부모의 맞벌이로 인해 홀로 원격 수업에 참여하는 학생들도 있다. 후자의 경우, 기본적인 시스템 접속에 어려움을 겪기도 하고, 학습을 방해하는 여러 요인의 영향을 상대적으로 더 많이 받을 수밖에 없다. 등교일이 줄어들고 원격 수업이 많아지면서 학습 결손 아동도 늘고 있다. 학교가 가정 환경의 차이를 완충해 주

자료4. 교과별 성취 수준 비율 (단위: %)

구분 연도	3수준(보통학력 이상)						1수준(기초학력 미달)					
	중3			고2			중3			고2		
	국어	수학	영어	국어	수학	영어	국어	수학	영어	국어	수학	영어
2019	82.9	61.3	72.6	77.5	65.5	78.8	4.1	11.8	3.3	4.0	9.0	3.6
2020	75.4	57.7	63.9	69.8	60.8	76.7	6.4	13.4	7.1	6.8	13.5	8.6

교육부·한국교육과정평가원(2021)

던 역할을 제대로 수행할 수 없게 됨에 따라, 가정의 경제 사회적 배경의 차이가 그대로 학생들의 학력 차이로 나타날 가능성이 커졌다.

김위정 연구위원은 「교육 격차 원인과 대응 과제」에서 원격 수업에 따른 학교교육 공백 그 이상을 우려하고 있다. 코로나19가 우리 경제와 고용 전반에 큰 피해를 주었고, 특히 비정규직 저임금 노동자나 영세 자영업자 등 취약 계층에게 더 큰 타격을 주었다는 점에 주목했다. 이로 인해 계층 간 사회 경제적 격차는 더 벌어질 것이고, 이후 코로나19가 종식되어 전면 등교 수업으로 돌아간다고 하더라도, 심화된 사회 경제적 불평등 구조가 아동의 교육 격차를 극대화할 것이라고 우려하였다.

4. 교육과 인권이 만나려면

지금까지 한국의 교육열이 지나온 궤적을 살펴보았다. 산업화 1세대의 교육열은 여러 한계점에도 불구하고 전 국가의 교육 수준을 단기간에 높이는 데 크게 기여했다. 제한된 여건 속에서 개인의 능력을 최대한 계발하고 계층 간 이동도 가능하도록 했다. 이른바 '개천에서 용 나는' 것을 가능하게 해 주었다. 그러나 이 교육열은 개인의 학력 신장에만 몰입하고, 인권이나 시민권 교육을 도외시했다는 한계점을 가진다. 당시 국가 차원의 교육목표 또한 국가주의 수준에 머물러 있었다. 이는 국민교육헌장의 "우리는 민족중흥의 역사적 사명을 띠고 이 땅에 태어났다."라는 언명에서 단적으로 드러난다.

하지만 오늘날의 교육열은 계층 이동의 순기능마저 상실한 지 오래다. 교육열은 사회적 불평등을 해소하기는커녕 기존의 계급 구조를 공고히 하고 정당화하는 역할을 하고 있다. 그리고 코로나19는 교육 불평등의 완충 지대인 학교교육의 공백을 가져오고, 교육 격차를 더욱 심화시킬 우려가 있다.

이제 한국의 교육열은 어디로 향해야 하는가. 인권의 지평에서 교육열을 바라볼 때 무엇부터 바꿀 수 있을까. 고민이 깊어지는 대목이다. 인권을 생각함에 있어 기본이 되는 텍스트로 돌아가 보자.

「세계인권선언」 제26조

1. 모든 사람은 교육받을 권리를 가진다. 적어도 초등교육과 기본교육 단계에서는 무상교육을 실시해야 한다. 초등교육은 의무적으로 실시해야 한다. 기술교육과 직업교육은 일반인이 이용할 수 있어야 하며 고등교육은 학업 능력에 따라 모든 사람에게 동등하게 열려 있어야 한다.

2. 교육은 인격의 충분한 발전과 인권 및 기본적 자유의 존중을 강화할 것을 목적으로 하여야 한다. 교육은 모든 국가, 모든 인종 집단 또는 종교 집단의 상호 간의 이해와 관용 및 우호 관계를 증진하는 것이어야

하고, 평화의 유지를 위하여 국제연합의 활동을 촉진해야 한다.

우리 사회의 교육열은 「세계인권선언」 제26조 1항을 부분적으로 만족시키는 데 치우쳐 있었다. 한국은 전쟁의 폐허에서 OECD 최고 수준의 고등교육 이수율을 자랑하는 국가로 단기간에 성장했고, 여기에는 교육열이 기여한 바가 컸다.

반면 「세계인권선언」 제26조 2항에 비추어 보면, 우리 사회의 교육열이 지닌 한계점이 여실히 드러난다. 이 조항에는 교육이 인권, 특히 연대성과 세계시민교육을 포함할 것을 명시하고 있다. 그런데 우리 사회의 교육열은 대학 진학과 취업에만 몰입한 채, 교육의 내용을 고민하는 단계로 나아가지 못했다. 그동안의 교육열은 사회 불평등 구조를 비판적으로 바라보고 개선하기보다는, 기존 구조 내에서 몇몇 성공 사례를 만드는 데 만족했다. 그 결과 불평등한 사회 구조는 더욱 공고해지고, 이제 예외적인 성공 사례마저 불가능한 사회가 되었다.

이제 교육열은 단순한 교육을 향한 열정을 넘어, 어떤 교육을 받아야 할지 내용적인 것까지 문제 삼는 수준으로 발전하여야 한다. 그리하여 인권, 연대성, 세계시민교육 등을 아우르는 교육으로 발전하여야 한다. 그러기 위해서는 각자도생만을 위한 교육열에서 벗어나 사회 구조 자체를 개선하기 위한 교육으로 나아가야 한다.

나는 민주시민교육에서 그 희망을 찾아보려 한다. 민주시민은 인권을 권리로 인식하고, 이에 대해 자기 목소리를 내는 시민의 형성을 목표로 하기 때문이다. 나는 민주시민교육을 통해, 목표의 달성 여부가 아닌 발달 과정 자체를 중시하는 교육의 원래 모습을 복원하려는 노력에 동참하려 한다. 아이들이 경쟁에서 자유로운 세상, 자신이 진정

원하는 것이 무엇인지 맘껏 탐색하고 꿈꿀 수 있는 세상을 만들어 줄 책무가 우리 어른들에게 있다. 불가능하다고 말하며 안주하지 않겠다. 작더라도 내가 할 수 있는 일부터, 우리 교실에서 하나씩 시작해 보려 한다.

4장
기후위기와 인권

문준영 인천소래초등학교 교사

1. 기후위기대응교육 돌아보기

기후위기라는 단어가 어느새 사회 전반에 키워드로 자리 잡았다. 정부는 탄소중립, 그린뉴딜 등을 이야기하며 기후위기에 대한 적극적인 대응 의지를 보이고 있다. 이러한 사회적 흐름에 맞춰 최근 1~2년 사이에 기후위기대응교육이 빠른 속도로 교육 현장에 도입되었다.

나는 학년 초에 학급 운영을 위해 아이들과 함께 1년 테마를 정한다. 기본 교육과정 외에 별도로 관심을 가지고 학습할 주제를 정하는 것이다. 2021년에는 기후위기를 우리 반 테마로 정했다.

교과 수업과 창의적 체험활동 시간을 연계해 아이들과 기후위기와 관련한 다양한 활동을 하였다. 내가 직접 수업을 하는 경우가 대부분이지만, 때로는 외부 강사도 적극 활용하였다. 나름 열심히 한다고 하였지만, 과연 내가 제대로 기후위기대응교육을 하고 있는지 의문이 들었다. 환경교육, 녹색교육, 생태교육, 지속가능발전교육이라는 이름으로 이전부터 진행하던 활동들을 기후위기대응교육이라는 새 이름으로 포장하여 교육하고 있는 것은 아닌지, 혹시 내가 놓치고 있는 것은 없는지 고민이 되었다.

그래서 더 늦기 전에 나의 기후위기대응교육을 다시 살펴보기로 했다. 기후위기대응교육이라는 이름으로 아이들과 진짜 나눠야 할 내용이 무엇인지 고민하고, 기후위기에 대한 아이들의 문해력을 높일 수 있는 키워드가 무엇인지 찾고자 했다.

2. 기후위기대응교육 뜯어보기

우선 기후위기라는 말이 왜 나오게 되었는지 살펴보았다. 지구 온난화, 기후변화 등 이전부터 사용해 온 용어들이 있음에도 불구하고 왜 기후위기라는 새로운 용어를 사용하고 가르쳐야 하는지 이유를 찾고 싶었다. 일례로 영국 일간지 가디언은 2019년에 "앞으로 '기후변화'란 표현 대신 '기후비상사태', '기후위기' 등의 표현을 사용하겠다."고 선언했다. 가디언의 편집국장 캐서린 바이너는 기후변화와 같은 온건한 표현은 인류가 직면한 위험성을 전달하기에 적절하지 않다고 설명했다. 미국 환경 전문 미디어 그린비즈의 조엘 매코어 총괄 편집자 역시 기후는 항상 변하기 때문에 사람들이 기후변화라는 표현을 들었을 때 별일 아닌 것으로 오해할 수 있으므로 기후위기라는 표현을 써야 한다고 밝혔다.

기후변화가 초래하는 위기를 제대로 이해하기 위해, 아이들과 함께 할 기후위기대응교육의 첫 번째 키워드를 '위기'로 정했다. 첫 번째 키워드를 정하면서 아이들이 현재의 기후 문제가 북극곰이나 펭귄, 거북이만의 문제가 아닌 바로 자신의 문제임을 깨닫길 바랐다.

다음은 기후위기의 원인에 초점을 맞추었다. 기후위기가 왜 지속되고 있을까? 이미 우리는 30년 전부터 그 해답을 알고 있었다. 1990년대 처음으로 교과서에 지구 온난화란 용어와 개념이 등장했다. 당시 고등학교 교과서 지문의 일부이다.

> 지구의 온도가 점점 높아지고 있는데 이것은 너무나 많은 대기 오염 물질들이 배출되기 때문이다. 지구의 온도가 높아지면, 남극과 북극의 빙하가 녹아내려서 세계의 여러 나라들이 물 속에 잠기게 될 것이다. 이 밖에도 어떤 큰 재앙이 닥칠지 모른다.—한국교육개발원,『고등학교 공통사회(상)』

다음은 요즘 학생들에게 가르치고 있는 교과서 지문의 일부이다.

> 지구 온난화, 사막화, 열대림 파괴와 생물종 감소, 오존층 파괴 등은 전 세계적으로 발생하는 대표적인 환경 문제이며, 여러 국가에 영향을 미치고 있다. 이러한 환경 문제들은 소규모 지역에서부터 지구 전체에 이르기까지 피해 규모도 다양하다. 또한 환경 문제의 원인과 관련된 책임 소재가 불분명하고 오염된 자연환경이 정상 상태로 회복하려면 오랜 시간이 걸리기 때문에 다양한 해결 노력이 요구된다.—육근록 외,『고등학교 통합사회』
>
> 지속가능한 미래를 위해서 우리는 환경을 지키고 보존해야 할 책임이 있지만, 지구촌 환경은 점점 황폐해져 가고 있다.

[예시]
- 아마존 열대 우림 파괴 증가
- 사라지는 산호초
- 중금속 발암 물질이 다량 함유된 초미세 먼지 증가
- 태평양 위 거대한 쓰레기 섬
- 지속되는 사막화
- 심각해지는 지구 온난화, 펄펄 끓는 지구

—교육부, 『초등학교 사회 6-2』

30년 전 교과서를 읽는데 소름이 돋았다. 당시 교과서와 지금 내가 가르치고 있는 교과서의 내용이 본질적으로 달라진 것이 무엇일까? 대체 30년 동안 우리는 무엇을 한 것일까? 답답하고 걱정이 앞섰다.

앞서 살펴본 교과서 모두 지구 온난화, 지구 온도 상승에 대해 지적하고 있다. 30년 전에 거론되던 문제가 해결되기는커녕 더욱더 심화되고 있다. 그렇다면 지구 온도 상승의 가장 주된 원인은 무엇일까? 바로 온실가스이다. 아이들에게 기후위기의 원인을 알려 주고, 온실가스를 줄이기 위해 어떤 노력을 해야 하는지 함께 고민해 보기로 했다. 그래서 아이들과 함께할 기후위기대응교육 두 번째 키워드를 '온실가스'로 정했다.

마지막으로 기후위기가 초래하는 다양한 결과에 주목했다. 온실가스 배출량 증가의 원인은 매우 다양하다. 탄소 자본주의적 생활 방식, 공장식 축산, 과도한 개발과 환경 파괴, 발전 중심의 경제 체제 등으로 온실가스 배출량은 나날이 증가하고 있다. 이로 인해 지구 온난화가 일어나고 폭염, 태풍, 가뭄, 장마, 해일, 산사태, 겨울철 이상고온 등 다양한 형태의 자연재해가 발생한다. 하지만 이런 이상기후 현상은 기후위기의 한 단면일 뿐이다. 아이들과 자연재해 외에 기후위기로 인해 파생되는 사회 현상에 대해 알아보고, 이야기 나누고 싶었다. 환경오염, 기후변화와 같은 자연 현상 차원의 문제를 넘어 기후 난민, 경제 양극화로 인한 불평등 심화 등 미래 세대의 생존권 자체를 위협하는 인권 차원의 문제까지 살펴볼 수 있는 문해력을 길러 주고 싶었다. 그래서 아이들과 함께할 기후위기대응교육 세 번째 키워드를 '인권'으로 정했다.

3. 기후위기대응교육 실천하기

키워드1. 위기

첫 번째 키워드 수업의 핵심은 기후위기 문제가 직접적으로 나와 관련이 있음을 깨닫는 것이다. 먼저 날씨나 기후로 인해 불편했던 자신의 경험을 서로 이야기 나누었다. 아이들이 기후 문제에 대해 둔감할 거라고 생각했는데 생각보다 다양한 의견을 말하였다. 아이들은 자신이 겪은 불편함을 이야기하고 친구의 불편함을 공유하며, 기후 문제의 심각성을 깨닫게 되었다.

학생 1 지난해 장마가 너무 길어서 여름에 밖에 나가 놀 수 있는 기회가 별로 없었어요. 가족들과 야외에서 즐거운 시간을 보내기도 쉽지 않았어요.

학생 2 올해는 날씨가 이상해요. 갑자기 더웠다, 추웠다 변덕스러워서 감기에 자주 걸렸어요.

학생 3 지금은 코로나19 때문에 마스크를 계속 써야 하지만, 예전에는 미세 먼지 때문에 마스크를 써야 했어요. 비염이 있어서 마스크를 쓰는 것이 너무 불편했어요.

다음으로 기후위기로 인한 피해 사례를 조사하여 발표하는 시간을 가졌다. 단, 인간과 직접 관련된 피해 사례를 중심으로 조사하도록 하였다.

아이들은 기후위기로 인해 나타나는 심각한 가뭄 때문에 사람들이 먹을 식량과 물이 부족해지는 것을 피해 사례로 꼽았다. 또한 빙하가 녹아 해수면이 상승하여 섬나라 사람들이 삶의 터전을 잃어버리는 것을 걱정하였다. 기후위기로 인해 일어난 자연재해 때문에 바이러스나 병이 퍼져 사람들의 생명이 위협받을 수도 있다는 사실에 걱정을 표하기도 하였다. 다음은 기후위기에 따른 피해 사례 조사 후, 아이들이 각자의 생각을 말한 내용의 일부이다.

학생 4 지금처럼 지구 온도가 계속 올라가면 더 이상 사람이 살 수 없는 세상이 될 거예요.
학생 5 예전에 공룡이 그랬던 것처럼 인간도 멸종할 것 같아요.
학생 6 지금보다 기후위기 문제가 더 심각해질까 봐 걱정돼요.

이 수업을 진행하면서 한 가지 간과한 것은 아이들의 피로도였다. 성인들도 코로나19를 1년 넘게 겪으면서, 코로나19라는 단어 자체에 대해 피로감을 느낀다. 기후위기 수업이 진행될수록 아이들에게서도 이런 모습이 나타났다. 기후위기와 먹거리를 주제로 수업을 진행하는데 한 학생이 "또 기후위기야?"라는 반응을 보였다. 외부 강사를 초빙한 수업 시간에는 "그거 옛날에 수업에서 들어서 알고 있어요."라고 말하며 수업이 본격적으로 시작하기도 전에 거부감을 표하는 아이들도 있었다. 당시에는 수업 진행에 급급하여 그냥 지나쳤는데, 이런 현상을 미리 예상하고 대비를 했어야 한다는 생각이 들었다. 듣기 좋은 말도 계속 들으면 지겨운 법인데, 하물며 기후위기와 관련된 부정적인 내용을 여러 번 접하다 보니 아이들도 분명 지치고 힘들었으리라. 그래서 이후 다른 키워드 수업에서는 이론 수업을 짧게 마치고, 실질적인 체험을 통해 아이들이 기후위기대응교육에 흥미를 느낄 수 있도록 수업 계획을 조정했다.

키워드2. 온실가스

두 번째 키워드 수업의 핵심은 온실가스가 왜 발생하는지 원인을 알아보고, 이를 줄이기 위해 어떤 실천을 해야 하는지 배우는 것이다. 온실가스를 줄이기 위해 우리가 할 수 있는 일을 단순히 아는 것에서 그치지 않고, 생활 속에서 직접 실천하는 것이 중요함을 일깨워 주고자 하였다.

온실가스의 원인

먼저 온실가스가 발생하는 원인에 주목하였다. 다양한 형태의 콘텐츠를 활용하여 아이들의 호기심을 자극하는 가운데 여러 쟁점을 살펴보았다.

아이들과 기상청 기상 자료 개방 포털에 접속하여 지난 10년간 우리나라의 평균기온 추이를 조사한 결과, 평균기온이 1.2℃(서울 기준) 상승한 것을 확인할 수 있었다. 조금 더 범위를 넓혀 50년간 평균기온의 차이도 살펴보았다. 1970년 평균기온과 비교해 2021년 현재 평균기온이 1.8℃(서울 기준) 상승한 것을 확인하였다.

지역적 범위를 넓혀 지구의 기온 변화도 살펴보았다. 시간이 지남에 따라 지구의 기온이 상승한 것을 어렵지 않게 확인할 수 있었다. 여기서 아이들은 흥미로운 자료를 찾아냈다. 산업화가 이루어지기 전에는 지구의 기온이 1℃ 상승하는데 약 1,000년의 시간이 걸렸다. 그런데 산업화가 진행된 이후에는 지구의 기온이 1℃ 상승하는데 걸린 시간이 고작 100년이라는 짧은 시간이었다. 왜 이러한 결과가 나타났을까? 우리는 이 부분에 더 집중해 보기로 하였다.

산업화가 무엇인지 모르는 아이들을 위해 산업화의 개념을 설명하고, 산업화 과정을 거치면서 지구의 기온이 가파르게 상승한 이유를 생각해 보도록 이끌었다. 아이들은 산업화와 지구 기온 상승과의 상관관계를 다양한 관점으로 추론하였다.

학생 7 옛날에는 공장이 많지 않았는데, 산업화가 되면서 공장이 점점 많아져서 환경 문제가 생긴 것 같아요.
학생 8 공장에서 매연이 많이 나오는데, 그 매연이 온실가스여서 지구 기온이 높아졌어요.
학생 9 공장에서 나오는 폐기물이나 폐수 등이 환경을 오염시켜 기후가 변했어요.

학생들의 추론을 바탕으로 산업화로 인한 문제점을 좀 더 집중적으로 살펴보았다.

우선 무분별한 산업화로 인해 발생하는 환경 오염 문제에 대해 알아보았다. 산업 시설에서 배출하는 매연, 폐수, 폐기물 등으로 인해 대기, 수질, 토양 등이 오염되며 다량의 이산화탄소가 발생해 온실 효과가 나타났다.

두 번째로 산업화로 인해 나타난 도시 문제를 살펴보았다. 농사를 짓던 사람들이 산업화 이후 돈을 벌기 위해 공장이 있는 도시로 이동했다. 짧은 시간에 도시 인구가 급격히 늘어나자, 주택이 부족해지고 집값은 더 비싸졌다. 돈도 없고 집도 없는 사람들이 도시에서 어떻게 지냈을지 아이들에게 질문을 던졌다. 아이들은 노숙자가 많이 생겼을 것 같다고 추측했다. 아이들의 추측대로 노숙자가 많아지고 불량 주택 지역이 형성되는 문제가 나타났다. 산업화로 인해 나라 경제는 크게 성장하였지만, 그 안을 자세히 살펴보면 산업화 이전보다 오히려 더 힘들고 어렵게 살아가는 사람들이 많아졌다는 것을 확인할 수 있다.

세 번째로 아이들과 함께 산업화가 사람에게 직접적으로 어떤 영향을 주었는지 알아보고자 하였다. 이즈음에 이르자 아이들은 질문을 쏟아 냈다.

"선생님! 왜 사람들이 집을 구하지 못해요?"
"돈이 없어서."
"선생님! 왜 돈을 많이 버는데 더 힘들게 살아요?"
"돈이 모자라니까."
"선생님! 공장에서 열심히 일했는데 왜 돈이 없어요?"

이 같은 문답 끝에 한 가지 결론에 도달했다. 돈을 버는 사람들은 따로 있다! 돈을 버는 사람은 공장을 소유한 사업가나 자본가이고, 노동자들은 열심히 일을 해도 돈을 많이 벌지 못했다. 아이들의 관심이 예상보다 높은 것을 확인하고, 당시 시대 상황을 더 자세히 알아보기로 하였다.

『세상의 절반은 어떻게 사는가』라는 책에서 소개한 뉴욕 하층민의 삶을 이야기해 주었다. 19세기 말, 미국 뉴욕은 전 세계에서 가장 인구가 많은 도시였다. 사람들이 살 곳이 부족해지자 집주인들은 이전에 2가구가 살던 집을 쪼개어 10가구가 살도록 바꾸었다. 빛 한 줄기 들어오지 않고, 환기도 되지 않은 공간에서 어린아이들이 숨이 막혀 사망하기도 하였다. 이런 열악한 환경에 살면서도 평균 성인 남성 한 명이 일주일 동안 버는 돈을 모두 집세로 내야만 했다. 반면 집주인들은 부동산 매입 1년 만에 투자금의 30~40%를 회수하는 고수익을 거뒀다.

주거 환경이 더 열악한 경우를 이야기해 주자, 아이들은 깜짝 놀라며 안타까워했다. 모든 사람들이 행복하게 잘살기 위해 열심히 일했지만 실제로 잘사는 사람은 극히 일부였다. 이 과정에서 사람에 대한 존중이나 환경에 대한 고려는 찾아보기 힘들었다. 그러다 보니 지금과 같은 환경 문제, 인권 문제 등이 나타나게 된 것이다.

지구 기온 상승의 원인을 찾아 가는 활동이 어느덧 사회·역사적 흐름을 이해하고 살펴보는 문해력 수업이 되었다. 아이들이 역사적 사실을 통해 당시 사회를 이해하는 모습이 인상적이었다. 이렇게 사회를 보는 눈을 키운 뒤, 지속가능발전의 필요성에 대해 알아보는 시간을 가졌다.

지구촌 77억 인구 중 60% 이상이 여전히 극심한 가난과 질병에 시달리고 있는 상황에서 경제 발전과 성장은 멈출 수 없는 것이 현실이다. 다만 경제 발전이 계속 환경과 사람을 도외시한 채 화석 연료에 기반하여 무분별하게 이뤄진다면, 더 이상 지구는 버틸 수 없게 될 것이다. 발전을 지속하면서 미래 후손이 살아갈 환경까지 생각하는 지속가능발전의 개념을 설명하고, 그 중요성에 대해 아이들과 이야기 나눴다.

온실가스를 줄이기 위한 우리의 노력

온실가스라는 키워드 아래 두 번째 소주제로 온실가스를 줄이기 위해 개인이 할 수 있는 노력에 대해 알아보았다. 초등학교 4학년 학생들이 실제로 할 수 있는 일을 찾고, 실천 약속판도 제작하며 실천 의지를 다졌다. 우선 아이들은 인터넷을 이용하거나 부모님과의 대화를 통해 자신들이 할 수 있는 실천 과제를 찾고, 패들렛 플랫폼을 활용하여 이를 정리하였다. 이 가운데 아이들의 과반수가 추천한 의견을 모아 '온실가스 줄이기 실천 약속판'을 제작하였다.

온실가스 줄이기 실천 약속판
- 에너지(물, 전기 등)를 아껴 써요.
- 쓰레기를 줄여요.(텀블러나 에코백 등 사용)
- 분리배출을 잘해요.
- B(버스), M(지하철), W(걷기)를 실천해요.
- 식물을 아끼고 보살펴 줘요.
- 채식을 해요.

아이들은 직접 의견을 제시하고 함께 토의하며 실천 규칙을 세우는 활동을 통해, 민주시민으로서 참여하고 의사 결정을 하는 경험을 할 수 있었다. 자신들의 의견을 반영하여 직접 만들었기 때문에, 아이들은 쉬는 시간에도 실천 약속판 앞에 모여 이야기를 나누는 등 높은 관심과 실천 의지를 보였다.

우리가 해야 할 일을 찾았고, 이제 약속을 실천으로 옮기는 제일 중요한 단계가 남았다. 실천을 위해 아이들과 협의를 거쳐 '2021 기후위기 극복을 위한 생태 시민 프로젝트'를 시작하였다. 온실가스 줄이기 실천 약속판에 있는 내용을 1달에 2번 이상 실천하고, 그 모습을 담아 학급 플랫폼에 올리기로 정하였다. 아이들은 자신의 활동을 사진으로 찍어 공유하며 생태 시민으로서의 감수성을 높이고, 친구들의 실천 사례를 보며 자신의 기후위기 극복 노력을 업그레이드하였다.

이 밖에도 먹을 수 있는 물병 '오호(ooho)' 만들기, 커피박을 활용한 친환경 화분 만들기 등 온실가스를 줄일 수 있는 구체적인 방안을 체험해 보았다.

키워드3. 인권

세 번째 키워드 수업의 핵심은 기후위기 문제를 자연 현상을 넘어 이로 인해 나타나는 사회 현상까지 이해하는 문해력을 기르는 것이다. 기후위기의 원인은 복합적이기 때문에 그 결과 또한 여러 분야에 걸쳐 나타난다. 따라서 기후위기를 과학적인 현상으로만 바라봐서는 안 된다. 기후위기를 둘러싼 생존권, 기후 난민, 기후 불평등, 경제적 불평등 등의 문제까지 함께 살펴보며 삶의 문해력을 길러 주고자 하였다. 이 모두를 아우르는 개념이 인권이라고 생각하였다.

전기 없이 하루 살기 체험

교실에서 함께할 수 있는 활동을 고민하다 '전기 없이 하루 살기'를 실천하기로 하였다. 부족함이 무엇인지 모르고 자라는 요즘 아이들에게 이를 체험하도록 할 필요가 있다고 생각했다.

체험을 진행하는 날은 우리 반 교실의 전등을 하루 종일 켜지 않았다. 물론 에어컨과 선풍기도 작동되지 않고, 컴퓨터와 텔레비전도 잠시 멈췄다. 교실에서 식물을 키우기 위해 사용하는 수직형 재배기의 물도 멈췄다. 전기가 없는 우리 교실은 예상보다 더 조용했다.

그날 마지막 교시 수업에는 전기 없이 하루를 보내며 느낀 점을 돌아가며 이야기하였다. 먼저 교사인 나는 컴퓨터와 텔레비전 없이 수업을 진행하는 것이 생각보다 힘들었다. 당연히 컴퓨터와 텔레비전이 있다는 전제하에 교재 연구를 한 터라, 교과서를 이용하는 것 외에 달리 수업을 진행할 수 있는 방법이 많지 않았다. 함께 살펴볼 수 있는 자료의 양도 크게 줄었다. 전체적으로 수업이 당초 내가 구상한 대로 구현되지 않아 어려움이 많았음을 털어놓았다.

아이들도 많은 이야기를 했다. 낮 시간에 진행한 활동이어서 조명이 없는 것에 대한 불편함을 이야기하는 친구들은 많지 않았다. 대부분의 아이들이 '너무 더운데 에어컨이나 선풍기를 틀 수 없어 힘들었다.'고 하였다. 수직형 재배기의 식물들이 시든 모습에 주목하는 친구도 있었다. 오늘 체험활동으로 전기가 없는 것에 불편함을 느낀 친구의 수를 조사하니, 90% 가량의 친구들이 불편함을 표하였다.

단 하루에 불과했지만, 일상에서 당연시하며 이용하던 전기를 사용하지 못하는 경험을 통해 아이들이 불편함을 조금이라도 이해해 보길 바랐다. 불편함을 모르고서는 기후위기도, 인권의 소중함도 제대로 이해할 수 없다고 생각했기 때문이다. 불편함을 알아야 그동안의 편리함이 주는 고마움을 알고, 타인의 불편함을 살펴보고 이해하는 자세를 지닐 수 있다. 이것이 인권 문제를 고민하는 시작점이라고 생각하였다.

누구에게나 동일하게 주어진 조건처럼 보이는 자연과 기후조차 사실은 평등하지 않다는 것을 알려 주고 싶었다. 아이들이 체험활동을 통해 기후 불평등에 대해 이해하고, 이를 섬세하게 알아볼 수 있는 시각을 기를 수 있길 기대했다.

나 폭염이나 강추위 속에 실내가 아니라 운동장에서 공부한다면 어떨까? 실내에서 공부한다고 하더라도 냉난방기가 없어서 사용할 수 없다면 어떨까?
아이들 일동 너무 싫어요!

이 같은 대화 후 실제 그런 현실 속에 사는 사람들이 있음을 아이들에게 상기시켰다. 쪽방촌 거주민을 비롯한 저소득층 중에는 냉난방기를 살 여유가 없어 폭염과 강추위를 그대로 견뎌야 하는 사람들이 있고, 때로는 목숨까지 위협받기도 한다. 인간이라면 누구나 안전하게 살 권리가 있다. 인류의 집인 지구는 우리 모두에게 안전한 공간이 되어야 한다. 그러나 기후위기가 초래한 기상이변으로 인해 지구는 더 이상 안전한 공간이 되지 못한다는 것을 알려 주고자 했다.

「세계인권선언」 톺아보기
「세계인권선언」을 통해 인권에 대해 생각해 보는 시간도 가졌다. 아이들과 총 30조에 이르는 「세계인권선언」 전문을 살펴보며, 인권이 무엇인지 자세히 알아보았다. 그리고 그중 기후위기와 직접적으로 관련되어 보이는 조항을 찾아보았다. 아이들은 특히 제3조와 제25조에 주목했다.

- 제3조 모든 사람은 생명과 신체의 자유와 안전에 대한 권리를 가진다.
- 제25조 모든 사람은 의식주, 의료 및 필요한 사회복지를 포함하여 자신과 가족의 건강과 안녕에 적합한 생활 수준을 누릴 권리를 가진다.

두 조항을 자세히 살펴보면서, 인권에 대한 고민을 심화하였다.

「세계인권선언」 제3조는 생명권과 안전이라는 인권의 기본적인 조건을 다루고 있다. 아이들은 이전 활동에서 기후변화로 인해 나타나는 문제 사례를 조사하였고, 전 세계 수십억 명의 사람들이 생명과 안전을 위협받고 있다는 것을 배웠다. 2003년에는 유럽의 극심한 폭염으로 3만 5천여 명이 사망했다. 2013년에는 태풍 하이옌의 영향으로 필리핀에서만 1만여 명이 죽거나 다쳤다. 세계보건기구는 2030~2050년 사이에 기후변화로 인한 말라리아, 열사병, 영양실조 등의 발생으로 매년 25만 명 이상이 목숨을 잃을 것이라고 예상했다.

인간은 누구나 안전하게 살아갈 권리를 가진다. 하지만 기후변화는 인류의 안전을 위협하고 있다. 게다가 저소득층일수록, 가난한 나라일수록 피해 정도가 더 크다. 단순히 기후변화로 인한 자연재해에만 한정하지 않고, 그로 인해 인간으로서의 기본적인 권리마저 위협당하는 사람들이 있다는 것까지 살필 수 있어야 한다.

「세계인권선언」 제25조는 의식주, 의료, 사회복지 등 인간답게 살기 위해 필요한 보편적인 조건에 대해 명시하고 있다. 앞서 살펴본 것처럼 기후변화가 생명과 안전에 직접적인 위협이 된다는 점에서 경각심을 가져야 하지만, 일상적인 측면에서 우리 삶을 힘들게 하는 점도 있음을 간과해서는 안 된다.

가뭄으로 인한 사막화로 경작지가 줄어드는 지역이 있는 반면, 유례없는 홍수로 경작물 피해를 입는 지역도 있다. 이 같은 기상이변은 세계 곳곳에서 속출하고 있으며, 이는 식량 및 주거지 부족 문제로 직결된다. 기후변화로 인한 해수면 상승은 저지대에 거주하는 수백만 명의 삶의 터전을 빼앗는다. 그리고 기온 상승, 해빙, 해수면 상승 등은 수자원의 질과 양에 막대한 영향을 주어 위생적인 삶의 근간을 흔든다.

기후위기의 광범위한 위협 앞에서 개인과 가족의 안녕을 지키는 것은 누구의 책임일까. 개인의 노력도 필요하지만, 사회 전체와 국가 차원, 나아가 지구적 차원에서 함께 노력해야 할 문제임을 인식해야 한다.

특히 기후위기에 대한 관심이 중요한 이유는 기후위기가 현세대에만 악영향을 미치는 것이 아니기 때문이다. 이미 세계 아동과 청소년들 상당수가 기후위기로 인한 불안정한 환경 속에서 고통받고 있다. 기후위기 문제를 간과하고 다 같이 노력하지 않으면, 미래 세대의 삶은 더욱 비참해질 것이다.

기후위기대응 슬로건 활동
아이들과 기후위기에 대해 다각적으로 알아본 후에는 기후위기대응 캠페인 활동 수업을 진행하였다.

학생들이 직접 만든 슬로건
· 지구 온도를 내리는 행동이 사람을 + 살립니다.
· 우리 함께 살기 위해, 우리 함께 노력해요!
· 온 세상의 친구들아! 우리가 너희들을 지켜 줄게!
· 우리가 즐기는 생활이 누군가에게는 고통이 될 수 있어요.

아이들은 기후위기 상황을 알리고 기후위기대응 행동을 촉구하는 슬로건을 직접 작성하였다. 그리고 슬로건이 적힌 팻말을 들고 학교 곳곳을 다니며 친구들에게 알리자는 계획을 세웠다. 그러나 현실적인 어려움에 직면했다. 코로나19로 인한 거리두기 때문에 자유롭게 다른 교실을 오가는 것이 불가능하였다.

아이들은 대책 마련 회의를 한 끝에 몇 가지 방법을 고안해 냈다. 우선 건물 현관과 화장실 문 등 학생들이 자주 오가는 교내 곳곳에 슬로건 포스터를 부착하여 다른 학생들의 시선을 끌기로 하였다. 두 번째 대책은 "우리 대신 다른 무언가가 움직이며 홍보하면 어떨까?" 하는 한 친구의 아이디어에서 착안하였다. 아이들은 RC카(리모트컨트롤 자동차)에 슬로건을 붙여 '움직이는 기후위기와 인권 캠페인'을 시도했다. 쉬는 시간에 복도를 오가는 RC카는 다른 학생들의 눈을 단번에 사로잡았다. 당장은 RC카 존재 자체에 대한 관심이었지만, 그곳에 적힌 문구도 그만큼 많이 노출되어 나름 성공적인 캠페인이었다.

아이들은 캠페인 활동을 통해 자신들의 생각을 다양한 방법으로 표출하는 법을 배웠다. 그로 인한 즐거움을 경험한 덕에 다음에는 어떤 다른 방법으로 자신들의 생각을 알릴지 스스로 고민하는 모습을 보였다. 이에 다가올 2학기에는 메타버스(게더타운)를 이용해 기후위기 홍보전시관을 만들기로 미리 계획을 세웠다.

　일련의 기후위기 수업을 통해 학생들은 기후위기는 다른 나라의 일도, 먼 미래의 일도 아닌, 지금 당장 우리가 직면한 문제라는 것을 자각하였다. 그리고 기후위기 문제를 해결하기 위한 나의 작은 실천이 나의 인권과 또 다른 누군가의 인권을 보호하는 일임을 배웠다.

4. 코로나 사태의 교훈

코로나19가 발생한 이후 전 세계가 경각심을 가지고 이를 극복하기 위해 노력하고 있다. 방역 수칙을 마련하고 백신을 개발하였지만, 변이 바이러스가 출현하고 돌파 감염 사례가 늘어나고 있다. 이에 코로나를 종식시키지는 못하더라도 피해를 최소화하며 공존하는 'With 코로나 시대'를 이야기하기에 이르렀다.

　나는 코로나 사태를 지켜보면서 기후위기와 연관 지어 생각해 보았다. 코로나는 바이러스가 인체에 침투하는 순간 즉각적으로 증상이 나타나고 심하게는 수일 내에 사망할 수도 있기 때문에, 사람들이 그 심각성을 외면하기 힘들다. 반면 사람들은 기후위기의 심각성을 어떻게 받아들이고 있을까? 앞에서 언급한 것처럼 30년 전의 교과서와 지금의 교과서에서 언급하는 기후위기는 내용상 큰 차이가 없다. 기후위기 상황이 계속 악화되는 이유는 기후위기의 결과가 코로나19와 달리 당장 가시화되지 않기 때문이 아닐까.

　하지만 간과해서는 안 될 중요한 사실은 코로나19는 어느 날 갑자기 등장한 것이 아니라, 인류의 오랜 환경 파괴의 영향이 축적된 데 따른 '예고된 위기'라는 점이다. 유예된 위험으로만 보였던 기후위기도 인간의 삶에 갈수록 큰 영향을 끼치고 있다. 하루가 멀다 하고 들려오는 기상이변 소식을 접할 때마다 시한폭탄 같은 지구를 다음 세대에 물려주고 있는 것은 아닌지 걱정이 된다.

   기후위기가 코로나19처럼 걷잡을 수 없는 위협이 되기 전에 이를 바로잡기 위해 노력해야 한다.

2부

교사 스스로 질문하는 인권교육

교육을 위해서라면 인권을 침해해도 되는 것일까.
교육이 있고 인권이 있어야 하는 것일까,
아니면 인권이 우선한 상태에서
교육을 이야기해야 하는 것일까.

5장
인권교육이 어려운 이유

손주호 동산중학교 교사

1. 질문의 계기

"왜 머리를 잘라야 하는지 이해가 되지 않아요."

긴 머리를 깔끔하게 자르는 것이 어떻겠냐는 담임교사인 나의 지적에 효민(가명)이는 차분히 대답했다. 능숙하게 응대하는 모습을 보니, 한두 번 지적당해 본 솜씨가 아니다.

새 학년이 시작되기 전 예비 소집일에 효민이는 멋있게 헤어밴드를 하고 학교에 왔다. 남학생치고는 긴 머리와 헤어밴드가 제법 잘 어울렸다. 효민이는 태권도 선수이다. TV에서 중계되는 대형 행사에 청소년 시범단으로 선출된다고 하는 것을 보면, 꽤 인정받는 선수인 모양이다. 발차기를 할 때 멋있게 긴 머리를 휘날리고 싶어 기르는 것은 아닐까 나름대로 이해하는 마음도 가져 보았다. 하지만 효민이를 보시는 선생님들마다 한 말씀씩 하시는 것을 보니, 내가 이해하는 것으로 해결될 간단한 문제가 아니었다. 선생님들의 공통된 걱정은 다른 학생들에게 잘못된 선례가 될 수 있다는 것이다. 또한, 다른 학교에서 보기에 우리 학교의 생활 지도가 얼마나 미흡한지 보여 주는 단적인 예가 될 수도 있다며 걱정들을 하셨다.

  헤어밴드 착용은 장신구 착용을 금지하는 학교 규정을 위반하는 것이지만, 학생들의 머리 길이에 대한 규정은 두발 자유화 이후 없어졌다. 몇 해 전 학생회에서 두발 자유화이긴 하지만 학생다운 단정한 머리를 유지하자는 자성의 목소리를 낸 적이 있다. 학교 규정상 제약할 근거가 사라진 가운데 이루어지는 두발 지도에 대해 나는 한편으론 공감하면서도 다른 한편으론 불편한 마음이었다.

> 국가인권위는 △학생의 두발 자유는 개성의 자유로운 발현권이나 자기결정권, 사생활의 자유 등 헌법에서 보장하고 있는 기본적 권리로서 인정되어야 하며 △학생의 의견이 반영되지 않은 두발제한 규정을 근거로 학생들의 두발을 일률적이고 획일적으로 규제하는 것은 헌법 및 아동의 권리에 관한 협약에 부합하지 않으며 △특히 강제적으로 학생의 머리를 자르는 것은 인격권 등에 대한 침해라고 판단했습니다. 따라서 국가인권위는 학생의 두발에 대한 제한은 △교육 현장의 질서 유지를 위해 제한할 필요성이 인정되는 극히 한정적인 경우에 한하여 교육의 실현을 방해하는 상태나 행위만을 대상으로 해야 하고 △그 제한의 내용과 절차는 학생들의 자기결정권이 충분히 보장된 합리적 과정과 시스템에 의해서 이루어져야 하며 △강제 이발의 재발 방지를 위한 적극적 조치가 마련되어야 한다고 판단했습니다.—국가인권위원회(2005)

  효민이의 머리는 위에서 언급한 '교육 현장의 질서 유지를 위해 제한할 필요성이 인정되는 극히 한정적인 경우'에 해당될까. 혹은 학생회에서 정한 자치 규약에 의거해 학생다운 단정한 머리가 아님을 지적할 수 있을까. 그렇다면 학생다운 단정한 머리의 기준은 무엇일까. 이 모든 논의가 학생의 자기결정권과 사생활의 자유를 침해하는 것일까. 신체의 자유를 침해하고, 인격권의 영역까지 건드리는 것은 아닐까. 교육을 위해서라면 인권을 침해해도 되는 것일까. 교육이 있고 인권이 있어야 하는 것일까, 아니면 인권이 우선한 상태에서 교육을 이야기해야 하는 것일까. 인권에 대해 배워 본 적이 없다 보니, 나부터도 두서없는 질문만 가득했다.

2. 경청

우선 인권과 인권교육에 대해 학생들과 선생님들의 의견을 들어 보기로 하였다. 각자가 생각하고 있는 인권의 정의부터 인권교육은 무엇이며, 왜 필요한지 등에 대해 의견을 나누었다. 가능한 한 다양한 의견을 담기 위해 인터뷰 학생의 학교급과 성별, 선생님들의 학교급과 담당 교과목 등을 달리했다. 인권교육의 필요성에 대해서는 모두가 공감했지만, 구체적인 방법과 인권교육을 어렵다고 생각하는 이유는 서로 달랐다.

질문1. 내가 생각하는 인권이란?

중학생 1 인권은 인간이 가져야 할 기본적인 권리입니다.
나 좀 더 구체적으로 이야기해 줄래요?
중학생 1 먹고 싶은 것을 먹을 수 있고, 자고 싶을 때 잘 수 있고, 보고 싶을 때 볼 수 있고, 말하고 싶을 때 말할 수 있는 것이라고 생각해요.

중학생 2 인간을 위해 필요한 권리지만, 지나치면 안 된다고 생각합니다.
나 지나치면 안 된다는 것은 무슨 뜻인가요?
중학생 2 가끔 뉴스에서 범죄자의 인권이라는 말을 듣게 되잖아요. 범죄를 저지른 사람의 인권까지 보호해 주는 것은 지나치다고 생각해요.

고등학생 1 인권은 인간이 인간답게 살 수 있는 권리입니다. 인간답다는 것은, 남에게 피해를 주지 않는 범위 내에서 자유롭게 하고 싶은 것을 할 수 있는 것이라고 생각해요.
나 남에게 피해를 줄 수 있다면, 내가 하고 싶은 것을 포기해야 한다는 건가요?
고등학생 1 아무래도 다른 방법을 찾아야 되겠죠. 굳이 남에게 피해를 주면서까지 제 욕심을 채우고 싶지는 않아요.

고등학생 2 인권은 인간의 권리입니다. 권리가 있으면 그에 대한 의무도 있는 것이므로, 권리를 주장하려면 그에 대한 의무도 다해야 합니다.
나 권리만 주장하지 말고, 의무도 당연시해야 한다고 생각하는군요. 그럼 의무를 다하지 않는다면 인권을 행사하지 못할 수도 있는 건가요?
고등학생 2 네, 상황에 따라서는 그럴 수도 있다고 생각해요.

A고등학교 국어 교사 인권은 성별, 나이, 사회적 지위 등 여러 가지 이유로 인해 차별받지 않을 권리입니다. 인간이 존엄성을 지키며 살 수 있도록 하는 필수적인 권리도 포함됩니다.

나 인권에 대해 고민해 보신 적이 있나요?

A고등학교 국어 교사 사실 예전에는 크게 관심을 갖지 않았는데, 학생인권조례가 생기면서 '이런 부분도 인권의 영역이구나, 내가 한때 학생들의 인권을 침해했었구나.' 하는 생각을 하면서 관심을 갖게 되었어요.

B중학교 도덕 교사 인권은 인간이면 누구나 가진 권리이고, 인간다울 수 있는 권리입니다. 거창하고 어려운 권리라고 생각하기 쉽지만, 사실은 우리 삶의 아주 사소한 것도 존중받아야 한다는 매우 기본적인 내용입니다. 하지만 현대 사회에서는 자신의 정당한 권리 이상을 주장하며 인권을 하나의 무기로 악용하는 경향이 많다고 생각합니다.

나 인권을 무기로 생각하고 악용한다는 것은 어떤 의미인가요?

B중학교 도덕 교사 가끔 인권의 개념을 확대 해석하여 자신에게 유리한 쪽으로 악용하는 사례들이 있어요. 사회의 보편적인 도덕규범을 무시하고, 자신의 인권, 즉 권리만을 앞세우는 경우가 이에 해당한다고 생각합니다. 함께 살아가는 사회에서는 때로 공동체를 위한 것이 인권보다 우선시되어야 한다고 생각해요.

C중학교 영어 교사 사회의 기반이 되는 법과 시스템 안에서 타인에게 피해를 주지 않는 가운데 인간으로서 당연히 가지는 권리가 인권이라고 생각해요.

나 꼭 법과 시스템, 어떤 특정 범위 안에서만 보장되는 건가요?

C중학교 영어 교사 그럼요, 전체가 있어야 개인이 있으니까요. 개인의 인권만을 지나치게 강조하는 것은 전체의 질서를 저해할 수 있다고 생각합니다.

나 지나친 것인지 아닌지를 판단하는 기준은 어떻게 정하죠?

C중학교 영어 교사 무조건 인권만을 최우선으로 하지 않고 개인과 전체의 균형을 고려해야 합니다. 하지만 기준을 명확하게 말하기는 어렵네요.

D중학교 사서 교사 인권이란 인간답게 살아가기 위해 필요한 권리라고 생각합니다.

나 인간답다는 것은 어떤 뜻일까요?

D중학교 사서 교사 의식주가 어느 정도 보장된 상태에서 인간만이 할 수 있는 것들을 원활하게 이루는 것이 인간답게 사는 것이라고 생각해요. 예를 들어 인간관계에 대한 욕구, 배움에 대한 욕구, 누군가에게 도움을 주고 싶은 욕구, 무언가를 갖고 싶은 욕구 등이 충족되어야겠죠. 이야기를 하다 보니 결국 인간답게 살아가려면 국가나 사회의 도움이 있어야 하겠네요.

질문2. 선생님이 생각하시는 인권교육이란?

B중학교 도덕 교사 인권이 무엇인지에 대해 설명하는 것도 중요하지만, 내 인권이 소중한 만큼 타인의 인권도 인정하고 존중해야 한다는 것을 알려 주어야 한다고 생각합니다. 다양한 사례와 이야기를 바탕으

로 접근하여 나와 타인의 인권을 존중하도록 하는 것이 인권교육이라고 생각합니다.

C중학교 영어 교사 인권교육은 헌법에 명시된 인권에 대해 이해하도록 하는 교육입니다. 인권이 인간에게 당연히 주어지는 권리이지만, 참된 인권을 갖기 위해서는 성숙한 시민의 자세를 가져야 함을 가르쳐 주는 교육이 인권교육이라고 생각합니다.

A고등학교 국어 교사 인권교육이란 인권에 대한 이해와 지식을 습득하는 활동을 통해 나를 포함한 다른 사람들의 인권을 존중하는 태도를 기르고, 인권을 저해하는 여러 제약에 대해 인식하고, 이를 해결하기 위해 연대하고 실천하는 태도를 기르는 활동이라고 생각합니다.

D중학교 사서 교사 인권의 의미와 세부적인 내용을 알고, 인권의 중요성과 필요성을 깨달을 수 있는 직·간접적인 체험을 통해 올바른 시민의식을 가진 주체가 될 수 있도록 돕는 교육입니다.

질문3. 인권교육이 필요하다고 생각하나요?

중학생 2 네, 뉴스에서 범죄자의 인권도 보호해야 한다면서 얼굴을 모자이크 처리한 것을 봤습니다. 왜 죄를 지은 사람의 인권까지 지켜 줘야 하는지 이해가 안 되고 화가 났습니다. 배워서 정확하게 알고 싶습니다, 인권이 대체 무엇인지, 범죄자의 인권도 소중한 것인지.

고등학생 1 인권이 무엇인지 정확히 잘 모르기 때문에 교육이 필요하다고 생각합니다. 교육을 받고 난 후에 다시 인권에 대해 이야기를 한다면 지금과는 또 다른 이야기를 하게 될지도 모릅니다.

고등학생 2 인간으로 내가 가질 수 있는 권리가 무엇인지, 그리고 그 권리를 보장받기 위해 어떤 의무를 해야 하는지 자세하게 배우고 싶습니다.

B중학교 도덕 교사 인권교육은 반드시 필요하다고 생각합니다. 사람다운 권리를 스스로 찾기 위함도 있지만, 타인의 인권을 보장하기 위해서도 필요합니다. 함께 살아가는 사회에서 인권교육은 모두를 위해 꼭 필요한 교육입니다.

A고등학교 국어 교사 인권교육은 모두에게 꼭 필요합니다. 타인의 인권을 침해하지 않는 것도 중요하지만, 반대로 내가 인권을 침해받는 상황에 처할 수도 있음을 인식해야 합니다. 부당한 침해를 받고도 왜 문제가 되는지 알지 못해 그대로 묵인하거나 문제상황을 덮어 버린다면, 우리 사회의 부당한 인권 침해 문제를 해결하기 어려울 것입니다.

D중학교 사서 교사 사회는 다수의 사람들이 함께 어울려 살아가는 곳인데, 요즘에는 개인을 지나치게 강조하는 경향이 있습니다. 이런 시대 분위기에 자칫 이웃과 세상에 대해 무관심해지거나 자기 이익을 위해 타인의 자유와 권리를 침해하는 것에 무감각해질 수 있습니다. 그래서 더더욱 인권교육이 필요하다고 생각합니다.

C중학교 영어 교사 당연히 필요합니다. 인권을 제대로 행사하기 위해 필요한 자질이 있기 때문입니다. 태어나면서부터 자연적으로 갖게 되는 권리가 있는 반면, 참정권과 같이 성숙한 인간으로 성장했다고 공인된 후에 주어지는 권리도 있기 때문입니다

질문4. 선생님은 인권교육을 받아 보셨나요?

D중학교 사서 교사 인권이라는 단어를 성인이 되어서 들어 봤기 때문에 처음에는 생소했어요. 제가 학교 다닐 때는 인권이라는 말을 사용하지 않았고, 그와 관련된 교육도 받지 못했죠.

C중학교 영어 교사 학생인권조례가 회자될 때부터 인권교육에 대한 관심이 커졌다는 느낌이 듭니다. 당연히 제가 학생일 때는 인권교육을 받지 못했고, 교사가 되고서도 관련 연수를 제대로 받지는 않았어요. 학교 차원에서 의무적으로 하는 교육을 받긴 했지만, 제가 일부러 인권교육을 찾아서 받아 본 적은 없어요.

A고등학교 국어 교사 지금 생각해 보면 중·고등학교 때 기억나는 일들 중에 인권 침해에 해당하는 일들이 많았어요. 하지만 그때는 선생님들도, 학생이었던 저희도 인권이 무엇인지, 어떤 행동이 인권 침해에 해당하는지도 몰랐던 것 같아요.

B중학교 도덕 교사 고등학교 때 여성 인권에 대한 수업을 받은 적이 있어요. 도덕 시간으로 기억하는데, 관련 영상을 보고 당시로서는 상

당히 급진적인 이야기도 많이 해 주셨어요. 당시에는 기억하고 실천해야겠다는 생각보다는 그냥 새롭다는 느낌이 더 컸어요.

질문5. 인권교육을 하기가 어렵나요?

C중학교 영어 교사 어렵다고 생각합니다. 교사인 나부터 헌법에 명시된 인권에 대해 완전한 이해를 하지 못했고, 제대로 교육받은 적도 없기 때문에 학생들을 교육하는 것이 쉽지 않습니다. 그래서 학교에서 학생들을 지도할 때 인권 문제를 둘러싸고 혼란스러울 때가 있어요. 학생이 분명한 잘못을 저질러 훈육을 해야 하는데, 학생인권이 자주 언급되다 보니 훈육의 방법과 정도에 대해 고민이 될 때가 많습니다.

A고등학교 국어 교사 인권교육은 어렵습니다. 다루어야 할 분야가 굉장히 많고, 특정 현상에 대해 이견이 존재하는 경우가 많기 때문입니다. 인권교육이 여러 분야에 걸쳐 폭넓게 이뤄져야 한다고 생각하지만, 한편으로는 독자적인 교육과정도 필요하다고 생각합니다. 그런데 독자적인 교육과정으로 삼았을 때 과연 현재 교육과정에 함께 할 수 있을지, 수업 시수 같은 현실적인 문제가 생길 수 있겠다는 우려도 있습니다.

D중학교 사서 교사 인권을 이야기하려면 우리 사회에서 전통적, 암묵적, 고정적으로 가졌던 사고방식의 틀을 깨야 하는데, 가르치는 교사들이 그 틀을 깨지 못하는 경우가 많습니다. 그래서 인권교육이 어렵다고 생각해요.

B중학교 도덕 교사 인권교육이 쉬운 교육은 아니라고 생각합니다. 단순히 개념적인 학습이라면 쉽겠지만, 삶과 연관 지어 이해하고, 스스로 권리를 찾고, 타인의 권리까지 배려하게 하자면 보다 더 실생활적인 측면의 학습이 필요하기 때문입니다.

3. 오해

우리나라의 교육 이념은 학생이 민주시민의 자질을 갖추고 인간다운 삶을 영위하게 하는 것을 목표로 하고 있다.

> 교육기본법 제2조
> 교육은 홍익인간(弘益人間)의 이념 아래 모든 국민으로 하여금 인격을 도야(陶冶)하고 자주적 생활능력과 민주시민으로서 필요한 자질을 갖추게 함으로써 인간다운 삶을 영위하게 하고 민주국가의 발전과 인류공영(人類共榮)의 이상을 실현하는 데에 이바지하게 함을 목적으로 한다.

민주시민을 만드는 교육의 중추에는 인권이 있다. 민주시민을 길러 낸다 함은, 곧 인권에 대해 잘 알고 이해하는 시민을 길러 낸다는 의미와 상통한다. '널리 인간을 이롭게 하라'는 홍익인간의 이념 역시 사람을 중심에 두고 있다. 그만큼 인권을 중시하고 있으며 인권교육의 비중이 높아야 함을 알 수 있다. 인권교육은 관련된 몇 개의 개념만을 가르치는 작은 영역으로 볼 것이 아니라, 모든 교육에 있어서 중심에 두어야 한다.

하지만 인권교육을 교육 현장에서 이야기하거나 실제 적용할 때 드러나는 몇 가지 오해가 있다.

첫째, 인권교육이 학생들을 권리만 주장하는 사람으로 만든다는 오해이다. 학생들이 학생인권조례의 내용을 확대 해석하고 악용하여, 교권이나 공동체에 대한 배려 없이 자신의 권리 찾기에만 급급하다는 비판적 시각이 있다. 인권교육이 의무는 가르치지 않고 권리만 찾아 주장하게 하는 교육이라는 오해를 받고 있는 것이다.

둘째, 인권교육이 사회적 약자에 대하여 동정적인 시각만을 유발한다는 오해이다. 인권의 근간은 모든 인간에 대한 이해와 존중이므로, 인권 수업에서는 사회적 약자, 혹은 소수자의 인권에 대해 자주 이야기하게 된다. 인권에 대한 깊은 관심이나 성찰 없이 눈에 보이는 단편적인 현상에만 집중한다면, 인권을 사회적 약자만을 위한 것이라고 오해할 수 있다.

셋째, '인권 친화적인 학교 = 훈육하지 않는 학교'라는 오해이다. 인권 친화적이라는 것이 훈육을 하지 않는다는 의미는 아니다. 하지만 학생들을 훈육할 일이 있을 때 교육상 필요한 훈육과 인권 침해적인 간섭 간의 경계가 모호한 것은 사실이다.

마지막으로, 인권 수업이 곧 인권교육이라는 오해이다. 인권교육을 수업으로 구현하는 것이 가장 효과적이라고 생각하여, 이를 교육과정에 포함시켜 특정 과목에서만 가르치려고 한다. 물론 수업 시간을 활용하여 효과적인 인권교육을 할 수 있다면 매우 바람직한 일이다. 하지만 학교교육은 수업 시간 외에 일상생활, 학교의 다양한 행사, 학교 문화 등을 통해서도 이뤄진다. 학생들과 소통하는 자세 등 일상적인 것부터 인권에 대해 고민해 보는 것도 중요한 교육활동이다.

4. 무지

앞서 살펴본 인권에 대한 오해는 대부분 무지에서 비롯된 것이다. 사실 인권의 개념을 자신 있게 정의 내리고, 인권교육의 방향을 제대로 설정할 수 있는 교사는 많지 않을 것이다. 인간에 대한 이해와 존중 등 추상적인 개념만을 알고 있을 뿐, 구체적으로 정확하게 이야기하는 것은 쉽지 않다.

인권은 늘 존재하는 것이지만, 역설적이게도 인권이 존중되지 않는 상황에서 비로소 부각되는 경향이 있다. 따라서 보편적인 개념의 인권을 제대로 이해하려면, 원론적인 논의에 그쳐서는 안 된다. 특수한 상황 속에서 구체적으로 살펴보아야 유의미한 논의가 가능하다. 더구나 인권의 개념과 적용 범위는 시대와 사회 상황에 따라 유동적이다. 그래서 인권교육을 할 때는 정해진 하나의 답을 제시하기보다는, 구체적인 상황에서 다양한 논점을 균형 있게 바라보고 학생들 스스로 자신만의 해답을 찾아 가도록 이끌어야 한다.

인권을 이론으로만 배운 교사는 이러한 인권교육을 실행하기에 여러 가지 무리가 따른다. 인권과 관련한 실제 경험이 풍부하고, 이를 어떻게 교육적으로 전환할지 고민해 온 교사만이 가능한 교육이다.

무지와 경험 부족을 넘어, 교사들이 인권교육을 시도할 때 가장 먼저 만나게 되는 어려움은 바로 전례가 부족하다는 것이다. 마땅한 역할 모델이 없기 때문에 궁여지책으로 인권교육을 특정 교과의 연장선으로 한정해서 접근하는 경향이 있다. 하지만 수업이라는 틀 안에서 특정 교과에 한정하여 접근하는 것으로는 인권교육의 본질을 제대로 다룰 수 없다.

5. 현실

예전보다 교육 관련 예산이 크게 증가하였고, 학생들을 위한 프로그램도 다양해졌다. 학교 문화도 수직적인 분위기에서 수평적인 분위기로 바뀌고 있다. 교육과정에 따른 교사들의 역량 함양도 다양한 방식으로 이뤄지고, 교사들도 연수 등에 참여하며 빠르게 변하는 세상에 발을 맞추고 있다.

하지만 입시 위주의 교육 앞에서 인권교육은 여전히 뒷전으로 밀려나 있다. 교육의 목표가 우수한 성적과 높은 등수가 아니라고 끊임없이 주장하면서도, 결국에는 성적과 등수에 몰입할 수밖에 없는 것이 현실이다. 학생들과 삶에 대한 고민을 심도 있게 나누고 싶어도, 당장 성적과 대학 입시에 대한 고민이 우선시되고 있다. 반면 인권교육이 설 자리는 아직까지 좁기만 하다. 무엇보다 우선시되어야 할 인권교육이 일회성 행사나 동아리 프로그램 정도의 위상에 그치는 경우가 비일비재하다. 입시에 당장 필요한 교과에 밀려 인권교육은 의무 시수를 채우는 데만 급급한 경우가 대부분이다.

역설적이게도 이런 현실로 인해 인권교육의 중요성은 더욱 커지고 있다. 입시 위주의 교육으로 인해 생기는 학생인권 문제만 해도 수없이 많기 때문이다. 극단적인 예로 성적을 비관하여 자살하는 학생들의 생명권, 학교와 학원을 오가며 반강제적으로 오랜 시간 학습을 해야 하는 학생들의 쉴 권리와 건강권 등이 있다. 또한 본인이 받고 싶은 교육을 받을 수 있도록 권리를 보장해야 하는데, 과연 본인의 의지로 교실에 앉아 있는 학생이 몇 명이나 있을까 생각하니 고민이 더욱 깊어진다.

6. 대화

효민이가 왜 머리를 기르려고 하는지 그 이유를 들어 보기로 했다.

"잔나비의 머리 스타일을 닮고 싶어요. 제가 제일 좋아하는 가수거든요."

솔직히 효민이의 대답은 내가 기대했던 답은 아니었다. 나라면 태권도를 핑계 삼아 그럴 듯한 이유를 말했을 것이다. 기대가 컸던 탓일까? 적잖은 실망과 함께 담임교사로서 두발 자유화의 실질적 범주를 넓히겠다는 의지도 조금 꺾였다.

남자 중학생의 눈높이에 맞춰 게임처럼 미션을 제시하고 두발을 정리하도록 유도해 볼까, 아니면 자못 엄한 표정으로 머리를 자르라고 지시하며 상황을 마무리할까 고민이 되었다. 그래도 다시 대화를 해 보기로 하였다. 온라인 학습 주간이었지만, 방과 후에 효민이를 학교로 불러 이야기를 나눴다. 선생님은 머리를 기르려는 너의 이유가 납득이 가지 않는다, 다른 학년과 함께 등교할 때 문제가 될 수 있다, 앞머리가 지나치게 길어서 불편할 뿐만 아니라 공부에도 지장을 줄 수 있다 등등 교사로서, 어른으로서 할 수 있는 말들로 최대한 부드럽게 설득하려고 노력했다. 교사의 권위에 눌린 것일까? 납득을 한 듯 보이면서도 석연찮은 표정으로 효민이는 집으로 돌아갔다.

효민이의 뒷모습을 보며 나는 괜찮은 교사인지, 방금 나눈 대화가 학생의 인권을 배려한 대화였는지 되짚어 보았다. 학생의 권리 신장에 힘쓰는 학생자치 담당 교사로서, 1년 가까이 교사아카데미에 참여하고 있는 교사로서 부끄럽지 않은 대화였을까? 마음이 가볍지는 않았지만, 학생인권을 존중하는 방향으로 함께 문제를 풀어 보려 시도했다는 것에 의미를 두자고 스스로를 다독였다.

그날 밤 9시가 넘어 효민이에게서 카톡이 왔다. 메시지와 함께 전송된 사진은 앞머리를 눈썹 위까지 깔끔하게 자른 효민이의 모습이었다.

"선생님, 머리 잘랐어요. 학원 끝나고 자르느라 늦었어요. 죄송해요."

뭐라고 답장을 할까 고민하는 중에, 다음 메시지가 도착했다.

"선생님, 뒷머리는 안 잘랐어요. 티 안 나게 다닐게요. 봐주세요."

이어 뒤통수의 모습이 담긴 사진이 한 장 더 전송되었다.

"잘했어, 고마워."

뒷모습은 제법 잔나비 같았다.

6장
학생인권의 바로미터, 학생자치

호명성 인천도림초등학교 교사

1. 학생들은 억압받고 있는가

교사의 눈으로 현실을 바라보는 학생들

2020년부터 인천광역시 동부교육지원청에서 운영하는 초등자치네트워크 지원단 활동을 하고 있다. 학생자치를 담당하는 교사와 학생회장들이 자치활동을 활발히 할 수 있도록 돕는 역할이다. 학교 안팎의 문제점을 찾아 해결하는 활동을 진행하던 중 한 학생회장의 의견이 눈에 띄었다.

> **문제상황**
> 학생들이 학교 내에서 계단을 오르내리기 힘들다는 이유로 장애인용 엘리베이터를 이용하는 경우가 있다.

해결 방법
· 계단을 더욱 깨끗하게 청소한다.
· 계단에 포스터나 재미있는 그림을 붙여 오르고 싶은 계단을 만든다.
· 계단 오르기 캠페인을 한다.
· 계단 오르기 효과를 알려 주는 UCC를 만들어 학생들에게 보여 준다.

학생들은 학교에 한두 대밖에 없는 엘리베이터를 이용할 수 없다. 학생들이 엘리베이터를 이용하면 비상 상황이 발생했을 때 엘리베이터를 이용할 수 없거나, 장애인이 이용하기 불편하다는 이유 때문이다. 그래서 선생님들만 엘리베이터를 이용하는 경우가 많다.

우리나라는 6층 이상의 건물에 의무적으로 엘리베이터를 설치하도록 법(건축법 제64조)으로 규정하고 있다. 요즘은 6층보다 낮은 건물도 대부분 엘리베이터를 설치한다. 장애인의 이동권을 보장하기 위한 목적도 있지만 대부분 생활의 편의를 위해서이다. 동네 상가에서 계단 오르기 캠페인 문구를 붙이고, 엘리베이터 이용을 금지한다면 주민들이 이를 받아들일까? 유독 학교에서만 학생들의 엘리베이터 이용 금지를 당연하게 받아들인다.

문제를 제기한 학생회장은 장애인용 엘리베이터를 몰래 이용하는 학생들의 도덕의식이 문제의 핵심이라고 생각했다. 그래서 캠페인을 통해 학생들의 도덕의식을 고취시키거나, 계단을 깨끗하게 유지하고 재미있는 그림을 붙여 오르고 싶게 만들자는 해결책을 제시하였다. 이 학생회장은 추호의 의심 없이 학교의 입장을 고스란히 답습하고 있었다. 학생회장직은 학생들을 대표하고 학생들의 권리를 대변하기 위한 자리이다. 그렇다면 학교 측에서 제시한 엘리베이터 이용 금지를 무조건적으로 수용하기보다는 학생들의 입장에서 문제를 개선할 수 있는 방법을 고민했어야 하지 않을까?

학생들은 어떻게 교사의 시각을 가지게 되었을까? 프랑스 사회학자 에밀 뒤르켐은 사회화 이론을 통해서 개인이 어떤 과정을 거쳐 사회에 적응하는지를 설명했다. 관습, 법률, 문화와 같은 사회 요소들은 강제력과 구속력을 가지고 사회 구성원들이 사회에 적응하도록 만든다. 학생들은 사회화에 의해, 어른들이 만들어 놓은 테두리에 갇혀 순응하게 된다. 이러한 맹목적인 순응은 학생들의 인권이 억압받는 상황을 만들 뿐 아니라, 자신들이 억압받고 있다는 사실 자체를 인식하지 못하게 만든다.

프레이리는 『페다고지』에서 억압받는 사람들을 이야기한다. 억압받는 사람은 불의, 착취, 폭력에 의해 비인간화되고 냉소주의와 좌절에 빠진다. 이러한 문제를 해결하기 위해서는 피억압자 스스로가 억압을 낳는 구체적인 현실을 변화시키려는 노력을 해야 한다. 그러기 위해서는 피억압자가 자신이 억압받고 있다는 사실을 먼저 깨달아야 한다. 피억압자들이 억압을 인식하지 못하는 이유는 억압이 직접적이고 폭력적인 형태로 나타나는 경우도 있지만, 대부분 사회 문화 속에 녹아 교묘하게 이뤄지는 경우가 많기 때문이다. 후자의 경우 사람들은 억압을 당하면서도 이를 인식하지 못하고 당연하게 받아들이게 된다.

『페다고지』를 읽으며 학생들이 떠올랐다. 학생들은 억압받고 있는가? 체벌이 가능했던 시기라면 누구라도 억압받고 있다고 말했을 것이다. 그러나 학생인권조례가 만들어지고 공식적으로 체벌이 금지된 요즘에는 오히려 교권 침해 문제가 거론된다. 그러나 지난 3년간 학생자치 담당 교사로 학생들과 자치활동을 경험한 나는 학생들이 여전히 억압받고 있다고 생각한다. 게다가 학생들은 자신들이 억압받고 있다는 사실도 모르고 있다! 우리는 맹목적으로 순응하는 교육이 어떤 결과를 낳았는지 세월호 참사를 통해서 통렬한 깨달음을 얻었다. 학생들에게 주체적으로 생각할 수 있는 힘을 길러 주는 교육을 더 늦기 전에 시작해야 한다.

교육의 이념과 실제

> 교육기본법 제2조
> 교육은 홍익인간의 이념 아래 모든 국민으로 하여금 인격을 도야하고 자주적 생활능력과 민주시민으로서 필요한 자질을 갖추게 함으로써 인간다운 삶을 영위하게 하고 민주국가의 발전과 인류공영의 이상을 실현하는 데에 이바지하게 함을 목적으로 한다.

우리나라 교육은 이념상 민주시민 양성을 목적으로 하고 있지만, 현실에서는 이를 충분히 실천하지 못하고 있다.

근대 교육은 자유로운 시민을 길러 내기 위해 시작되었다. 하지만 식민 지배와 함께 근대 교육이 시작된 우리나라의 경우는 다르다. 우리나라의 근대 교육은 말 잘 듣는 식민지 신민 양성을 목표로 하였다. 해방 이후에도 식민지 시대의 교육 시스템은 청산되지 못하고, 새로운 지배 세력에 의해 그대로 답습되었다. 그렇게 권위에 의한 억압과 굴종이 우리나라 학교의 지배적인 문화로 자리 잡았다.

학창 시절을 떠올려 보면, 어른 앞에서 자신의 생각을 당당하게 이야기하는 것이 버릇없는 행동으로 비춰질 때가 많았다. 불합리한 일로 혼이 나거나 벌을 받아도 자신의 결백을 밝히려는 순간 버릇없다는 이유로 더 호된 꾸지람을 들어야 했다. 교사는 그림자도 밟아서는 안 되는 존재였고, 학생들은 기성세대의 가르침을 묵묵히 따를 것을 강요받았다. 사랑의 매라는 이름으로 체벌은 공공연히 행해졌으며, 카리스마로 학생들을 제압하는 교사가 유능한 교사로 인식되었다. 초임 교사들에게 3월 한 달간은 잇몸을 보여서는 안 된다고 선배 교사들이 충고하던 시절이었다. 교사는 권위주의적이고 학생은 이에 순응하는 것이 당연시되었다. 이런 문화 속에서 학생들의 인권은 존중받지 못했고, 교육의 본질은 심각하게 훼손될 수밖에 없었다.

1997년 기존의 교육법을 교육기본법이 대체하고, 교육에도 본격적인 민주화 바람이 불었다. 2010년 경기도교육청에서 학생인권조례를 처음 마련한 것을 시작으로, 시도교육청들이 앞다투어 학생들의 인권을 법으로 보장하였다. 그럼에도 불구하고 아직까지 학생들은 자기 목소리를 제대로 내지 못하고 있다. 학생들이 나름의 의견을 가지고 자기 목소리를 학교 공동체에 적극 반영하는 세상이 되려면 어떤 노력을 해야 할까?

인권과 학생자치

자신의 생각과 요구를 말로 표현하지 않으면 어느 누구도 그 마음을 알고 배려해 주지 않는다. 자신의 의견을 자유롭게 말하고, 이 의견이 공동체에 반영될 때 인권 보장이 가능해진다. 따라서 구성원의 인권이 보장되고 있는지 확인할 수 있는 가장 확실한 방법은 그 사람의 목소리가 공동체에 반영되고 있는지 살펴보는 것이다. 그런 의미에서 학생자치는 학생인권이 보장받고 있는지 판별할 수 있는 바로미터라 할 수 있다.

학생자치를 말 그대로 해석하면 '학생들이 스스로 다스리는 일'이다. 인천광역시교육청이 2019년에 발행한 학생자치 안내서에는 학생자치를 "학생이 시민으로서 나와 우리의 일에 참여하여 서로 상의하여 결정하고 책임감을 갖는 것"이라고 정의하고 있다. 여기서 말하는 '나와 우리의 일'은 학교에서 벌어지는 모든 일을 의미한다. 수업 시간, 쉬는 시간, 점심시간, 방과 후 활동, 체험활동, 동아리활동 등 학교에서 생활하며 이뤄지는 모든 일들에 대해 학생들이 상의하여 결정하는 것이 학생자치이다. 학생들은 자신들의 일에 대해 얼마나 목소리를 내고 있는가? 학교마다 정도의 차이는 있겠지만, 대부분의 학교에서 거의 목소리를 내지 못하고 있는 것이 현실이다.

학생자치를 위한 안전장치

놀이터에서 그네를 타는 아이들을 보면 놀랄 때가 종종 있다. 그네가 90도 가까이 올라가는데도 겁을 내지 않고 힘껏 발을 구른다. 두 명이 마주 보며 그네를 타기도 하고, 멈추지 않은 그네에서 뛰어내리기도 한다. 아이들은 처음부터 그네를 잘 탔던 것일까? 그렇지 않다. 처음에는 그네에서 떨어지고 넘어졌을 것이다. 그래도 포기하기 않고 그네 타기를 수도 없이 반복하다 보니 잘 탈 수 있게 된 것이다. 아이들이 다칠 것을 두려워하지 않고 그네 타기를 계속 도전할 수 있었던 것은 그네 아래 넓게 펼쳐져 있는 모래 때문이다. 모래는 아이들이 그네에서 떨어지더라도 충격을 흡수하여 다치지 않게 해 주는 안전장치이다. 학생자치에도 이런 안전장치가 필요하다. 학생들이 학생자치를 마음껏 할 수 있게 지탱해 주는 안전장치로 법률과 문화가 있다.

교육기본법 제5조 3항
국가와 지방자치단체는 학교운영의 자율성을 존중하여야 하며, 교직원·학생·학부모 및 지역주민 등이 법령으로 정하는 바에 따라 학교운영에 참여할 수 있도록 보장하여야 한다.

초·중등교육법 제17조
학생의 자치활동은 권장·보호되며, 그 조직과 운영에 관한 기본적인 사항은 학칙으로 정한다.

교육기본법과 초·중등교육법은 학생들이 학교운영에 참여할 수 있고, 학생들의 자치활동을 학칙으로 정해야 한다고 명시하였다. 시행령은 이에 대해 더 자세하게 규정하고 있다. 학교장이 학생의 자치활동을 권장·보호하기 위하여 필요한 사항을 지원하여야 하며(초·중등교육법 시행령 제30조), 국·공립학교 운영위원회에서 학생의 학교생활에 밀접하게 관련한 사항을 심의할 경우에는 학생 대표가 회의에 참석하여 의견을 들을 수 있을 뿐 아니라, 학생들의 의견을 수렴하여 운영위원회에 제안할 수 있다(초·중등교육법 시행령 제59조)고 명시하고 있다.

하지만 일선 학교에서 학생들이 운영위원회에 참석하여 논의 과정을 지켜보거나, 직접 의견을 제안하는 경우는 드물다. 그 이유는 해당 규정이 의무가 아닌 학교장의 재량에 달린 임의 규정이기 때문이다. 이러한 법률적 한계를 극복하기 위해 인천광역시교육청은 학생자치 활성화 조례와 학교자치조례 등을 제정해 학생자치를 위한 법률적 근거를 확보하려는 노력을 하고 있다. 좀 더 근본적인 변화를 위해 학생자치회의 지위를 법적으로 보장해야 한다는 목소리도 높다.

법적 개선도 중요하지만, 이에 못지않게 문화적 해법도 의미 있는 변화를 가져올 수 있다. 그 예로 교사회의 의결권이 아직 법적 근거를 가지지는 못하지만, 많은 학교가 교사회를 통한 협의에 의해 운영되고 있다. 이는 학교 문화가 교사의 의견을 존중하는 민주적인 방향으로 바뀌었기 때문에 가능해진 부분이다. 학생들의 목소리가 반영되는 학생자치를 만들기 위해서 먼저 학생들의 목소리를 존중하는 문화가 만들어져야 하는 이유이다.

학교는 학생들을 시민으로 존중하고 있는가? 학생들의 의견은 합당하게 대우받고 있는가? 학생들은 아직 미성숙하다는 이유로 시민으로 존중받지 못하는 경우가 많다. 하지만 처음부터 성숙한 인간은 없다. 믿음과 신뢰를 주면 학생들은 알을 깨고 나와 쑥쑥 자라날 것이다.

2. 학생들의 목소리가 반영되는 학생자치활동

스스로 결정하게 하라

우리 학교는 격주로 대의원회(학생회) 회의를 한다. 학교생활에서 불편한 점이나 건의할 사항들을 생각날 때마다 카톡에 올리고, 회의 시간에 이를 논의한다. 어느 날 대의원회 회의 장면이다.

"운동화를 신고 교실로 들어오는 학생들이 많습니다. 운동화에 묻은 흙을 제대로 털지 않고 교실에 들어와 바닥에 흙과 모래가 잔뜩 떨어져 있습니다. 청소하기도 힘들고, 먼지를 마시게 되어 건강에도 좋지 않습니다. 이 문제를 안건으로 올리고 싶습니다."

"저는 대의원들이 돌아가며 현관문을 지키면 좋겠습니다. 운동화를 신고 현관문을 들어오는 학생들의 이름을 적어 담임선생님께 말씀드리면 문제가 해결될 것 같습니다."

"에이, 그건 아니지."

"왜, 찔리나 보지?"

"맞아, 나 저 형 어제 운동화 신고 교실에 들어가는 거 봤어."

"내가 언제 그랬다고 그래?"

대의원회 담당 교사로서 회의에 참석해 지켜보다 보면 근엄한 목소리로 "조용!" 하고 외쳐야 할지 고민되는 순간이 있다. 막 입을 열려는 순간, 다행히도 "회의 주제에서 어긋나는 말을 하지 맙시다." 하고 나서는 대의원이 있다.

"다른 의견 없습니까?"

"홍보활동을 하면 어떨까요? 교실에서는 운동화를 신지 말자는 내용의 포스터를 만들어 복도에 붙이면 좋겠습니다."

"오~, 영상도 만들자!"

"그거 좋은데."

"그럼 연기는 누가 해?"

"다른 애들 섭외하면 되지."

"우리 반 윤지가 연기 잘하는데, 지난번 국어 시간에 역할극 했는데 진짜 잘했어!"

"네, 그럼 다른 의견 말씀해 주세요."

"운동화를 신고 교실에 들어오면 일주일 동안 운동장에 나가지 못하도록 하는 규칙을 만들면 어떨까요?"

"에이, 그럼 애들이 싫어하지."

"싫으면 실내화를 가지고 다니면 될 거 아냐?"

"현관문을 들어올 때 실내화가 없으면 그냥 신발을 벗고 들어오게 하면 어떨까요?"

"복도 바닥이 얼마나 차가운데, 그리고 시멘트 바닥이라 미끄럽기도 해요!"

"귀찮아서 신발주머니를 가져오지 않은 학생도 있지만, 깜빡 잊고 가져오지 못한 학생들도 있습니다. 그래서 저는 신발주머니를 가져오지 않은 학생들에게 실내화를 대여해 주었으면 좋겠습니다."

"저도 그 의견에 찬성합니다."

드디어 합의에 도달하였고, 채택된 의견대로 학교 예산을 사용하여 실내화를 구입하였다.

학생회 활동은 학생들이 스스로 결정하는 경험을 할 수 있는 좋은 기회이다. 이를 위해서는 교사가 마지막까지 침묵을 유지해야 한다. 학생들이 자신의 의견을 주장하고, 다른 사람의 의견을 경청하며 스스로 문제상황에 대한 답을 찾도록 해야 한다.

학생회나 학급 회의에서는 실제로 일어난 문제를 해결하는 방안을 논의해야 한다. 안건은 학생들의 일상생활, 특히 대부분의 시간을 보내는 학급에서 화수분처럼 쏟아져 나온다.

2020년 우리 반에서는 '좋·아·바' 학급 회의를 하였다. 원형으로 둘러앉아 한 명씩 돌아가며 좋았던 점, 아쉬웠던 점, 바꾸고 싶은 점을 이야기한다. 이때 서기는 칠판에 아쉬웠던 점을 기록한다. 모두 차례대로 이야기하고 나면, 아쉬웠던 점을 말한 친구들이 보충 설명을 한다. 아쉬웠던 점이 안건이 되는 것이다. 안건에 대해 각자의 생각을 말한 후, 추가 회의를 할지 말지 과반수로 결정한다.

원활한 회의 진행을 위해 학급 회의 첫 시간에 학생들에게 안건의 조건에 대해 미리 설명하였다. 이 과정은 학급 회의의 질을 높이는 필수 과정이다. 안건은 다음 세 가지 질문을 충족해야 한다. '우리 모두와 관련이 있는가?', '해결 방법을 찾을 수 있는가?', '우리가 변화를 이끌어 낼 수 있는 안건인가?' 개인이나 몇몇 친구들에게만 한정된 문제이거나, 우리 반이 해결할 수 없는 문제일 경우 안건으로 채택되지 못한다. 학교 전체의 문제일 경우에는 대의원회 안건으로 올리기도 한다.

학급 회의가 학생들의 생활 밀착형 안건으로 진행된다면, 대의원회는 교내 행사와 관련된 안건으로 진행되는 경향이 있다. 행사를 기획하고 실천하는 가운데 논쟁거리들이 다수 발생하기도 한다. 하지만 학생회의 본질은 학생들이 불편해 하는 문제를 찾고, 이를 해결하는 것에 있음을 잊지 말아야 한다. 학생들은 이때부터 의제 발굴 및 정책 제안 연습을 시작하는 것이다.

2020년은 코로나19로 인해 대면 자치활동을 하기 힘든 한 해였다. 그 대안으로 줌을 이용한 대의원회 랜선 자치활동을 도입하였고, 이는 대의원회와 학급자치회 간 긴밀한 연결고리 역할을 톡톡히 하였다. 우선 각 학급별로 e학습터에 자치 게시판을 만들었다. 자치 게시판은 대의원 게시판과 안건 게시판으로 구성되었고, 대의원 게시판에는 대의원 줌 회의 녹화 자료와 회의 결과를 정리하여 올렸다. 학교 행사가 있을 경우 행사를 홍보하는 글과 행사 후기 영상을 올리기도 하였다. 안건 게시판에는 학교생활을 하며 불편한 점이나 함께 의논하고 싶은 안건을 올리도록 하였다. 대의원들은 학급 게시판에 올라온 안건들을 활용하여 대의원 회의를 진행하였다. 코로나19로 반복되는 일상에 지친 학생들은 코로나 극복 응원 행사, 랜선 송편 만들기, 가래떡 데이 등 함께 즐길 수 있는 행사를 제안했고, 이를 안건으로 올려 논의하였다.

코로나19로 등교를 거의 하지 못해 학교에 대해 잘 모르는 1학년 신입생들에게 학교 안내를 해 주자는 안건도 올라왔다. 대의원 회의를 거쳐 학생들은 학교 안내 영상을 만드는 팀과 1학년 교실로 직접 들어가 안내를 하는 팀으로 나누어 진행하였다. 긴장되고 떨렸지만 뿌듯했고, 보람과 아쉬움이 공존하는 과정을 통해 학생들 모두 한 뼘씩 성장했을 것이다. 이는 학생들이 직접 발굴한 의제가 실천으로까지 이어진 좋은 사례이다.

실패를 경험하게 하라

지금의 학교로 전입을 와서 처음 맡은 업무가 학생자치회였다. 담임을 하며 학생회 회의를 몇 번 참관한 경험이 전부였기에, 무엇을 어떻게 해야 할지 막막하기만 했다. 마침 전년도에 학생자치회 업무를 맡으셨던 선생님이 계셔서 자문을 구하였다. 학생자치회 업무를 어떻게 해야 할지 물으니 돌아온 대답은 "실패를 경험하게 하세요."였다. 실패를 경험하게 하라니? 전임자로서 구체적인 업무 방법을 알려 주고 열심히 해서 성공하라는 덕담을 해도 모자란 판에 실패를 경험하게 하라니? 학생자치회를 맡자마자 큰 벽에 부딪힌 느낌이었다.

'일을 잘못하여 뜻한 대로 되지 아니하거나 그르침.'

실패의 사전적 의미를 찾아보니 왜 그렇게 말씀하셨는지 알 것도 같았다. 실패를 하기 위해서는 자신의 뜻, 즉 자기 목소리를 가지고 있어야 한다. 학교 현장에서 학생들은 자기 목소리를 가지고 있을까? 자기 목소리를 반영하여 일을 실천하다 실패를 경험한 학생들이 몇 명이나 될까? 학교에서 일어나는 대다수의 일은 교사들이 계획한다. 이 과정에서 일부 학생들의 의견을 듣고 참고할 수는 있겠지만, 절대적으로 작용하는 것은 교사들의 의견이다.

수업 상황을 생각해 보자. 교사들은 수업 전 학습목표를 점검하고 목표에 맞는 활동들을 계획한다. 책상의 배치와 모둠 학습 여부, 학습지의 종류까지도 세밀하게 기획한다. 수업 상황에 따라 수업 시간과 쉬는 시간을 조율하기도 한다. 체험학습 역시 장소부터 체험 내용까지 교사가 모든 것을 결정한다. 사전답사를 통해 동선을 짜고 점심 먹을 장소까지 미리 계획한다. 학생들은 줄을 맞춰 교사의 뒤를 졸졸 따라다닐 뿐 이탈은 허용되지 않는다. 학예회나 운동회는 어떠한가? 학생들이 주체가 되어야 할 학예회나 운동회 역시 전체적인 것을 기획하는 것은 교사이고, 학생들은 이를 따라갈 뿐이다. 여기서 실패가 발생한다면 그 주체 또한 교사이다.

학생들은 실패할 기회조차 가지지 못한다. 학생이 자기 목소리를 가진 주체가 되고 실패도 경험할 수 있는 유일한 길이 학생자치에 있다. 학생들은 기획한 일의 결과가 설사 좋지 않더라도 이를 받아들이고, 원인을 분석하여 다음에는 긍정적인 결과를 얻을 수 있도록 노력할 것이다. 학생들이 실패를 경험하고 성장할 수 있는 장을 학생자치가 마련해 주는 것이다.

우리 학교 동아리 축제는 학생자치의 장이자 학생들에게 실패할 자유를 주는 대표적인 예이다. 보통 초등학교 축제나 학예회에서 가장 긴장하는 사람은 학생이 아닌 교사이다. 대부분의 행사를 교사가 기획하고 준비하기 때문이다. 하지만 매년 가을에 열리는 학교 동아리 축제 기간 동안 우리 학교 학생들의 얼굴 표정은 사뭇 진지하다. 이 축제가 학생들에 의한, 학생들의 축제가 될 수 있는 이유는 교내 자율 동아리가 활성화되어 있기 때문이다. 학년 초에 동아리를 정하는데 전체 40%의 학생들이 자율 동아리에 참여한다. 새롭게 만들고 싶은 동아리가 있다면, 기획서를 제출하고 부서원을 모집한다. 기획서가 심사에 통과하고 일정 수 이상의 부서원이 모이면 자율 동아리로 인정된다. 자율 동아리는 1년간 교사의 지도 없이 학생들이 자율적으로 진행하며, 1명씩 배정된 그림자 교사는 출석 확인과 안전 관리만을 담당한다.

학생들이 실패를 경험하게 되는 또 다른 활동으로, 학생주도 체험학습 프로젝트의 일환인 '학교 밖 탐험'이 있다. 먼저 학생들은 체험학습의 목적을 고민하고 그에 맞는 장소를 물색한다. 장소가 결정되면 모둠원이 함께 교통편을 알아보고, 활동 계획을 세우고, 필요한 준비물을 챙긴다. 체험학습 당일에는 자원하신 학부모와 그림자 교사가 체험학습에 동행한다. 단, 그림자 교사는 체험학습에 어떤 개입도 할 수 없다. 이 프로젝트는 한 달 15차시 정도의 분량으로 교육과정에 구성되어 있다.

2019년 학교 밖 탐험 때의 일이다. 프로게이머나 프로그램 개발자를 희망하는 6학년 학생들로 구성된 팀은 서울 종각에 있는 롤파크를 방문하는 계획을 세웠고, 나는 그 팀의 그림자 교사가 되었다. 학교에서 출발하여 버스를 한 번 타고 송내역에서 내려 지하철 1호선을 타면 되는 비교적 간단한 여정이었다. 하지만 학생들은 출발부터 버스를 잘못 타고 말았다. 인천 만수동 일대를 1시간 가까이 헤매는 학생들을 보면서, 길을 알려 주어야 하나 갈등이 되었다. 하지만 끝까지 침묵을 지켰다. 1시간 30분이면 갈 수 있는 목적지를 4시간 가까이 걸려 가까스로 도착했다. 계획은 틀어질 수밖에 없었고, 준비한 활동은 거의 진행하지 못했다. 하지만 돌아오는 길은 헤매지 않고 제 시간에 돌아올 수 있었다. 학생들이 실패의 경험을 즉각적으로 반영한 결과였다.

학생들의 목소리를 반영하라

앞서 언급한 엘리베이터 이용 문제가 우리 학교 대의원회에서도 안건으로 올라온 적이 있었다. 학생들은 갑론을박 끝에 등교 때는 1, 3, 5학년이, 하교 때는 2, 4, 6학년이 엘리베이터를 이용하기로 합의했다. 그러나 엘리베이터 이용 문제는 학생들의 논의만으로 결정할 수 있는 사항이 아니어서 교감 선생님께 상의를 드렸다. 교감 선생님은 우리 학교 엘리베이터는 급식차를 나르기 위한 화물용이기 때문에 위험해서 학생이 탈 수 없다고 하셨다. 이후 대의원회 정기회의 때 직접 회의에 참석하신 교감 선생님께서 엘리베이터 이용에 대한 입장을 설명하시고, 대의원들의 양해를 구하며 이 문제는 일단락되었다.

하지만 일부 대의원들이 대의원회에서 협의하여 결정한 사항을 교감 선생님만의 판단으로 취소하는 것이 적절한지 절차상의 문제를 제기하였다. 학생들은 이 사안이 좀 더 공식적인 방식으로 협의되길 원했고, 교직원 협의를 거쳐 교육공동체회의를 구성하기로 의견을 모았다. 학생 대표 5명, 학부모 대표 5명, 교사 대표 5명이 참여하는 교육공동체회의가 구성되었다. 교육공동체회의에서는 위급한 상황을 제외하고는 학교 구성원 누구도 엘리베이터를 이용하지 않기로 결정하였다. 비록 학생 대의원회 결정과는 다르게 결론이 내려졌지만, 절차를 갖추어 공동의 관심사를 논의한 중요한 경험이었다.

교육공동체회의가 구성되고 우선시한 일은 교칙 만들기였다. 학급, 학년별 다모임을 거쳐서 모아진 학생들의 의견을 대의원회에서 정리하였다. 학부모들의 의견은 1차로 가정통신문을 통해 수렴한 후, 교육공동체회의 학부모 대표들이 정리하였다. 교사들은 교직원 회의를 통해 교칙을 의논하였다. 1차 교육공동체회의에서 각 구성원들의 의견이 반영된 교칙들을 놓고 열띤 토론을 벌였고, 총 8개의 항으로 구성된 교칙안이 만들어졌다. 만들어진 교칙안을 학교 곳곳에 게시하고, 일주일 후 교칙 만들기 공청회가 열린다는 사실을 홍보했다. 교칙에 대한 의견이 있는 사람은 사전에 의견서를 제출하도록 하였으며, 의견서를 제출한 사람은 공청회 때 발언권이 주어졌다.

공청회 당일 가장 주목을 받은 발표자는 화장 금지 교칙에 반대 의견을 낸 6학년 여학생 두 명이었다. 그들은 일주일 동안 40여 명의 학생들에게 지지 서명을 받아 의견서를 제출하였다. 화장 금지 교칙에 대한 이들의 반대 근거는 세 가지였다. 첫째, 헌법에서도 보장하는 개인의 자유권에 어긋난다. 둘째, 학생의 신체나 복장을 규제하지 않는다는 경기도교육청 학생인권조례 조항에 어긋난다(2019년 인천에는 학생인권조례가 만들어지지 않았었다). 셋째, 선생님들은 화장을 할 수 있는데 학생들만 하지 못하는 것은 평등권에 어긋난다. 발언을 마친 여학생들은 박수갈채를 받았고, 공청회가 끝난 후 열린 3차 교육공동체회의에서 만장일치로 화장 금지 교칙을 삭제하기로 결정했다. 논의 과정에서 일부 학부모님들과 교사들은 초등학생이 화장을 했을 때 피부에 미치는 악영향에 대한 우려를 표하였다. 하지만 화장을 할지 말지에 대한 결정권을 학생들에게 주는 것이 옳다는 의견에 설득되었다. 그렇다면 화장이 합법화된 이후, 학교에는 화장을 하는 학생들이 더 많아졌을까? 이전과 별반 다르지 않았다. 오히려 화장을 둘러싼 교사와 학생들 간의 신경전이 줄어들었다는 긍정적인 평가가 남았다.

3. 억눌린 자들을 위한 학생자치

> 우리는 학생다움, 아이다움이라는 말로 표현의 자유를 억압받지 않아야 하며 집회·결사를 통해 자신의 의견을 당당히 내세울 수 있어야 한다. 우리는 우리의 삶과 관련된 모든 일을 스스로 결정할 수 있어야 한다. 우리는 타인의 권리를 침해하지 않는 범위에서 자신의 삶과 관련된 학업, 진로 등을 스스로 결정할 수 있도록 보장받아야 한다.

2019년 10월, 국가교육회의에서 선포한 「어린이·청소년 교육·문화 권리 선언문」의 일부이다. 하지만 아직도 많은 교사들은 학생이 학교의 주인이 되어 결정권이 생기면 학교가 엉망진창이 될 거라고 우려한다. 현실성이 부족한 학생들이 자신만을 생각하여 비현실적인 요구들을 할 테고, 그런 요구들을 모두 수용하다 보면 학교는 산으로 갈 것이라고 지레 걱정을 한다. 과연 그럴까? 자기 목소리가 공동체에 반영되는 주체성을 경험한 학생은 결코 이기적으로 행동하지 않는다는 게 3년간 학생자치 담당 교사를 하며 내린 결론이다. 학생들이 자신의 의견을 표현할 뿐만 아니라, 다른 이의 의견에도 귀 기울일 줄 알게 되기 때문이다.

　자율성은 자신의 일을 스스로 결정하고 책임지는 자세가 핵심을 이루는 개념이다. 자율성은 시민성을 이루는 공공성과 연대성의 전제가 된다. 자율성이 키워지지 않은 사람은 공공성과 연대성으로 나아갈 수 없기 때문이다. 자기 목소리를 가진 사람만이 타인의 권리를 존중하고 타인과 함께할 줄 안다.

　코이라는 관상용 잉어가 있다. 이 물고기는 키우는 환경에 따라 크기가 달라진다고 한다. 작은 어항에 두면 5~8cm 크기로 자라지만, 연못에 넣어 두면 15~25cm까지 자란다고 한다. 더욱 놀라운 건 넓은 강에 방류하면 90~120cm까지 자란다는 사실이다. 학교는 학생들에게 어항일까? 아니면 드넓은 강일까? 학교가 어항이라면 학생들은 어항 크기에 맞게 자랄 것이고, 학교가 넓은 강이 된다면 더 크게 성장할 수 있을 것이다. 환경운동가 그레타 툰베리는 드넓은 강에서 자랐다. 2018년 8월 스웨덴의 국회의사당 앞에서 기후변화 대책을 마련하는 1인 시위를 벌였고, 이 시위는 전 세계 수백만 명의 학생들이 참가하는 '미래를 위한 금요일 운동'으로 이어졌다. 우리나라에서도 그레타 툰베리 같은 학생이 나올 수 있을까?

　학생자치는 억눌린 학생들을 넓은 강에 방류하는 일이다. 학생들이 스스로 성장할 수 있도록 돕는 일이며, 이는 자연스럽게 학생인권 존중으로 이어진다. 학생들이 자기 목소리를 낼 수 있는 환경을 만들어 주는 것, 그것이 학생인권 존중의 시작이다.

7장
인권의 눈으로 본 다문화교육

정고은 인천소래초등학교 교사

1. 무엇을 가르치고 있나

다문화 수업을 진행하는 강사의 손 위에서 중국식 요요인 콩쥬가 윙윙 소리를 내며 춤을 추었다. 우와! 아이들도 나도 탄성이 절로 나왔다. 줄 위의 콩쥬는 머리 위로 점프했다가 다시 자석에 붙는 것처럼 줄 위에 올라앉았다. 눈을 뗄 수 없는 묘기에 아이들은 자기도 해 보고 싶다고 엉덩이를 들썩거렸다. 아이들은 자기 차례가 되자, 줄 위에 콩쥬를 올리고 이리저리 줄을 움직였다. 제법 비슷하게 흉내를 잘 내는 아이들도 있었다. 잘되는 아이는 잘되는 아이대로, 안되는 아이는 안되는 아이대로 모두 즐거운 표정이다. 한바탕 즐겁게 어우러져서 놀고 나니 다문화 수업이 끝났다. 아이들은 오늘 경험해 본 콩쥬가 신기하다며 신이 나 있었다.

다문화교육, 다문화이해교육 등 명칭은 조금씩 다르지만 매년 다양한 나라의 강사들과 함께하는 다문화 수업을 진행하고 있다. 보통 1교시는 강사가 자국의 문화에 대해 강의를 하고, 2교시에는 그 나라의 아이들이 하는 민속놀이를 직접 체험하는 시간을 가진다. 내가 근무했던 학교의 다문화교육은 아이들의 수준을 고려하여 6년 동안 12개 나라의 수업을 받을 수 있도록 학년별, 학기별로 각기 다르게 구성되었다. 그런데 어느 순간 이 수업이 이렇게 끝이 나도 되는 것인지 의문이 생겼다. 분명 수업 시간 동안 아이들은 즐거웠고, 수업을 통해 그 나라에 대한 새로운 정보도 많이 알게 되었다. 그렇지만 그게 끝이었다.

다문화교육의 목표는 아이들이 다른 나라의 문화를 접하면서 그 나라의 문화를 존중하고, 다양성을 인정하는 태도를 갖도록 하는 데 있다. 그러나 지난 몇 년간 내가 경험한 다문화교육은 다른 나라의 신기한 문화 정보를 다양하게 제공해 주는 역할에 그쳤다. 1~2차시로 구성된 수업이 끝나고 신기함이 사라지면 교육도 끝이 난다. 이것을 진정한 의미의 다문화교육이라고 할 수 있는가?

교육과정을 설계할 때 중요하게 고려하는 것 중 하나가 영속적 이해이다. 영속적 이해는 시간이 지나 학생들이 수업의 세세한 내용을 기억하지 못하더라도, 마음속에 남아 있길 바라는 가장 일반적이고 포괄적인 개념을 의미한다. 예를 들어, 6학년 사회 교과에서 '4.19 혁명, 5.18 민주화 운동, 6월 민주항쟁 등을 통해 자유민주주의가 발전해 온 과정을 파악한다.'라는 성취기준으로 수업을 진행하였다고 생각해 보자. 학생들은 수업에서 4.19 혁명, 5.18 민주화 운동, 6월 민주항쟁의 과정과 의의를 배운다. 시간이 지나 세부적인 내용을 잊어버리더라도 '국민들이 자신들의 기본권을 정부가 제대로 보장하지 못한다고 느낄 때 혁명이 일어난다. 그러한 과정을 통해 민주주의가 발전한다.', '역사적 사실은 인과 관계가 있다.', '역사적 사실은 여러 다른 관점에서 해석될 수 있다.'와 같은 영속적 이해를 갖게 되었다면 제대로 배운 것이다. 아이들은 그러한 영속적 이해를 바탕으로 우리 사회에서 일어나는 시민운동이나 세계 각지에서 일어나고 있는 독립운동, 민주화 운동을 자신만의 시각으로 바라보고 비판적으로 이해할 수 있게 된다.

지금까지 이루어진 다문화 수업의 영속적 이해는 무엇이었을까? 다른 나라에는 우리와는 다른 신기한 것이 많다? 다른 나라의 민속놀이는 재미있다? 다른 나라의 아이들도 우리처럼 놀이를 한다? 다문화교육이 제대로 이루어졌다면 수업이 끝난 후에 '문화는 살아온 환경, 상황, 시대에 따라 달라진다.', '나라마다 나타나는 문화의 모습은 달라도 인간의 삶은 같다.', '다양한 문화는 존중받아야 한다.'라는 생각들이 아이들의 마음속에 남아야 한다.

2. 어떻게 가르치고 있나

그렇다면 우리는 문화의 다양성을 어떻게 가르치고 있는가. 초등학교 교육과정에서 다문화교육과 관련된 내용을 배우는 4학년 사회, 도덕, 6학년 사회 교과서를 들여다보았다.

피상적인 접근

4학년 사회 교과서의 '3.2 다양한 문화에 대한 이해와 존중' 단원은 '생활양식으로서의 문화를 이해하고 향유하기 위해서는 다양한 요인에 따라 나타나는 문화 다양성 및 변동 양상에 대한 올바른 인식과 태도가 중요하다.'라는 일반화된 지식을 배우는 단원이다. 교과서의 삽화에는 다양한 요인에 따라 나타나는 문화 다양성을 보여 주고자 다른 나라의 전통 무용 공연, 콜라를 들고 공연을 함께 즐기는 외국인, 자국의 전통 의상을 입고 나들이하는 외국인 가족, 한국인 아버지와 외국인 어머니로 구성된 다문화 가족 등이 등장한다. 우리 사회의 일상 속에 다양한 문화를 가진 사람들이 함께 살아가고 있다는 것을 보여 주기 위한 그림이다. 그러나 내게는 주류인 우리 사회 안에 다양한 소수 문화가 존재함을 보여 주는 데 그치는 것으로 보였다. '다양한 요인에 따라 나타나는 문화'는 단편적이고 피상적인 내용과 삽화로 제시되는 데 그쳤다. 이 단원을 배운 후, 아이들은 피부색과 외모, 옷차림이 다른 외국인과 평화로운 일상을 보내는 것이 다양한 문화에 대한 이해와 존중이라고 이해할 것이다. 그러나 이와 같은 원론적인 이해만으로는 부족하다. 문화의 차이가 아이들의 일상 속에서 구체적으로 어떻게 드러나는지 살펴보고, 다양한 모습의 문화를 어떻게 대하는 것이 이해와 존중인지 고민하도록 하는 실질적인 접근이 필요하다.

소수 문화에 대한 편견 조장 우려

6학년 사회 교과서의 '1.2 세계의 다양한 삶의 모습' 단원은 '인간은 자연환경 및 인문 환경에 적응하거나 이를 극복하는 과정에서 장소나 지역에 따라 다양한 문화를 형성하고, 문화는 여러 요인에 의해 변동된다.'라는 일반화된 지식을 배우는 단원이다. 교과서에는 자연환경이나 인문 환경의 영향을 받은 여러 나라의 의식주와 생활 풍습을 사진, 그림과 함께 설명하고 있다. 우리나라의 의식주 문화와 다른 나라의 의식주 문화를 비교해서 보여 주며 다양한 문화에 대한 정보를 제공한다. 아이들은 두 문화의 비슷한 점과 다른 점을 비교하면서 문화의 차이점을 구성해 나간다. 아이들은 문화의 다양성에 대한 정보를 바탕으로 차이점을 구성하는 수업에서 "나는 숟가락으로 밥을 먹는데, 이 나라는 손으로 밥을 먹는구나. 나와 다르게 먹네. 우리는 문화적으로 차이가 있으니까."라는 것을 배울 수 있다.

문화는 보편성과 상대성을 가지고 있다. 숟가락으로 먹는 나라, 포크와 나이프로 먹는 나라, 손으로 먹는 나라 등 나라마다 다양한 방식으로 음식을 먹는다. 보편적인 것은 음식을 먹는다는 것이고, 상대적인 것은 숟가락, 포크와 나이프, 손이라는 각기 다른 도구를 이용한다는 것이다. 문화의 상대성은 자연환경과 역사적 요인에 따라 오랜 시간에 걸쳐 형성된다. 문화의 다양성을 이해한다는 것은, 음식을 먹는다는 보편성을 바탕으로 숟가락과 손으로 나타나는 상대성이 만들어진 배경에 대해 이해하는 것이다. 다양한 문화의 모습을 보여 주는 것에서 끝나지 않고, 어떤 배경에서 형성되고, 왜 그런 모습으로 나타났는지까지 다룸으로써 문화의 상대성을 제대로 이해하도록 해야 한다.

4학년 사회 교과서의 '3.2 다양한 문화에 대한 이해와 존중' 단원에서는 손으로 음식을 먹는 모습을 보고 놀란 표정을 짓는 삽화를 보여 주고, 일상생활에서 나타나는 편견과 차별에 대해 이야기하고 있다. 이 단원의 성취기준은 '우리 사회에 다양한 문화가 확산되면서 생기는 문제(차별, 편견) 및 해결 방안을 탐구하고, 다른 문화를 존중하는 태도를 기른다.'이다. 나와 다른 방식으로 음식을 먹는 다른 나라의 문화를 접했을 때 삽화에서처럼 놀란 표정으로 쳐다보는 것은 옳지 않다는 것과 다른 나라의 문화를 존중하는 태도를 보여야 한다는 것을 알려 주기 위한 자료이다. 하지만 이것만으로는 부족하다는 생각이 든다. 예를 들어, 인도인들이 손으로 음식을 먹는 문화를 제대로 이해하려면 그 나라의 식재료의 특징, 오감을 통해 음식을 즐기는 오랜 습관, 청결을 유지하는 오른손을 사용하는 것이 여러 사람이 공용으로 쓰는 대중식당의 숟가락이나 포크보다 청결하다는 인식 등을 종합적으로 고려해야 한다.

아울러 편견의 사례로 제시한 삽화가 오히려 편견을 조장하는 역효과를 갖는 것은 아닌지 점검할 필요가 있다. 편견이 고스란히 드러나는 삽화를 보면서 아이들이 오히려 이를 사회적으로 학습할 우려가 있기 때문이다.

4학년 도덕 교과서의 '6. 함께 꿈꾸는 무지개 세상' 단원에 나오는 '성민이랑 놀지 마' 이야기는 더 불편하다. 현주 엄마는 현주가 받아쓰기 60점을 받는 다문화 가정 아이인 성민이와 친하게 지내는 것을 못마땅하게 생각한다. "60점? 아휴…, 아무리 엄마가 필리핀에서 왔어도 그렇지, 60점이 뭐야, 60점이…….."라고 말하던 현주 엄마는 학교에서 우연히 만난 성민이 엄마에게 "성민이는 영어보다 한글 받아쓰기를 먼저 해야 할 것 같은데……."라며 무례한 간섭까지 한다. 그러다 성민이 엄마가 필리핀에서 초등학교 선생님이었다는 이야기를 듣고 깜짝 놀란다. "그동안 필리핀 이주 여성이라고 성민이 엄마를 무시했던 현주 엄마는 당황"했고 다문화 가정에 대해 다시 생각하게 되었다. 그리고 "그날 이후 현주 엄마는 성민이도, 성민이 엄마도, 또 다른 어떤 다문화 가정도 함부로 대하지 않게 되었답니다."라는 내용으로 이야기는 끝이 난다. 이 이야기 속에서 성민이 가족에 대한 인간적인 예의나 다문화에 대한 이해는 어디에 있는 것일까. 현주 엄마의 무례한 태도를 통해 다문화 가정에 대한 편견을 비판하려는 의도였지만, 이야기에 나타난 적나라한 차별과 편견의 언어가 오히려 이를 알려 주고 있다고 느껴졌다.

김지은 아동문학평론가는 "최종적으로 작품의 의도가 좋은 방향이라고 하더라도 차별적인 언어를 직접 기술하는 것은 주의해야 한다."며 "그렇지 않으면 약자의 삶을 이해하려는 의도로 썼지만, 결국 약자의 삶을 차별적인 언어로 전시하게 된다."고 지적했다. 또 "상황을 보여 주고 단순하게 이해를 요구하는 것은 자칫하면 그 소재를 재대상화할 수도 있다."며 "오히려 차별을 강화하게 된다."고 말했다. 우리는 아이들이 다른 문화를 접할 때 존중하는 태도로 대하기를 기대한다. 그러기 위해서는 다른 문화를 대하는 장면이 차별과 편견의 모습을 보여 주는 방식이 아닌 이해하고 존중하는 모습으로 그려져야 한다.

불평등의 구조적 원인에는 무관심

6학년 사회 교과서 '2.3 지속가능한 지구촌' 단원에서는 지속가능한 미래를 건설하기 위한 과제 중 하나로 문화적 편견과 차별 해소를 제시하고 있다. 아이들은 세계시민으로서 적극적으로 참여하여 과제 해결 방안을 모색하고 실천하는 공부를 한다. 교과서에는 문화적 편견과 차별로 인해 어려움을 겪는 사람들을 돕기 위한 노력으로, 지구촌의 다양한 역사와 문화를 배우고 체험할 수 있는 문화 행사, 편견과 차별을 함께 해결하기 위한 상담 지원, 서로의 문화를 존중하고 공감하는 사회를 만드는 캠페인·홍보활동, 편견과 차별을 극복하고 다양성을 존중하는 교육활동 등을 보여 준다. 이러한 활동은 문화적 편견과 차별을 해소하기 위해 분명 필요하다. 그러나 문화적 편견과 차별이 일어나는 원인에 대한 고민과 성찰이 생략된 가운데 이런 노력만을 하는 것이 과연 얼마나 효과가 있을까? 편견과 차별은 사회적 관계 속에서 발생하기 때문에, 이와 같은 문제가 왜 우리 사회에서 발생하는지에 대한 깊이 있는 고민이 선행되어야 한다. 문제의 원인은 회피한 채 극복을 위한 상담, 인식 개혁 캠페인 등을 진행하는 것은 상황을 근본적으로 개선하려는 노력 없이 현실에 순응하도록 가르치는 셈이다.

다문화교육을 재정립하는 단초는 이 단원의 성취기준에서 말하고 있는 세계시민의 정의를 되짚는 과정에서 찾아볼 수 있다. 세계시민이란 지구적·인류적 문제에 관심을 갖고, 모두 함께 잘 사는 세상을 만들기 위해 능동적으로 참여할 줄 아는 사람을 의미한다. 이런 세계시민이 되기 위해서는 개인과 국가 중심의 사고에서 벗어나 세계적인 관점에서 사고하고, 나와 다른 문화, 인종, 민족, 종교를 존중할 줄 알아야 한다.

세계시민을 기르는 세계시민교육은 인간의 보편적 권리인 인권과 맞닿아 있다. 다문화교육도 한 사회의 지배 문화가 가진 편견으로 인해 소수의 인권이 침해될 수 있음을 자각하는 것에서 시작해야 한다. 또한 다문화교육은 지배 문화의 관점에서 소수 문화의 다양성을 인정하는 다문화주의를 넘어, 인간의 보편적 권리를 중시하는 인본주의가 바탕이 되어야 한다.

3. 새로운 다문화교육의 실천

초등학교는 교육과정 편성 운영 지침상 학년별로 다문화교육을 2차시씩 배정해야 한다. 2021년 우리 학교는 강사를 초빙하여 다문화 수업을 하는 대신 '존중과 평등의 문화 다양성 교육'을 계획하였다. 1학년부터 6학년까지 전 학년을 대상으로 하는 다문화교육을 어떻게 풀어 가야 할지 고민이 시작되었다.

차이 다시 바라보기

저학년 수업은 그림책으로 시작해 보기로 하였다. 아이들이 다양성의 가치를 이해하고 존중과 평등을 실천하는 사람으로 성장하기를 기대하면서, 그림책 속의 이야기를 중심으로 차이를 어떻게 바라볼지 생각해 보는 수업을 준비하였다. 그림책을 함께 읽으면서 우리 사회가 갖고 있는 편견과 차별의 문제에 자연스럽게 다가서고, 생활 언어 속에 스며 있는 차별 의식을 발견할 수 있기를 기대했다. 그리고 이와 같은 이해를 바탕으로 다양한 문화로 나타나는 차이 이면에 인간으로서 가지고 있는 공통점을 생각해 볼 수 있는 질문을 던졌다.

『마들렌카』는 뉴욕에 사는 소녀 마들렌카가 이가 흔들린다는 소식을 이웃들에게 자랑하기 위해 집을 나서면서 시작된다. 아주 평범한 이야기이지만 마들렌카가 만나는 이웃들은 특별하다. 프랑스에서 온 빵 가게 주인 가스통 아저씨, 인도에서 온 신문 가게 주인 싱 아저씨, 이탈리아에서 온 아이스크림 트럭 주인 차오 아저씨, 독일에서 온 그림 아줌마, 라틴아메리카에서 온 꽃 가게 주인 에두아르도 아저씨, 좁은 골목길을 따라 쭉 늘어선 가게의 주인들은 마들렌카에게 자기 나라의 언어로 인사를 건넨다. 언어는 다르지만, 인사를 건네고 기쁘게 축하하는 이들의 마음은 똑같다. 마들렌카를 축하해 주는 이웃의 모습을 통해, 문화는 다르지만 우리의 삶의 본질은 같다는 것을 자연스럽게 보여 준다.

『살색은 다 달라요』와 『모든 가족은 특별해요』는 저마다 피부색이 다르고 가족 형태도 다르지만, 모두 소중하고 특별하다고 말한다. '다르다'는 것은 '틀리다'는 것이 아니고, 오히려 다르기 때문에 더 아름답고 소중하다는 것을 보여 준다.

『나는 나답게 너는 너답게』는 아이들의 눈높이에서 차이에 대한 질문을 던진다. "선생님, 왜 우리는 다르게 생겼어요?", "저 아줌마는 왜 우리처럼 하지 않는 거예요?", "아르튀르는 나무를 참 잘 그리는데 나는 왜 잘 안돼요?" 주인공 가스똥의 끝없는 질문과 그 질문에 대한 어른들의 대답은 차이를 어떻게 바라보아야 하는지 생각해 보게 한다.

"여러분이 읽은 책 속에는 다양한 피부색을 가진 사람들, 다양한 모습의 가족들, 다양한 문화를 가진 다양한 나라의 사람들이 등장합니다. 사람들은 모두 다른 모습으로 살아가지만, 모든 사람들이 가진 공통점이 있어요. 모두 다르지만 모두 같은 것, 다른 모습, 다른 문화, 다른 방식으로 살아가지만 모든 사람들이 가지고 있는 '같음'은 무엇일까요?"

책을 읽고 아이들에게 던진 질문이다. 처음 이 질문을 받고 어려워하던 아이들은, 책을 다시 읽고 그림을 보며 생각을 나누는 과정을 거치면서 질문에 대한 답을 찾아 갔다.

"모든 사람들이 가지고 있는 같음은 장점입니다. 책에 나온 사람들은 모두 장점을 가지고 있습니다. 사람들은 서로 다른 나라에서, 서로 다른 모습으로 살지만 각자 자기만의 장점을 가지고 있어요. 이 세상에서 나와 장점이 똑같은 사람은 없지만 모두 자기만의 장점이 있어요. 장점이 다르다고 해서 이상한 것은 아니에요. 우리의 생김새가 다른 것처럼 장점도 다 다른 것이지요. 그러므로 사람들이 가지고 있는 같음은 장점입니다."(3학년 이○○)

"피부색은 서로 다르지만 모두 아름다운 빛깔을 띠고 있습니다. 그 색깔들은 노랑, 빨강, 검정, 하양을 섞어서 만들 수 있는 색깔입니다. 빛깔들은 모두 아름답습니다. 우리의 피부색은 모두 다르지만 다 같은 사람입니다."(3학년 김○○)

"마들렌카가 살고 있는 마을의 이웃들은 태어난 나라도 다르고 각자 하는 일도 다르지만, 열심히 일을 하는 것과 자기 나라의 언어로 마들렌카의 이름을 부르고 인사를 하는 것이 같습니다. 그리고 마들렌카를 가족처럼 생각하고 사랑으로 마음을 나누는 것이 같습니다."(3학년 차○○)

"같음은 모두 느끼는 감정이 똑같다는 것이에요. 생활 모습, 문화가 달라도 느끼는 감정은 똑같아요. 동생이 태어나면 기쁘고, 친구가 아프면 슬프고, 친구와 싸우면 화나는 마음이 다 같아요."(3학년 이○○)

정말 멋진 답변들이 쏟아져 나왔다. 내가 그동안 아이들을 과소평가했던 것이 분명했다. 그림책으로 수업을 하면서 차이가 차별이 되지 않도록, 나와 다르다는 것에 대해 진심으로 이해할 수 있기를 바라며 아이들과 이야기를 나누었다. 나와 다른 것으로 드러나는 문화의 상대성을 단편적이고 피상적으로 받아들이지 않고, 그 이면의 인간의 보편적인 삶에 대해 생각해 보았으면 했다. 아이들이 생각한 같음에 대한 대답에는 내가 생각했던 정답들이 모두 담겨 있었다. 차이를 이런 시각에서 바라보는 아이들이라면, 다른 나라의 문화를 접할 때 그 문화를 존중하고 다양성을 인정하는 태도로 접근할 수 있을 것이다.

이 그림책들은 계속 교실에 두고 아이들과 함께 읽고 있다. 아이들이 일상에서 차이를 접하게 되었을 때 어떤 시각으로 바라봐야 하는지 계속해서 배우고, 실천하고, 성찰할 수 있는 열쇠가 될 수 있기 때문이다.

문화 다양성과 보편성 되묻기

교육청의 인권교육 자료에서 난민 문제를 다룬 이 만화를 보았을 때 '이거다!' 하는 생각이 들었다.

"Where are you from?" "Earth."

짧은 문답은 난민 문제를 바라보는 핵심이 무엇이어야 하는지 말해 준다. 어느 나라 출신인지를 따지기 전에 지구에 살고 있는 같은 인간

사이몬 니본, 〈당신은 어디 출신인가요?〉

자료1. 문화 다양성 수업을 위한 핵심 질문 도출하기

단원명 (교과목명)		내용
3.2 다양한 문화에 대한 이해와 존중 (『사회 4-2』)	일반화된 지식	생활양식으로서의 문화를 이해하고 향유하기 위해서는 다양한 요인에 따라 나타나는 문화 다양성 및 변동 양상에 대한 올바른 인식과 태도가 중요하다.
	성취기준	[4사04-06] 우리 사회에 다양한 문화가 확산되면서 생기는 문제(편견, 차별 등) 및 해결 방안을 탐구하고, 다른 문화를 존중하는 태도를 기른다.
	핵심 질문	• 환경에 따라 문화는 어떻게 다르게 나타나는가? • 다양한 문화는 내 삶에 어떤 영향을 미치는가? • 이해하고 존중한다는 것은 어떻게 행동하는 것을 말하는가? • 나는 어떨 때 이해하고 존중받고 있다고 느끼는가?
1.2 세계의 다양한 삶의 모습 (『사회 6-2』)	일반화된 지식	인간은 자연환경 및 인문 환경에 적응하거나 이를 극복하는 과정에서 장소나 지역에 따라 다양한 문화를 형성한다. 또한 문화는 여러 요인에 의해 변동한다.
	성취기준	[6사07-03] 세계 주요 기후의 분포와 특성을 파악하고, 이를 바탕으로 하여 기후 환경과 인간 생활 간의 관계를 탐색한다. [6사07-04] 의식주 생활에 특색이 있는 나라나 지역의 사례를 조사하고, 이를 바탕으로 인간 생활에 영향을 미치는 여러 자연적, 인문적 요인을 탐구한다.
	핵심 질문	• 무엇이 문화의 차이를 만드는가? • 사람들은 왜 다른 문화를 가지게 되었는가? • 다양하게 나타나는 문화의 모습에서 같은 것은 무엇인가?
2.3 지속가능한 지구촌 (『사회 6-2』)	일반화된 지식	사회 변동 양상에 대해 정확하게 이해하고 적절하게 대응을 해야 지속가능한 사회가 실현된다.
	성취기준	[4사08-06] 지속가능한 미래를 건설하기 위한 과제(문화적 편견과 차별 해소)를 조사하고, 세계시민으로서 이에 적극 참여하는 방안을 모색한다.
	핵심 질문	• 우리 사회에서 모든 사람들은 동등한가? • 편견과 차별은 언제, 어떻게 드러나는가? • 편견과 차별은 왜 생기는가? • 편견과 차별을 없애기 위해서 가장 필요한 것은 무엇인가? • 어떤 모습을 볼 때 편견과 차별이 해소되었다고 말할 수 있는가?

이라는 시각에서 난민 문제를 바라봐야 함을 일깨워 줬다. 우리 학생들에게 서로 다른 문화를 존중하는 태도의 중요성을 깨닫게 해 줄 질문은 무엇일까? 앞서 살펴본 교과서 내용의 일반화된 지식과 성취기준을 바탕으로 자료1과 같이 핵심 질문을 도출해 보았다.

아이들은 이 질문에 대한 답을 찾는 과정에서 문화의 다양성과 다양성의 원인에 대해, 다양한 문화의 바탕이 되는 인간의 보편성에 대해 깊이 있게 탐구하고 자신만의 답을 만들어 갈 것이다. 핵심 질문으로 시작하는 고학년 수업은 아쉽게도 아직 진행하지 못했다. 저학년 아이들과는 또 다른 고학년 아이들의 멋진 답이 벌써부터 기대된다.

4. 문화 다양성을 말하기 전에 물어야 할 질문들

다문화교육에서는 여러 나라의 다양한 문화의 모습을 보여 주고, 국적뿐만 아니라 세대, 성, 지역, 계층, 종교 등 사회 문화적 차이에 의한 다양성을 보여 준다. 그리고 이런 다양성을 있는 그대로 인정하고 존중하는 것이 인권 존중이라고 가르친다.

그러나 아이들과 콩쥬를 돌리고, 다문화 수업을 하면서도 마음 한구석에는 불편함이 있었다. 내가 불편함을 느낀 이유는 다문화교육에서 정말 중요하게 가르쳐야 하는 것이 무엇인지 고민하는 과정이 생략된 채 다양한 활동을 하는 것에만 급급했기 때문이다. 심지어 인권적이지 않은 장면들이 다문화교육으로 포장되어 교육되는 모습들을 목격해 왔기 때문이다. 교사아카데미의 문을 두드린 것은 이 불편함을 해소하기 위해서였다.

교사아카데미에서 내가 배운 가장 중요한 것은 어떤 질문을 해야 하는가이다. 백과사전식으로 문화의 다양성을 나열하는 지금의 다문화교육이 놓치고 있는 것은 무엇일까? 혹 서로 다른 문화를 가진 존재이기 이전에, 인간다운 삶을 누릴 자격을 지닌 같은 인간이라는 점을 간과하고 있는 것은 아닐까? '다름'만을 피상적으로 강조하는 다문화교육이 '같음'을 은폐하는 역할을 하는 것은 아닐까?

이 질문의 답은 교실에서 아이들과 함께 찾아볼 생각이다. 여기까지 올 수 있도록 길잡이가 되어 주신 유범상 교수님과 김용진 장학사님, 세심하게 지원해 주신 김향미 국장님, 코로나도 마스크도 막지 못했던 열정의 교사아카데미 2기 동료들에게 깊은 감사와 존경을 전한다.

8장
예술로 만나는 인권교육

신혜연 인천광역시교육청학생교육원 교사

1. 인권교육, 조금은 불편하고 부담스러운

글을 본격적으로 시작하기 전에, '인권'이라는 말을 조금 불편하고 껄끄럽게 여기던 때가 있었음을 고백한다. 기성세대 대부분이 그러하듯 나 역시 학창 시절에 인권교육을 받은 적이 없다. '인권교육을 받은 적이 없는 교사가 학생들에게 의미 있는 인권교육을 하고 싶어 한다.' 이 상황만 놓고 봐도 왜 인권교육을 어렵고 부담스럽게 생각하는지 설명이 되리라.

 인권교육 하면 무언가 거창한 이야기를 해야 할 것 같고, 전문 용어를 장황하게 늘어놓아야 할 것 같은 부담감을 느낀다. 인권이라는 단어 자체가 갖는 무게에 비해 나의 인권 경험이 일천하여 그 무게에 짓눌렸던 것은 아니었을까.

 더욱이 자기표현이 확실한 Z세대 학생들에게 인권교육을 한다는 것 또한 부담이 되는 게 사실이다. 인권이라는 두 글자를 강조하는 순간 그동안 묵인되었던 것들, 채 인지하지 못했던 것들이 표면 위로 떠올라 부메랑이 되어 내게 날아오는 것은 아닐까.

하지만 용기를 내어 보기로 했다. 나와 달리 우리 학생들은 인권이라는 주제를 편하게 마주하고, 자기 목소리를 낼 줄 아는 존재로 성장하길 바라기 때문이다.

2. 인권교육과 예술의 만남

인간이라면 누구나 당연히 가지는 기본적인 권리인 인권에 대해 우리는 과연 얼마나 알고 있을까. 우리 학생들은 자신을, 그리고 서로를 얼마나 존중하며 살고 있을까. 인권이라 명명하지 않더라도 자연스럽게 '내가 존중받고 있구나.' 하고 느꼈던 순간이 있을까. 학생들에게 좀 더 편안하고 자연스럽게 다가갈 수 있는 인권교육을 하고 싶었다. 등 떠밀려서 발표하고 뒤돌아서 바로 잊어버리는 그런 형식적인 교육이 아닌 학생들이 스스로 느낄 수 있는, 학생들에게 스며드는 인권교육을 하고 싶었다.

나는 미술 교사이다. 미술, 음악 등 예술 교과는 수능 교과도 아니고, 내신 성적을 좌우하는 핵심 교과도 아니다. 전공자가 아닌 대부분의 학생들에겐 관심 밖의 교과이다. 그러나 예술은 많은 사람들에게 즐거움을 주고, 위로를 건네며 상처를 치유해 준다. 누구나 한 번쯤은 예술에 자신의 감정을 투영하고 공감한 경험이 있을 것이다. 어떤 사람들은 예술가의 사상과 감정이 담긴 예술 작품을 통해 세상을 마주하기도 한다. 때로는 하나의 예술 작품이 저명한 정치가의 연설보다 더 큰 울림을 주기도 한다. 일상에서 예술을 자연스럽게 만나고 즐기는 일련의 경험은 개인의 삶, 나아가 사회까지도 바꿀 수 있는 힘을 가지고 있다고 믿는다. 특히 어린 시절에 접한 문화예술 경험은 한 인간의 토대를 형성하는 중요한 자산이 되기도 한다.

내가 교사로서 특히 관심을 가진 것은 학생들의 문화예술 감수성을 키워 주는 일이었다. 문화예술 감수성은 예술적 대상으로부터 오는 자극을 받아들이고 다른 사람과 감정을 교류할 줄 아는 역량이다. 이 감수성이 개발되면 예전에는 무심하게 지나쳤던 대상에 대해 더 민감하게 반응하고, 소통할 수 있게 된다. 문화예술 감수성을 발달시키는 문화예술교육이 인권교육과 만난다면 어떨까. 학생들이 예술을 매개로 인권 문제에 대해서 좀 더 섬세하게 느끼게 되지 않을까. 인권을 어렵게만 생각하지 않고 좀 더 친근하게 여기게 되지 않을까. 우리가 음악을 듣거나, 미술 작품을 감상하거나, 뮤지컬을 관람하는 것처럼 인권에 대한 생각도 일상으로 스며들 수 있지 않을까 생각했다.

예술은 생각보다도 더 우리 가까이에 있다. 일례로 우리가 수첩이나 교과서 빈 공간에 끄적거리던 낙서도 예술의 한 영역이라고 할 수 있다. 우리의 감정을 표현하는 가장 단순한 방법 중의 하나인 낙서가 엄연한 미술의 한 영역으로 자리 잡은 지 오래다. 낙서만으로도 누군가에게 메시지를 전달할 수 있고, 누군가에게 공감을 일으킬 수 있다.

3. 느끼고 표현하며 배우는 인권

미술감상이란 작품에 표현된 색채, 형태와 같은 감각적인 형식과 작품에 담긴 작가의 생각, 감정과 같은 정신적인 내용을 종합적으로 느끼고 이해하는 활동이다. 미술에서 표현활동과 더불어 감상 활동이 중요한 이유는 작품이 지닌 조형적 특징, 작가의 내면세계, 작품에 담긴 시대상 등을 이해하는 감상 활동을 통해 작품이 지닌 가치를 판단할 수 있기 때문이다.―현영호 외, 『고등학교 미술』

감상은 작품을 매개로 작가와 소통하는 공감 활동이다. 학생들은 작품 감상 활동을 통해 예술가와 예술가의 삶은 물론 사회에 대한 이해의 폭도 넓힐 수 있다. 학생들이 감상 활동 과정에서 자유롭게 사고를 확장할 수 있도록 하기 위해서는 각별한 배려가 필요하다. 학생들이 가능한 한 선입견을 갖지 않도록 하기 위해 작품에 대한 객관적인 정보는 작품 감상 활동 후에 제공하여야 한다. 또한 작가의 작품을 감상한 후, 자신이 공감하고 성찰한 내용을 직접 표현해 보는 과정도 중요하다. 학생들이 새로운 작품을 만들 수도 있고, 작가의 작품에 다른 제목을 붙이거나, 주변에서 유사한 문제점을 찾아 작가가 했던 방법으로 자신의 의견을 표현할 수도 있다. 작품 제작, 제목 바꾸기 등 서로 다른 방식을 취하지만 학생들이 자신의 이야기를 표현한다는 점에서는 동일하다. 침묵하지 않고 자기 목소리를 내는 것, 그 자체가 인권교육의 중요한 출발점이자 목표이다.

4. 예술을 매개로 한 인권 수업의 예

"나는 더 이상 남자가 책을 읽고 여자가 뜨개질하는 장면을 그리지 않을 것이다. 숨 쉬고 느끼고 고통받고 사랑받는 인간을 그릴 것이다."

에드바르트 뭉크의 이 말을 통해 예술 작품 속에 인권에 대한 작가의 고민이 녹아 있음을 짐작할 수 있다. 미술 작품을 매개로 하여 작품 속 작가들의 인권 의식을 엿보고, 학생들의 인권 감수성을 키울 수 있다. 미술 작품을 통하여 인권을 표현한 작가들을 만나고, 문제의식을 키우는 데 미술을 활용한 수업 사례를 소개한다.

낙서로 인권을 이야기하다

낙서를 통해 인권을 이야기한 작가가 있다. 그는 강렬한 색채, 단순하고 굵은 선으로 패턴화된 낙서 그림에 자유, 평화, 반핵, 반전, 인종차별 반대, 동성애자 인권 옹호 등의 메시지를 담았다. 뉴욕 지하철에 낙서화를 그려 유명해진 작가 키스 해링의 이야기이다. 그는 낙서와 예술의 경계를 허물고, 하위문화로 치부되어 온 낙서를 새로운 회화 양식으로 발전시켰다고 평가받는다. 키스 해링은 사람들이 많이 오가는 거리, 지하철, 클럽 등의 담벼락에 작품을 그리며 대중에게 가까이 다가가고자 했다. 상업적 기획도 다양하게 시도하여 대중과의 접점을 늘렸다. 그 결과 현재 티셔츠, 포스터, 우산 등 다양한 생활용품에서 키스 해링의 작품을 접할 수 있다. 작품의 상업화로 비평가들에게 비난을 받기도 하였지만, 키스 해링은 소수만을 위한 예술에서 벗어나 많은 사람들이 소유할 수 있는 그림을 그리고자 했다. 그는 그림이 사람과 세상을 하나로 묶어 주는 매개체라고 생각했다.

키스 해링을 모티브로 미술동아리 학생들과 학교 벽화 작업을 진행하였다. 단순하면서도 강렬한 스타일로 유명한 키스 해링을 다루어 보고 싶다는 학생들의 바람을 반영한 선택이었다.

벽화 작업을 시작하기 전에 키스 해링의 작품 중 각자 그리고자 하는 작품에 대한 소개와 그 작품을 선택한 이유 등을 설명하는 시간을 가졌다. 생각 이상으로 키스 해링에 대한 학생들의 관심과 이해가 깊음을 알 수 있는 시간이었다.

학생들은 키스 해링의 작품을 자신만의 방식으로 재해석하여 벽화로 표현하였다. 키스 해링의 〈짖는 개〉는 학생들의 벽화 속에서 한글 자음과 모음을 내뱉는 학교폭력 가해자로 그려졌다. 키스 해링의 작품에 자주 등장하는 춤추는 사람들과 천사는 연대하여 학교폭력에 대처하는 학생들로 탈바꿈하였다. 춤추는 사람들은 꿈이 존중받는 세상을 원하는 학생들의 마음을 표현한 벽화에도 등장했다. 장래 희망을 상징하는 책, 악기, 붓과 팔레트, 과학 실험 도구 등을 손에 들고 춤추는 사람들의 모습 위에 키스 해링의 모티브인 하트를 크게 그렸다. 대학 입시도 벽화의 주제가 되었다. 학생들은 다양한 대학교 상징물 앞에 서로 다른 크기와 색상의 사람들이 자연스럽게 어우러져 있는 모습을 그려 학벌에 따른 차별이 없는 평등한 세상에 대한 바람을 담았다. 언뜻 보면 키스 해링 작품의 모사처럼 보이지만 자세히 들여다보면 친구, 우정, 사랑, 평등, 학교폭력, 대학 등 학생들의 관심사가 반영되어 있었다. 학생들이 나름의 메시지를 담아 표현하는 모습을 보면서 미술 작품이 세상과 소통하는 훌륭한 매개체가 될 수 있음을 다시 한 번 확인했다.

픽토그램에 숨겨진 인권

픽토그램은 미술 수업을 비롯한 다른 교과 수업에서도 다양하게 활용되는 매체 가운데 하나이다. 픽토그램은 그림을 뜻하는 '픽토(picto)'와 전보를 의미하는 '텔레그램(telegram)'의 합성어이다. 사물, 시설, 행위, 개념 등을 단순화하여 한눈에 알아보기 쉽게 표현한 일종의 그림 문자이다.

몇 년 전 픽토그램에서 나타나는 인권 문제를 주제로 수업을 진행하였다. 픽토그램에 드러나는 고정된 성역할 문제를 다루는 수업이었다. 주변에서 볼 수 있는 픽토그램 중 성역할 고정 관념이 반영된 예를 찾아 문제점에 대해 이야기 나누고, 성평등의 관점에서 픽토그램을 다시 디자인하는 활동을 진행하였다.

다수의 학생들이 화장실 픽토그램의 문제점을 지적하였다. 남자는 파란색으로, 여자는 빨간색으로 표현된 화장실 픽토그램에는 색에 따른 성 고정 관념이 나타났다. 성별이 없는 색에 후천적으로 학습된 성 고정 관념으로 성별을 부여하고 있었다. 또한, 기저귀 교환대 픽토그램, 어린이 보호구역 픽토그램 등은 모두 육아를 여성만의 역할로 표현하여 고정된 성역할을 주입하고 있었다. 학생들이 찾아 온 자료를 살펴보며 픽토그램에 반영되어 있는 고정 관념을 은연중에 당연시하며 받아들이고 있는 것은 아닌지 되돌아보았다.

한 학생은 부모와 한 명의 자녀가 등장하는 픽토그램에서 왜 자녀가 항상 바지를 입고 있는지 의문을 제기하였다. 바지 입은 자녀를 남자로 생각하는 학생들은 남아 선호 사상이 나타난 픽토그램이라 비판하였고, 반대로 바지 입은 자녀가 꼭 남자를 의미하는 것은 아니라며 남자는 바지, 여자는 치마라는 고정 관념이 더 문제라고 지적하는 학생들도 있었다. 해석은 서로 달랐지만 공공장소에서 사용되는 픽토그램을 당연히 옳은 것으로 받아들이지 않고 새로운 관점으로 바라보고자 하는 시도만으로도 반가웠다. 현상을 무비판적으로 수용하지 않고 의문을 제기하는 태도를 갖는 것이 인권 감수성을 키우는 첫걸음이라고 생각했기 때문이다.

한병태, 들라크루아 그리고 학교폭력

때로는 학교 정규 수업이 아닌 학교 밖 활동이 인권교육의 장이 되기도 한다. 학생들이 팀을 이뤄 지역 대표로 참가한 '대한민국 학생창의력 챔피언대회'에 지도교사로서 함께했다. 2박 3일간 이어지는 경연에서 부여된 과제 중 하나는 문학과 미술 작품을 융합하여 연극으로 공연하는 '표현 과제'였다.

학생들은 논의를 거듭한 끝에 학교에서 자행되는 인권 침해인 학교폭력을 주제로 택했고, 문학 작품 『우리들의 일그러진 영웅』, 『홍길동전』, 『이상한 나라의 앨리스』와 들라크루아의 그림 〈민중을 이끄는 자유의 여신〉을 결합해 연극으로 표현하기로 했다. 우리나라 최초의 한글 소설인 『홍길동전』에 담겨 있는 인권 요소와 〈민중을 이끄는 자유의 여신〉이 민중이 주축이 된 프랑스 '7월 혁명'을 기념하는 작품으로 프랑스혁명 정신을 상징한다는 점에 주목했다.

학생들은 연극을 준비하며 학교폭력 문제를 피해자나 가해자가 아닌 방관자의 관점에서 바라보았다. 이를 위해 엄석대가 지배하는 교실의 외부자였던 한병태를 주인공으로 삼았다. 원작에서 한병태는 엄석대가 주도하는 폭력에 저항하려다 포기하고 방관자의 입장을 택한다. 연극은 한병태가 『이상한 나라의 앨리스』의 토끼를 만나 과거를 여행하면서 시작된다. 한병태는 여행길에서 홍길동을 만나 적서차별과 부정부패가 없는 세상을 만들고자 하는 그의 꿈에 대해 알게 된다. 여행길에서 만난 또 다른 인물 들라크루아에게 그림을 통해 혁명에 동참하고자 했다는 이야기를 듣고, 그림 한 조각을 선물 받는다. 한병태는 이어지는 여행길에서 미완의 작품인 〈민중을 이끄는 자유의 여신〉을 마주하게 된다. 작가로부터 받은 조각을 그림에 맞추자 마치 퍼즐처럼 작품이 완성됨과 동시에 그는 교실로 돌아온다. 한병태는 여행에서 배우고 느낀 것을 바탕으로 다시 한 번 용기를 낸다. 학교폭력에 저항하고 문제를 해결하려고 노력하는 한병태의 모습과 함께 연극은 끝난다.

연극 대본을 쓰고 연습을 하는 과정 내내 학교폭력에 대한 고민과 해법을 어떻게 연극으로 설득력 있게 담아낼지 고민이 이어졌다. 주인공인 한병태는 물론 학교폭력 피해자, 가해자, 들라크루아, 그림 속에 등장하는 여신, 홍길동 등 배역을 맡은 학생들은 상기된 얼굴로 연습을 이어 갔다.

연극을 통해 학생들은 학교폭력에 대해 함께 고민하고, 사람들 앞에서 자신의 생각들을 표현하고 목소리를 내는 흔치 않은 경험을 할 수 있었다. 교사인 나 역시 책상 앞이 아닌 광장 속 인권교육의 힘을 체험하며, 인권교육의 퍼즐 한 조각을 맞출 수 있었다.

뱅크시를 인권 교사로 초대한다면

마지막은 학생들과 만날 날을 고대하고 있는 작가 뱅크시 이야기이다. 뱅크시를 학생들에게 소개하고, 그의 작품을 매개로 인권교육을 하기 위해 수업 계획안을 준비하였다. 그러나 내가 학교를 잠시 떠나 인천광역시교육청학생교육원에 몸담게 되면서 뱅크시와의 만남을 미뤄야

했다.

1~2차시 수업에서는 우선 뱅크시가 누구인지부터 알아본다. 그는 실명도 알려지지 않은 얼굴 없는 작가로 유명하다. 뱅크시는 길거리 벽에 페인트를 이용한 스텐실 화법으로 작품을 그리는 그라피티 작가이다. 신원을 드러내지 않은 채 오직 작품으로만 말하는 그의 생각과 작품에 담긴 메시지 등을 이해하기 위해서는 작품을 자세히 살펴보아야 한다.

사람들은 왜 얼굴도 모르는 화가에게 그토록 열광하는가. 그는 작품을 통해 사회 이슈에 대한 새로운 담론을 만들어 내고, 사람들에게 생각할 거리를 던져 준다. 가려운 곳을 긁어 주고, 사이다 같은 속 시원한 메시지를 던지는 그에게 대중은 환호를 보낸다.

자료1. 뱅크시 수업 계획안

과목	고등학교 미술
관련 단원	I. 체험 3. 미술을 통한 사회참여 II. 표현 8. 성찰과 보완 III. 감상 10. 작품 비평
성취기준	[12미01-03] 현대의 사회 현상과 문제를 이해하고 미술을 통한 참여 방안을 모색할 수 있다. [12미02-05] 작품에 대한 성찰을 바탕으로 작품 계획에 반영할 수 있다. [12미03-01] 역사, 정치, 경제, 사회·문화적 맥락에 따른 미술 문화의 다양성을 이해할 수 있다.
교과 핵심역량	미적 감수성, 시각적 소통 능력, 미술 문화이해 능력, 자기 주도적 미술 학습능력
학습 형태	개인 및 모둠 활동
주제	시민의 눈으로 감상하고, 예술가로 참여하다.

차시		수업 내용

1~2	감상 활동	• 뱅크시는 누구인가?
		  - 뱅크시의 작품 감상 및 관련 영상 시청
		• 사람들은 왜 뱅크시에 열광하는가?(모둠 활동)
		  - 뱅크시 작품 감상
		  - 작품 속에 표현된 조형 요소와 원리, 주제, 배경, 창작 의도 탐색
		  - 작가가 활용한 매체와 재료, 고유 양식과 기법 및 표현 기법 탐색
		  - 감상문 작성 후 모둠원 간 나눔 활동

3~4	감상 활동
	체험 활동
		• 뱅크시 작품 속에 표현된 사회 문제는 무엇인가?
		• 뱅크시의 삶과 작품 활동에 대한 생각 나눔
		• 현대 사회 문제를 다룬 미술 작품 탐색
		  - 모둠원과 인권을 표현한 미술 작품을 선정 후 탐색
		  - 모둠원과 자신의 생각이 어떤 차이가 있는지 이야기 나눔
		• 사회 변화를 유도하기 위한 미술 작품의 순기능에 대한 생각 나눔

5~8	표현 활동	• 시민의 눈으로 바라보다!
		  - 내 삶 또는 학교 안에서 인권 사각지대 탐색
		  - 인권 차별적 상황에 대한 탐색
		  - 주제 선정(모둠 활동 시 주제 선정을 위한 모둠 토론)
		• 예술가로서 표현하다!
		  - 표현 방법 및 표현 재료 탐색 후 표현 활동
		• 작품 감상 및 생각 나눔

3~4차시에는 뱅크시의 작품 세계를 깊이 탐색한다. 뱅크시는 작품을 통해 인종차별, 난민, 전쟁, 환경 문제 등을 다루며 자본주의의 탐욕과 파괴적 속성을 비판한다. 때로는 직설적으로, 때로는 비유적으로, 때로는 특유의 유머스러움으로 표현된 그의 메시지를 따라가 본다.

"화실 안에서 그려진 모든 그림은 바깥에서 그려진 그림에 비해 결코 좋을 수 없다."

프랑스의 화가 폴 세잔의 말이다. 세잔의 말을 자신의 블로그에 인용하고 있는 뱅크시는 사회 이슈 현장에서 자기 목소리를 내는 작가이다. 그의 작품 속 메시지를 좇다 보면 다양한 인권 현장과 만나게 된다. 풍선을 타고 떠오르는 아이, 방탄 조끼를 입은 비둘기 등을 표현한 작품은 이스라엘과 팔레스타인 간의 분리 장벽에 그려져 있다. 하얀 눈처럼 보이는 재를 맞고 있는 소년을 표현한 작품은 영국에서 가장 오염된 도시 가운데 하나인 포트 탤벗의 벽에 그려져 있다. 뱅크시는 소설 『레미제라블』의 코제트가 최루가스에 눈물을 흘리는 모습을 프랑스 대사관 앞의 벽에 그렸다. 이 작품에는 칼레 난민들을 최루탄으로 제압한 프랑스 경찰의 인권 탄압을 고발하려는 의도가 담겨 있다.

뱅크시는 자기 목소리를 내는 것에 주저하지 않는다. 따라서 그를 탐색하는 과정은 세계를 달구고 있는 인권 문제를 접하는 시간이 된다. 2020년 그는 검게 칠해진 인물의 영정과 그 옆에 놓인 추모 촛불에 불타는 성조기를 표현한 작품을 자신의 SNS에 올리고, 경찰의 과잉 진압으로 숨진 조지 플로이드를 추모하며 미국의 인종차별 문제를 비판했다. 그는 SNS에서 "처음에 나는 입을 닫고, 흑인들의 목소리를 들어야 한다고 생각했다. 그러나 내가 왜 그래야 하나? 이 사건은 흑인의 문제가 아니라 '내 문제'이기도 하다."라고 자신의 생각을 피력했다. 인종차별을 개인의 문제가 아닌 우리 사회의 인권과 민주주의에 관한 문제로 보고 강하게 비판한 것이다.

5~8차시는 뱅크시와의 만남을 계기로 문제의식을 가지고 자신의 주변을 돌아보고, 자신의 생각을 작품으로 표현하는 시간이다. 내가 가장 기대하며 기다리는 시간이기도 하다. 학생들이 수업을 통해 사회적 약자나 존중받지 못하는 삶에 대해 조금은 따뜻한 시선을 갖게 되

지 않을까. 뱅크시가 우리 학생들의 마음속에 어떤 파동을 만들어 낼지 자못 기대된다.

5. 인권교육이 일상이 되는 날을 바라며

요즘은 인권이란 말을 쉽게 접할 수 있다. 그러나 인권교육은 여전히 어렵고, 조심스럽다. 관심은 있지만 자주 만나지 못해 서먹서먹한 친구를 만나는 느낌이다. 그래서 인권이 일상으로 스며들어 인권교육이라 굳이 명명하지 않아도 자유롭게 인권에 대해 이야기 나눌 수 있는 수업을 꿈꿔 본다. 이 글에서 소개한 나의 인권 수업기를 자유롭게 인권을 논하는 그런 날을 앞당기기 위한 작은 노력으로 봐주기 바란다. 미술 작품을 통해 인권을 논하고, 자신의 생각을 작품으로 표현하며, 친구와 작품 공유를 하면서 공감하는 인권교육을 부족하나마 제안해 보았다. 수업의 매개가 되는 미술 작품이 거창하지 않아도 상관없다. 학생들이 편하게 다가설 수 있는 작품일수록 좋다. 키스 해링의 작품과 같이 단순해도, 뱅크시의 작품처럼 퍼포먼스적이어도 좋다. 우리 학생들이 편하게 만나고 공감하고 자기 목소리를 낼 수 있는 계기만 제공한다면 그걸로 충분하다!

9장
돼지, 학교에 오다

이동철 인천경원초등학교 교사

1. 그저 '고기'였던 돼지와의 만남

학교 급식에는 거의 매일 쇠고기, 돼지고기, 닭고기, 오리고기 등의 고기반찬이 번갈아 나온다. 치킨, 오삼불고기, 돈까스, 쇠고기무국, 훈제 오리볶음 등 맛있는 고기반찬이 나올 때마다 학생들은 환호성을 지르며 좋아한다.

"오늘은 돈까스야."

"빨리 밥 먹고 싶다."

"선생님, 배고파요. 빨리 밥 먹으러 가요."

반면 어쩌다 고기반찬이 없는 날에는 나에게 조용히 다가와 급식을 안 먹어도 되냐고 물어보는 친구들도 있다. '고기가 없으니 먹을 것이 없다'는 게 그 친구의 생각이다. 고기반찬이 나오지 않은 날에는 잔반이 크게 늘고, 급식 시간 자체가 짧게 끝난다.

그런데 급식에 제육볶음이나 돼지고기 보쌈이 나오면 떠오르는 동물이 있다. 바로 이전 학교에서 키웠던 돼지 '똥이'다. 똥이는 태어난 지 한 달이 채 되기도 전에 입양되어 온 베트남산 미니피그이다. 당시 6학년 1반 담임선생님이 동물을 키우고 싶어 하는 학생들의 의견을 교육과정에 반영하여 입양하였다. 학생들은 교과 지식에 국한된 수업이나, 삶과 유리된 교육과정에서 벗어나 삶과 배움이 하나 되는 수업을 원했다. 학생들의 이런 바람을 파악한 담임선생님은 똥이를 키우는 경험을 통해 생명존중 프로젝트 학습을 진행하고자 하였다. 마을 사람들과 함께 동물을 키우는 마을 연계 교육과정, 목공을 통한 집짓기와 동물 기르기를 연계한 실과 수업, 도덕 교과에서 동물권과 관련된 가치 판단 수업, 논쟁 수업 등 교과를 넘나드는 통합 교육과정을 운영하며 학생들과 함께 똥이를 키웠다.

입양 당시 똥이는 작고 귀여워서 학생들의 사랑을 듬뿍 받았다. 쉬는 시간마다 전교생들이 똥이를 보러 6학년 1반 교실로 모여들곤 하였다. 학생들은 똥이에게 먹이도 주고, 목공 수업에서 직접 집도 만들어 주며 정성껏 키웠다. 학생들이 하교한 후에는 숙직 기사님이 똥이를 돌보셨다. 이렇게 많은 사람들의 보살핌을 받으며 똥이는 무럭무럭 자랐다. 몇 개월 후, 학교 운동장 한구석에 똥이의 새로운 보금자리가 마련되었다. 새끼 티를 벗고 제법 커진 똥이에게 교실은 좁고 답답한 공간이 되었기 때문이다. 똥이는 아침마다 교문에서 교장 선생님과 함께 등교하는 학생들을 맞이했다. 중간 놀이 시간과 점심시간에는 운동장에서 아이들과 뛰놀며 즐거운 시간을 보내기도 하였다.

이듬해 똥이를 돌보던 6학년 1반 학생들이 졸업하자, 담임선생님은 동아리를 만드셨다. 동아리 이름은 '똥아리'로 똥이를 함께 돌보기 위해 만들어진 동아리였다. 똥이가 이 학교에 온 지 만 1년이 되던 날에는 강당에서 똥이 생일잔치를 하였다. 학생들이 함께 돼지를 키우고 있다는 소문이 퍼지자, 교육청에서도 관심을 보이고, 매스컴에서 취재를 오기도 했다. 똥이는 TV프로그램에 출연하며 유명해졌다. 어느덧 똥이는 많은 사람들의 사랑을 듬뿍 받는 슈퍼스타가 되었다.

그러나 그때는 알지 못했다. 한 생명을 데려와 키우는 것이 얼마나 힘든 일이며, 어떤 어려움이 기다리고 있는지 말이다. 시련은 코로나19와 함께 시작되었다. 사람들의 자유를 빼앗은 코로나19는 사람뿐만 아니라 동물인 똥이에게까지 영향을 미쳤다. 학교 운동장에서 맘껏 뛰놀던 똥이는 이제 우리에 갇힌 채 생활해야만 했다. 아이들 입장에서 똥이와의 접촉은 점심시간에 급식실로 이동하며 우리에 갇혀 있는 똥이에게 인사를 건네는 것이 전부였다. 예전처럼 함께 놀거나 만질 수도 없었다. 게다가 처음 똥이를 키웠던 6학년 1반 학생들이 졸업한 후 똥이를 돌보는 손길도 많이 줄었고, 똥이에게 가졌던 관심도 점차 줄어들었다. 이렇게 똥이는 점점 아이들에게서 먼 존재가 되어 갔다.

엎친 데 덮친 격으로 학교에 민원이 들어왔다. 저학년 학생들이 모래 놀이터에서 놀다가 똥이의 배설물을 발견한 것이다. 똥이에게 유일하게 자유가 허락되는 주말에, 똥이가 운동장에서 놀다가 모래 놀이터에 배변을 했나 보다. 이 소식을 들은 학부모들이 학교에 민원을 제기하였고, 학교에서는 큰돈을 들여 모래를 소독하였다.

이 일을 계기로 똥이를 학교에서 키우는 것에 대한 이견이 제기되었다. 실제로 돼지는 다른 돼지 없이 혼자서 살아갈 수 없다고 한다. 게다가 똥이가 자라면서 먹는 양도 점점 늘었고, 겨울을 따뜻하게 지낼 수 있는 새로운 집도 마련해야 했다. 더 이상 학교에서 똥이를 돌보는 것이 힘들다는 의견과 똥이의 행복을 위해서라도 거처에 대한 논의가 필요하다는 의견이 나왔다. 논란 끝에 교직원 회의 정식 안건으로 올려 논의하기로 하였다. 안건명 '뚱이를 어떻게 돌볼 것인가?'로 말이다.

2. 돼지를 키우며 시작된 고민

돌봄 논의를 시작하다

코로나19 이전, 뚱이는 돼지라는 경계를 넘어서서 인간과 함께 살아가는 존재였다. 학교에서 인간과 동물이 공존한다는 것, 그것도 강아지나 고양이 등의 반려동물이 아닌 돼지가 함께한다는 것은 놀라운 일이었다. 그러나 인간에게 전염병의 위험이 닥치자 어쩔 수 없이 뚱이를 우리에 가두었고, 코로나19의 장기화로 1년이 넘는 시간 동안 뚱이는 우리에 갇혀 자유롭지 못한 생활을 해야만 했다. 게다가 뚱이를 입양하여 학교에 데려온 선생님이 다른 곳으로 전근을 가게 되자 뚱이를 전적으로 책임질 사람이 없었다. 결국 뚱이를 돌보는 것이 학교의 또 다른 업무가 되어 버렸다. 한때 슈퍼스타였던 뚱이는 코로나19와 배설물 사건 등을 계기로 학교 내에서 귀찮은 존재로 전락하고 말았다.

"뚱이가 지금 행복할까요?"
"뚱이는 우리에 갇혀 지내기 때문에 행복하지 않다고 생각해요."
"뚱이가 행복을 느낄 수 있는 자유로운 환경으로 보내야 한다고 생각합니다."

바쁜 시간에 이런 논의로 교직원 회의까지 해야 하냐며 불편을 토로

하는 교직원도 있었다. 하지만 대부분의 교직원들은 가능한 한 뚱이의 입장에서 생각하려 노력했다. 회의가 진행될수록 뚱이가 행복하게 살아갈 수 있게 좁은 학교가 아닌 다른 넓은 곳으로 보내야 한다는 쪽으로 의견이 기울었다.

"돼지는 원래 혼자 살아갈 수 있는 동물이 아니라고 합니다. 이제라도 더 늦기 전에 뚱이의 행복을 위해 다른 돼지와 함께 생활할 수 있는 곳으로 보내야 한다고 생각합니다."
"저는 뚱이를 학교에서 키우는 것에 찬성하는 입장이었는데, 1년 가까이 갇혀 있는 모습을 보고 생각이 달라졌어요. 저렇게 갇혀서 생활하는 것은 불쌍한 일이에요. 뚱이가 갇혀서 지내지 않도록 다른 곳을 찾아 보내는 것이 옳다고 생각합니다."

뚱이를 이 학교로 처음 데려온 선생님의 책임을 둘러싼 토론도 벌어졌다.

"뚱이를 데려오신 선생님께서 이 문제의 해결 방법을 제시해야 하지 않을까요?"
"뚱이를 키우는 것은 교직원 회의, 학생회, 학부모회 등 교육공동체 전반이 합의한 사항입니다. 따라서 이 문제는 교사 개인이나 한 학급만의 문제가 아니라 우리 학교 공동체의 문제입니다. 뚱이 문제 해결을 위해서도 학교 공동체가 머리를 맞대어야 합니다."

교직원 대부분은 이 문제가 학교 공동체의 문제라는 의견에 동의하였다. 그래서 뚱이를 학교에서 계속 키울 것인지 말 것인지를 성급히 결정하지 말고, 동학년 교사 회의에서 한 번 더 논의하는 숙의 과정을 거쳐 다음번 회의 때 다시 이야기를 나누기로 하였다.

끝없는 돌봄 논쟁

동학년 교사 회의를 거쳐 뚱이 문제를 논의하기 위한 전체 교직원 회의가 다시 소집되었다. 지난번 회의에서 제3자의 입장을 취하던 교직원들도 적극적으로 이야기를 나누었다. 적극적인 참여자가 늘면서 문제를 해결하기 위한 다양한 의견들이 제시되었다.

A교사 뚱이가 학교에 있음으로 해서 학생이나 교사들에게 피해를 주는 것이 있을까요? 뚱이 배변 문제와 일부 학생들이 뚱이를 무서워하는 것이 문제가 된다면, 그 문제 해결을 위해 뚱이 돌봄 TF팀을 만드는 것은 어떨까요?

B교사 A선생님이 이야기한 것처럼 뚱이 배설물 문제만 잘 해결된다면, 뚱이를 학교에서 키우는 것을 반대할 사람은 없을 거라고 생각합니다. 뚱이가 있음으로 해서 학교생활이 불편하다고 느낀 적은 없었으니까요.

C교사 한 생명체를 데리고 와서 키우는 문제는 책임감의 문제라고 생각합니다. 뚱이를 키우기 힘들어졌다고 해서 다른 곳으로 보내는 것은 생명체에 대한 예의도 아니고, 혁신학교의 철학에도 맞지 않다고 생각합니다. 그래서 뚱이를 학교에서 계속 키우기 위해 어떤 노력을 하는 것이 최선인지 고민했으면 좋겠습니다. 학교 구성원들이 바뀌더

라도 지속가능한 똥이 돌봄 시스템을 마련하는 것이 중요하다고 생각합니다.

D교사 제가 쉬는 시간이나 틈나는 시간을 활용해 먹이를 주고 용변을 치울 수 있습니다. 저 혼자 다 하기는 어렵겠지만, 저와 같은 생각을 가진 교사들이 힘을 합쳐 똥이를 돌본다면 학교에서 계속해서 키우는 것이 가능하다고 생각합니다.

똥이 돌봄 문제를 둘러싸고 교직원들의 입장은 세 가지로 나뉘었다. 어떻게든 힘을 합쳐서 키우자는 입장과 키우지 말자는 입장, 이러나저러나 나의 일이 아니니 어떻게 되어도 상관없다는 입장이었다. 몇 명의 교직원들이 똥이를 돌보겠다고 자처하자 키우지 말자는 의견을 적극적으로 내는 교직원은 더 이상 없었다. 다수의 침묵이 무겁게 흘렀다.

"제가 잠시 영화의 한 장면을 보여 드리겠습니다."

교장 선생님께서 침묵을 깨고 〈P짱은 내 친구〉라는 영화의 일부를 보여 주셨다. 영화는 초등학교에서 선생님과 아이들이 우여곡절을 겪으며 돼지를 키우는 내용으로, 1990년 일본 오사카에서 실제로 이루어진 실험 수업을 모티브로 한다. 돼지와 추억을 만들던 아이들은 졸업을 앞두고 돼지를 어떻게 할지 토론을 벌인다. 돼지를 키우고 싶어 하는 3학년 동생들에게 맡겨서 계속 키우게 하는 것이 책임을 다하는 것이라는 주장과, 3학년들이 돌보다 힘들어지면 결국 육가공 센터에 보내게 될 텐데 차라리 그 최후를 우리가 결정하는 것이 진정으로 책임지는 자세라는 주장이 맞섰다.

영화를 보고 난 후 교장 선생님께서는 진지하게 이야기를 이어 가셨다. 당장 급하게 결론을 내릴 것이 아니라 문제를 해결하기 위해 더 고민해 보고, 학생들과도 이 문제를 함께 의논해 볼 것을 제안하셨다.

"저는 똥이 문제가 지금 당장 결론 내야 할 문제는 아니라고 생각합니다. 중요한 문제일수록 빠르게 결정하는 것보다 천천히 오랫동안 고민하는 심사숙고의 과정이 필요합니다. 어떻게 하는 것이 진정으로 똥이를 위하는 길인지 함께 고민하면서, 이를 학교교육과정에 반영해 보는 것은 어떨까요? 똥이를 돌보는 문제에 대해 학생들과 이야기 나누고 의견도 들어 본 후, 반년 정도 후에 다시 한 번 이야기를 나누면 어떨까 싶습니다. 만약 학생들의 의견 수렴 없이 이 자리에서 똥이의 거처를 결정한다면 학생들이 많이 혼란스러울 것입니다."

결국 교직원 회의에서는 당분간 똥이를 계속해서 키우는 쪽으로 결론을 내렸다. 이후 똥이 돌봄 TF팀을 만들어 똥이를 키우는 데 필요한 여러 가지 일을 진행하였다. 하지만 누군가에게는 이날의 합의가 여전히 수긍이 가지 않는 듯하다. 아직도 일부 교직원들은 왜 우리가 똥이 문제를 해결하기 위해 노력해야 하는지 되묻고, 이를 교육과정에 반영하는 것에 대해서도 회의적인 시각을 내비친다.

아이들이 보는 똥이

그렇다면 과연 아이들은 똥이를 어떻게 바라보고 있을까? 아이들에게 있어서 똥이는 어떤 존재일까?

뚱이와 교실에서 함께 지냈던 6학년 1반 학생들의 입장에서 보면 뚱이는 가족과 같은 매우 가까운 존재였다. 뚱이는 이 학생들의 졸업 앨범에도 함께 실린 '친구'였다.

뚱이를 돌보는 동아리인 뚱아리 멤버들에게도 뚱이는 친밀한 존재임에 틀림없다. 뚱아리 멤버들이 말한 가입 동기는 대부분 '뚱이가 너무 귀엽고 좋아서'였다. 일부는 친구가 가입하자고 해 덩달아 가입했다가 뚱이를 좋아하게 된 경우도 있었다. 뚱아리 멤버들은 뚱이를 돌보는 모든 일을 담당하였고, 뚱이를 위해 무엇을 해 주어야 할지 더 고민하고, 힘든 일은 함께 분담하였다.

어느 날 놀라운 현장을 목격했다. 한 학생이 급식 반찬으로 나온 돼지고기 보쌈을 뚱이에게 주고 있는 것이었다.

"뚱이에게 돼지고기를 주면 어떡하니?"
"뚱이가 배고플까 봐 주는 거예요."

순간 머리를 한 대 얻어맞은 듯했다. 아이들은 뚱이를 돼지가 아닌 강아지나 고양이 같은 반려동물로 인식하고 있었다. 반려동물인 뚱이에게 내가 가장 즐겨 먹는 돼지고기를 주는 것이 무엇이 잘못이냐는 눈빛이었다. 뚱이의 본질은 돼지인데, 아이들이 이를 제대로 인식할 기회를 갖지 못한 것이다. 돼지를 학교에서 정성껏 키우는 것으로 교육이 끝나는 것은 아니었다. 뚱이 바로보기를 교실에서 시작해야겠다는 생각이 들었다.

3. 교실에서 시작하는 동물권 고민

뚱이 돌봄 논란을 경험하고, 아이들이 뚱이를 대하는 모습을 지켜보면서 뚱이를 키울지 말지 결정하는 일만이 중요한 것이 아님을 깨달았다. 반려동물이기 이전에 '돼지'인 뚱이를 어떻게 바라봐야 할지 아이들과 함께 고민하는 과정이 필요했다.

동물권 수업의 예

동물권을 다룬 다양한 그림책들이 있었다. 농장의 동물들, 실험 대상이 되는 동물들, 동물원의 동물들, 비윤리적 육류 소비 등에 관한 그림책들을 함께 읽고 생각을 나누며 동물권에 대해 고민해 보았다.

  그림책으로 수업을 진행한 이유는 초등학생의 특성상 동물권이라는 어려운 개념을 이론적으로 설명하는 것보다, 그림책의 글과 그림 등을 통해 시각적으로 간접 경험을 하도록 하는 것이 효과적이라고 생각했기 때문이다. 실제로 학생들은 동물 실험이나 돼지 살처분에 대해 깊이 있게 고민하고, 동물들의 생명에 대해 다시 생각해 보는 모습을 보였다.

  학생들이 문제의식을 갖고, 어떤 태도로 살아갈지 스스로 판단할 수 있도록 학생 중심 수업으로 이끌고자 노력했다. 프로젝트 수업에서 교사가 '이것은 옳고, 저것은 그르다.'는 식의 가치 판단을 주입하는 것은 최대한 자제해야 한다. 교사는 퍼실리테이터로서 동물권, 나아가 인권까지 살펴볼 수 있도록 수업을 구조화했다. 학생들이 문제상황을 어디까지 알게 하는 것이 좋을지 매번 깊이 고민하며 수업을 진행하였다.

자료1. 동물권 문제의식 갖기 프로젝트 수업

주제	프로젝트 활동 내용
동물권 문제의식 갖기	활동1. 동물의 삶에 대해 관심 갖기 교재: 동물권을 다룬 다양한 그림책 ① 『돼지 이야기』(공장식 축산과 살처분 문제) ② 『라이카는 말했다』, 『멋진 하루』(동물 실험 문제) ③ 『동물원』, 『내일의 동물원』(동물원 폐지 혹은 환경 개선 문제) ④ 『이빨 사냥꾼』(코끼리 상아 채취, 태국 코끼리 투어 문제) ⑤ 『지혜로운 멧돼지가 되기 위한 지침서』(동물 환경 개선 문제) 활동2. 동물의 복지와 생명이 존중되지 않는 사례 이야기 나눔 과제: 동물권이 침해되는 사례 조사해 오기

그리고 동물권에 대해 좀 더 깊이 고민해 볼 수 있는 텍스트를 정해 온작품읽기 수업을 독서 단원의 일환으로 진행하였다. 학생들과 함께 읽은 책은 갈라파고스에서 동물원으로 오게 된 거북이를 다룬 『해리엇』이었다. 동물원의 동물들이 갈등과 화해를 거쳐 친구가 되고 거북이 해리엇을 고향으로 보내 주기 위해 협력하는 과정을 다룬 책으로, 동물들의 삶을 깊이 있게 고민하게 한다.

『해리엇』을 읽고 동시 짓기, 서평 쓰기, 등장인물이 되어 보기, 인물이 추구하는 삶의 가치를 알고 글쓰기 등 다양한 방식으로 수업을 진행하였다. 다음은 『해리엇』을 읽고, 한 학생이 쓴 동시 「친구」이다.

나이 상관없이 우린 친구
성별 상관없이 우린 친구
인종 상관없이 우린 친구

서로 생각이 달라도 서로 취향이 달라도

> 서로 생김새가 달라도 서로 해야 하는 일이 달라도
> 달라도 달라도 달라도
> 서로 다른 것뿐이지
> 틀린 건 아니니깐
> 우리는 모두모두 이 세상 사람 모두모두
>
> 우리는 친구야

동화 속 동물들 이야기를 접한 후 나이, 성별, 인종이 달라도 친구라고 표현한 이 시를 보고, 동물들의 이야기를 통해 인권 의식을 키울 수 있다는 가능성을 확인하였다.

이 책에는 선원들이 생존하기 위해 거북이를 먹는 내용이 나온다. 이 장면을 계기로 학생들은 윤리적인 육식에 대해 자연스럽게 생각해 볼 기회를 가졌다.

"왜 사람들이 거북이를 먹은 거예요? 정 배가 고프면 바다에서 물고기를 잡아먹으면 되잖아요?"
"사람들은 못 먹는 고기가 없는 것 같아요."

학생들은 평소에 별다른 문제의식을 갖지 않았던 육식에 대해 이야기를 나누며, 인간이 생태계에 있는 대부분의 동물들을 먹는 것이 과연 정당한지 의문을 제기하였다. 멸종 위기에 처한 동물들에 대해 조사하며 생태계 보전 문제에 대해서도 고민을 나눴다.

『해리엇』 독후 활동 후, 학교에서 키우고 있는 돼지 뚱이를 시로 표현해 보는 시간을 가졌다.

자료2. 『해리엇』 온작품읽기 수업

차례	프로젝트 활동 내용	뚱이와 연결하기
1장~3장	• 그림을 보고 이야기의 순서 예측하기 • 책 표지와 삽화 등을 보며 궁금한 점 적기 • 내용 파악하기 • 찰리가 겪은 일 순서대로 적기 • 등장인물에게 질문하기 • 인물이 추구하는 삶의 가치를 따라 글쓰기	뚱이가 교실로 왔을 때를 상상하며 일기로 쓰기
4장~7장	• 찰리가 겪은 일 순서대로 적기 • 스미스와 해리엇의 말을 읽고 나의 경험 떠올리기 • 등장인물에게 질문하기 • 내가 힘들 때 해리엇이 해 주었으면 하는 말 적기 • '학교폭력 방관자도 처벌받아야 하는가?'를 주제로 토론하기 • 『해리엇』 속 동물원 상상하여 그리기	뚱이가 교실에서 운동장의 우리로 가게 된 상황을 일기로 쓰기
8장~10장	• 다시 태어난다면 어떤 동물로 태어나고 싶은지 글쓰기 • 찰리가 겪은 일 순서대로 적기 • 해리엇이 추구하는 가치 찾기 • 스미스의 입장에서 일기 쓰기 • 등장인물에게 질문하기 • 나의 생명이 다했을 때 가족에게 하고 싶은 말을 편지로 쓰기	뚱이가 우리 학교를 탈출하는 상황을 상상하여 일기로 쓰기
11장~13장	• 각 장의 내용 요약하기 • 등장인물에게 질문하기 • 다른 사람을 위해 희생한 이야기 찾기 • 멸종 위기 생물 조사하기	뚱이를 돌봐 주시는 선생님들께 감사의 마음을 담아 편지 쓰기
14장~16장	• 각 장의 내용 요약하기 • 등장인물에게 질문하기 • 우리를 위해 고생하시는 분에게 편지 쓰기 • 코로나19로 집콕하는 자신의 하루 일기 쓰기 • 151쪽 그림 보고 해리엇이 되어 말하기 • 이 책을 소개하는 서평 쓰기 • 17장 상상하여 글쓰기	교직원 회의에 학생 대표로 참가하여 뚱이 문제 해결 방안 제시하기

처음에는 모두가 날 바라봤다
모두가 좋아해 주었다

하지만 시간이 지날수록
나를 바라보는 사람은 줄어들었다

나는 외로웠다
누군가라도 옆에 있었으면 좋겠다

첫날처럼
바라봐 줬으면 좋겠다

뚱아리의 멤버인 한 학생이 쓴 「관심」이라는 제목의 이 시가 뚱이의 마음을 대변하는 듯했다. 학생들은 이 활동을 통해 뚱이의 행복에 대해 다시 생각해 보는 시간을 가졌고, 어떻게 하면 뚱이를 도울 수 있을지 다모임을 통한 회의를 진행하기도 하였다.

너무 복잡하고 어려운, 그러나 마주해야 할 동물권

동물 유기, 동물 실험, 무자비한 도축, 동물원에 갇힌 동물, 멸종 위기에 처한 동물 등 동물들이 존엄성을 침해당하는 문제와 이를 해결하기 위한 방법을 고민하다 보면 '방 안의 코끼리'라는 표현이 떠오른다. 코끼리는 너무나 크기 때문에 방 안에 있으면 안 된다는 것을 모두 알지만, 방 안에 있는 어느 누구도 그 문제에 대해 말하지 않는다. 누구나 다 알고 있는 문제지만, 해결하기 힘들고 부담스러워 못 본 척 그 문제에 대해 회피하는 상황을 비유하는 말이다. 동물의 권리가 침해받는 상황과 그로 인한 동물들의 고통을 알면서도, 개인이 해결하기에는 그 문제가 너무 크고 무거워서 어떤 노력도 기울이지 않고 회피하고 있다.

또한 동물권은 입장에 따라 첨예하게 시각이 엇갈리는 주제이기도 하다. 동물을 단순히 인간에게 먹거리를 제공하는 대상으로만 보는 사람들은 동물권 자체가 어불성설이라고 생각한다. 그런가 하면, 일부 동물권자들은 동물을 애완화하는 것도 잘못이라고 비판한다. 기존 동물권자들의 주장이 또 다른 인간 중심주의라고 비판하며, 동물 자체의 권리를 인정할 것을 주장하는 동물권자들도 있다.

더욱이 동물권은 아직 최종 결론이 나지 않은 진화하는 문제이다. 흑인이나 여성에게 인권이 있다는 주장이 비웃음을 샀던 시대가 보여 주듯, 인권의 개념은 시대와 사회에 따라 발전을 거듭해 왔다. 뒤늦게 발전한 개념인 동물권의 범위와 내용도 시대와 사회가 변화함에 따라 달라질 것이다.

이처럼 우리가 다루기에 큰 주제이고 다양한 입장이 엇갈리는데다, 진화 과정 중에 있는 주제인 동물권을 교실에서 어떻게 다루면 좋을까? 동물권 수업을 통해 오히려 학생들에게 혼란만 주는 것은 아닐까 적잖이 고민도 되었다. 그러나 뚱이 돌봄 논쟁을 거치면서 동물권 문제가 더 이상 방관할 수 없는 문제라는 생각이 들었다. 교사는 학생들이 학교에서 벌어지고 있는 문제를 제대로 바라보고, 자기 목소리를 낼 수 있도록 도울 필요가 있다. 그림책과 온작품읽기를 통한 동물권 수업은 그렇게 시작되었다.

단번에 해결책을 찾기는 힘들겠지만, 최소한 동물들에게 어떤 일이 벌어지고 있는지 알아야 하지 않을까? 문제를 어떻게 개선할지에 대한 답은 제각각이겠지만, 최소한 인간이 동물에게 행하는 여러 행위가 문제라는 인식은 공유할 수 있지 않을까? 인권의 문제가 그러했듯, 동물권도 계속 변화하고 있는 움직이는 문제임을 인정하고 열린 태도를 가지도록 교육해야 하지 않을까? 동물권에 대한 최소한의 문제의식과 열린 시각, 이것이 교실에서 이루어진 동물권 수업의 목표이다.

4. 뚱이에 대한 고민은 계속된다

뚱이를 학교로 데려와 키우는 것은 쉬웠으나 키우던 생명을 다른 곳으로 보내는 일은 간단한 일이 아니었다. 무엇보다 뚱이를 바라보는 학생들의 시선이 있다. 키우기 불편하고 냄새나고 비용이 많이 든다고 뚱이 돌보기를 포기한다면, 그동안 뚱이에게 애정을 쏟아 온 학생들은 무엇을 배우게 될까?

　이 같은 문제의식도 여전히 인간 중심주의를 벗어나지 못하고 있음을 알고 있다. 어느 쪽이 뚱이에게 더 행복한 선택인가 하는 근본적인 고민에는 접근하지 못하였다. 하지만 적어도 인간의 필요에 의해 뚱이를 데려오고, 불편해지니 바로 보내 버리는 이기적인 결정을 하지 않으려고 노력하였다. 학생들이 뚱이를 키우면서 일어나는 다양한 문제를 직접 해결하는 과정을 통해 한 생명의 존재의 무게를 느끼기를 기대한다. 뚱이에게 먹이를 주고, 뚱이의 똥을 치우고, 뚱이와 함께 놀고, 뚱이에 대한 글을 쓰고 그림을 그리면서, 동물권에 대해 나아가 인권에 대해 학생들이 스스로 배워 나가리라 믿는다. 아마도 처음 뚱이를 학교에 데려왔던 선생님의 의도도 이런 것이 아니었을까? 한 생명이 갖는 무게를 이해하고 함께 고민하는 교실이 되기 위해 계속 노력할 것을 다짐한다.

동물권 참고 도서

『돼지 이야기』(유리, 이야기꽃)
공장식 축산 시스템 속에 있다가 구제역에 걸려 살처분 당하는 돼지의 이야기를 글과 그림으로 생생하게 담고 있다. 돼지가 어떻게 사육되어 우리 식탁으로 오게 되는지 살펴봄으로써 급식 시간에 먹는 돼지고기와 학교에서 키우는 뚱이를 별개로 생각해 온 학생들을 일깨울 수 있었다. 학생들은 '돼지고기를 덜 먹어야겠다.', '돼지들의 삶이 불쌍하다.', '돼지들이 행복할 수 있도록 돕고 싶다.' 등의 다양한 반응을 보였다.

『라이카는 말했다』(이민희, 느림보)
동물 실험을 다룬 그림책이다. 1957년 스푸트니크 2호에 타고 있던 강아지 라이카는 우주에서 쓸쓸하게 죽음을 맞이했다. 그러나 그림책은 실제와 다르게 우주에서 외계인을 만나 다른 행성에서 즐겁게 살고 있는 라이카의 모습을 그린다. 모스크바의 유기견이었던 라이카의 실화를 모티브로 한 동화를 통해 우리는 동물 실험에 대해서도 깊이 생각해 보았다. 생쥐, 토끼, 개, 고양이 등이 실험이나 연구 목적으로 이용되고 있으며, 특정 실험을 위해 일부러 인간의 질병을 가지고 태어나도록 조작되기도 한다는 사실에 학생들은 충격을 받았다. 이런 동물들이 실제 실험하는 도중에 대부분 죽는다는 것을 알고 슬퍼하였다.

『완벽한 바나바』(테리 펜, 에릭 펜, 데빈 펜, 북극곰)
유전자 조작과 동물 실험을 다룬 그림책이다. 완벽한 반려동물을 만드는 실험실에서 완벽하지 않다는 이유로 버려지는 동물들을 섬세한 그림으로 나타내고 있다. 지하 깊은 곳 비밀 연구소에는 좁은 유리병 안에서 살고 있는 다양한 동물들이 있다. 이 동물들은 모두 유전자 조작에 실패한 프로젝트 동물들로 이름도 없이 실패작이라 불린다. 이 동물들의 간절한 바람은 자유를 찾고 진정한 자기 자신을 찾는 것이다.

『동물원』(앤서니 브라운, 논장)
동물원에서 지내는 동물들이 진정으로 행복한가에 대해 고민해 보게 만든다. 학생들은 실제로 에버랜드의 사파리에서 동물들을 본 경험과 느낌을 함께 이야기하였다. 사자들이 움직이지도 않고 엎드려만 있거나 무기력해 보였다고 이야기하는 학생들도 있었다. 동남아시아 여행에서 돌고래 쇼를 보았다는 학생의 이야기를 들으며 과연 돌고래들은 행복한지에 대해서도 이야기를 나누었다. 최근에는 동물원의 동물들이 행복할 수 있도록 최대한 자연과 비슷하게 환경을 바꾸고 있음을 알려 주었다.

『내일의 동물원』(에릭 바튀, 봄볕)
동물원 관리인과 수의사 잭을 통해 동물원을 어떤 곳으로 만들어야 하는지에 대한 고민을 다뤘다. 살던 곳을 그리워하는 동물원의 동물들을 데리고 각자의 고향을 찾아가지만, 정글은 불타고 북극의 얼음은 모두 녹아 버렸다. 인간이 동물을 지배하며 사는 세상이 아닌, 인간과 동물이 지구에서 함께 살아가는 공동체이길 희망하는 내용이 담겨 있다.

『이빨 사냥꾼』(조원희, 이야기꽃)

코끼리들이 인간을 사냥하고 인간의 이빨을 모두 뽑는 아이의 꿈을 통해 인간의 이기심 때문에 동물이 받는 고통에 대해 생각해 보았다. 예전에는 코끼리의 이빨인 상아가 도장이나 각종 공예품 등에 사용되었지만 지금은 멸종 위기에 처한 코끼리를 보호하기 위해 상아 대신 다른 대체재를 사용하고 있음을 안내하였다.

『눈보라』(강경수, 창비)

빙하가 녹아 삶의 터전이 없어지고, 사냥이 어려워진 북극곰은 먹을 것을 구하러 인간들이 사는 마을로 내려온다. 그러나 인간들은 쓰레기통을 뒤지는 북극곰을 경계한다. 기후위기를 초래한 인간들은 그로 인해 생존의 위협을 받는 북극곰을 총으로 위협하며 내쫓는다.

『멋진 하루』(안신애, 고래뱃속)

인간의 편의를 위해 만들어진 모든 물건에 숨겨져 있는 동물들의 고통을 다룬 그림책이다. 악어가죽 가방을 자랑하는 사진의 뒷장에는 사람들에 의해 죽임을 당하는 악어들의 모습이 그려져 있다. 밍크코트, 소가죽 의자, 돌고래 쇼, 애완견 경주, 원숭이 공연, 마트에서 판매되는 달걀 등 인간의 멋진 하루 뒤에는 수많은 동물들의 고통이 있다는 것을 알려 주는 그림책이다.

3부
공감과 연대의 인권교육

우리 반 학생들은 더 이상 장애인과 비장애인을
구별하여 말하지 않는다. 가난한 나라에서
노동력을 착취당하는 어린이들을 연민의 시선으로만
바라보며 동정하지도 않는다.

10장
질문을 바꾸니 보이는 인권교육

조영은 인천별빛초등학교 교사

1. 무엇이 문제인가

배운 대로 행동한 것이 잘못?

"지금 남학생을 성차별하신 거잖아요!"

몇 년 전 학교 급식실에서 있었던 일이다. 급식실 안이 갑자기 소란스러워졌다. 남학생 여러 명이 급식 배식 종사원에게 항의를 하고 있었다. 메인 메뉴로 나온 비빔밥에 곁들일 소스로 남학생들에게는 고추장만을 제공한 반면, 여학생 배식구에는 간장 소스도 둔 것이 문제가 되었다. 저학년을 위해 준비한 간장 소스 여유분을 여학생 배식구에 두었는데, 이를 본 남학생들이 문제 제기를 한 것이다. 처음에는 목소리 큰 한두 명이 항의하는 수준이었으나 점차 불만의 목소리가 커졌다. 배식 종사원이 남학생들의 잇단 항의에 크게 당황하자, 담임선생님이 나서서 학생들을 호통치며 혼내는 것으로 사태는 일단락되었다.

당시 학교에서는 '자기 목소리 프로젝트'가 진행되고 있었다. 주변에서 차별과 혐오가 일어나고 있는 문제상황을 찾아보고, 토의·토론을 통해 함께 해결책을 모색하는 프로젝트였다. 이날 급식실에서 항의를 한 학생들은 고추장 소스냐 간장 소스냐 하는 사소한 문제지만 차별을 받았다고 느껴 문제 제기를 한 것이다. 그런데 배운 대로 자기 생각을 당당하게 말했을 뿐인데 자신들을 혼내는 선생님의 모습에, 학생들은 배움과 실제가 다르다고 느껴 혼란스러웠을 것이다. 급식 시간 내내 담임선생님의 처분을 납득하지 못하고 서운해 하던 학생들의 모습이 지금도 생각난다.

학생은 배운 대로 인권 감수성을 발휘하여 문제 제기를 했는데, 왜 혼이 나야만 했을까? 만약 우리 반 학생들이 그렇게 행동했다면, 나는 어떻게 사태를 조정했을까? 만약 학생들이 나에게 우르르 몰려와 차별을 운운하며 항의한다면 나는 균형적으로 대처할 수 있을까? 학교의 인권교육은 문제가 없는 것일까?

학교에서 인권교육을 하고 있는가

인권교육이 강조되면서 학교에서는 인권교육을 범교과 학습 주제로 지도하고 있다. 분명 학교에서는 인권교육을 실시하였으나, 한국청소년정책연구원의 「아동청소년인권실태조사」를 보면 많은 수의 학생들이 인권교육을 받은 적이 없다고 응답하였다. 교사는 열심히 지도하였으나 학생은 배운 적이 없다고 한다면 문제가 있는 것이 아닐까?

그나마 다행인 것은 일단 학교에서 인권교육을 받았다고 답한 학생들 중에서는 약 90% 이상이 인권교육을 통해 인권의 개념을 알게 되

자료1. 인권교육 경험 여부(단위: %)

응답자 학교급	2017년 교육받은 적 없음	2018년 교육받은 적 없음	2019년 교육받은 적 없음
초등학교	31.1	30.0	44.7
중학교	29.9	29.0	57.0
고등학교	38.1	30.2	59.6

한국청소년정책연구원(2019)

자료2. 인권교육 경험 장소(복수 응답, 단위: %)

응답자 유형별	2018년			2019년		
	초등학교	중학교	고등학교	초등학교	중학교	고등학교
학교 정규 교과 시간	66.4	66.6	50.3	84.3	80.5	57.4
학교 창의적 체험활동	31.8	35.3	50.4	19.0	22.1	44.2
학교 밖 인권교육 프로그램	19.6	12.8	10.0	16.1	14.0	14.3
기타	4.7	2.4	2.1	2.7	1.2	1.8

한국청소년정책연구원(2019)

고, 나와 다른 사람의 인권을 존중하는 생각과 태도를 갖게 되었다고 답한 점이다. 인권 침해와 차별을 극복하고, 인권 보호를 위해 실천할 수 있는지 묻는 질문에도 비슷하게 높은 비율의 학생들이 긍정적으로 답했다.

    인권교육을 경험한 장소를 묻는 질문에는 학교 정규 교과 시간이라는 답이 가장 높은 비율로 나타났다. 이 비율이 2018년에 비해 2019년에 더 높게 나타난 것으로 보아, 교육과정에서 인권교육을 시도하는 교사들이 늘고 있음을 알 수 있다. 아직 갈 길이 멀지만 학교 인권교육에 희망을 갖게 하는 결과라 할 수 있다.

2. 무엇을 가르쳐야 할까

교사아카데미가 인권교육을 주제로 열린다는 소식에 주저하지 않고 바로 신청을 했다. 평소 관심을 가져 온 민주시민교육과 인권교육에 대해 좀 더 배워 보고 싶었다. 하지만 이때만 해도 지금까지 내가 해 온 수업에 문제가 있을 거라고는 전혀 생각하지 못했다.

교사아카데미가 내게 제기한 물음

그간 나름대로 학생들의 인권 감수성 향상을 위해 인권 수업을 열심히 해 왔다고 자부했다. 국가인권위원회에서는 인권교육을 "인권에 관한 지식, 기술, 태도, 행동을 학습" 하는 것으로 정의하고 있고, UN에서 제작한 세계 인권교육 프로그램에서는 인권교육의 영역을 인권에 대한 지식(인권과 권리), 인권을 지지하는 가치나 신념(인권 감수성), 인권을 옹호하는 실천 행동(사회참여)으로 나누고 있다.

나는 지금까지 이런 정의에 따라 인간이면 누구나 가져야 하는 권리로서의 인권에 대해 강조하고, 차별과 혐오에 대해 민감하게 반응하도록 학생들을 지도했다. 그리고 학생들이 앎에 그치지 않고 실천할 수 있도록 독려하였다. 이렇게 지도하면 인권 감수성이 높아진 학생들이 용기있게 문제 제기를 하고, 문제를 해결하기 위해 실제 사회참여를 하는 민주시민으로 성장할 것이라 여겼다.

하지만 솔직히 교사인 나부터 민주시민에 대한 개념이 확실하게 정립되어 있지 않았다. 그러다 보니 내가 하고 있는 인권 수업이 제대로 된 것인지에 대한 의문도 늘 마음 한구석에 자리 잡고 있었다.

이런 나에게 교사아카데미는 그동안 해 온 교육을 검증받고 해답을 찾는 기회가 될 것이라 기대했다. 친절하게 "민주시민교육은 이것이다."라고 한 문장으로 정의 내려 주고, 내가 그동안 했던 수업들을 이야기하면 "당신은 학생들의 인권 감수성 함양을 위해 노력하는 훌륭한 교사"라고 인정해 줄 거라 생각했다.

그러나 나의 이런 기대는 완전히 빗나갔다. 교사아카데미는 그동안 내가 옳다고 믿었던 생각에 조금씩 균열을 일으켰고, 끊임없이 질문하게 만들었다. 100시간의 교사아카데미가 진행됨에 따라 나의 생각과 나의 인권 수업, 그리고 학생들의 모습을 다시 바라보게 되었다.

연민에서 공감으로

민주시민교육과 인권교육이 강조되면서 많은 교사들이 수업 시간에 다양한 인권 침해 사례를 보여 주며 이들의 아픔과 고통도 함께 알려 준다. 그리고 기부를 하거나 공공기관에 민원을 제기하는 등 이들을 돕기 위한 활동을 실천으로 옮기도록 지도한다. 교사들은 이런 교육을 통해 학생들이 자기 목소리를 내는 사회참여를 경험하고, 민주시민 역량을 강화하는 인권 수업을 했다고 자부한다. 학생들도 기부와 사회참여를 통해 살기 좋은 세상 만들기에 기여했음을 뿌듯해 한다.

이러한 인권교육을 받은 학생들은 인권을 침해받는 대상을 보며 불쌍하다는 동정심을 갖게 된다. 은연중에 내가 그 대상에 속하지 않았다는 사실에 안도감을 느끼기도 할 것이다. 또한 차별과 혐오를 단편적인 현상으로만 이해하는 경향을 보인다. 그래서 같이 슬퍼해 주는 것에 그칠 뿐, 상황 자체를 해결하기 위한 고민이나 노력을 하지 않는다. 즉 학생들은 인권 침해를 당하는 사람을 불쌍하다고 여겨 돕기는 하지만, 그와 나는 다른 세상에 속한 '타자'일 뿐이다. 지금까지 학교에서 가르쳐 온 인권교육은 이렇듯 연민이라는 감정이 중심이 된 접근이었다. 이 같은 인권교육은 혼자서 문제의 일부분을 한시적으로 완화하는 데 그치는 수많은 개인을 만들어 낼 뿐이다.

그러나 인권의 역사는 투쟁의 역사이며, 각자가 중요하게 생각하는 가치 간의 대립과 충돌의 결과가 인권임을 미처 생각하지 못했다. 교사의 역할은 어떤 권리가 더 중요하고 덜 중요한지 일방적으로 가르치는 것이 아니다. 학생들이 주어진 상황에서 스스로 판단하고, 자신이 중요하게 생각하는 가치를 찾도록 하는 교육이 인권 감수성을 신장시키는 교육이라는 것을 교사아카데미에서 배울 수 있었다.

인권이 침해받는 상황을 목격했을 때 나와는 별개의 일로 인식하고 동정할 것이 아니라, 나에게도 언제든지 일어날 수 있는 일임을 인지하고 함께 분노하여야 한다. 또한 그 상황을 만든 사회 구조와 권력관계까지 바라볼 수 있는 넓은 시야를 가지도록 이끄는 인권교육이 이루어져야 한다. 인권 문제를 이렇게 접근하면 문제 해결 방안 역시 개인 차원의 노력에 그치지 않고 함께 연대하여 대응하는 방식으로 변화하게 된다.

지금까지의 인권교육은 연민의 감정을 중심으로 한 인권 감수성 개발에 초점이 맞추어져 있었다. 하지만 이제는 공감에 기반한 인권교육을 해야 할 때다.

3. 어떻게 가르쳐 왔는가

교사아카데미가 진행될수록 연민이 아닌 공감의 눈으로 상황을 바라보게 되었다. 타인과 내가 별개가 아닌 같은 존재이기에, 연대 의식을 갖고 함께 분노하며 문제를 해결해야 함을 깨달았다. 그리고 지금까지 내가 학생들을 어떻게 가르쳐 왔는지 나의 수업을 되돌아보게 되었다. 부끄럽지만 당시에는 아주 잘하고 있다고 생각했던 수업 사례 몇 가지를 소개하고자 한다.

자선을 가르친 인권 수업

초임 시절 6학년 담임교사를 할 때 사회과에 인권과 인권 보호 단원이 있었다. 1차시에는 학생들에게 꽃 모양의 학습지를 나누어 준 뒤, 꽃잎에 자신이 소중하게 생각하는 권리 3가지를 적도록 하였다. 학생들은 게임할 수 있는 권리, 실컷 잘 수 있는 권리, 놀 수 있는 권리 등 자신이 원하는 권리를 적은 인권 꽃밭을 완성하였다. 꽃밭이 완성되자마자 나는 인권 꽃잎을 구기거나 찢고, 바닥에 버렸다. 그리고 학생들에게 자신의 인권 꽃잎이 훼손되었을 때 느낀 감정을 말하게 함으로써 인권 감수성을 높이고자 하였다.

  2차시에는 그림책을 활용하여 인권을 침해당하는 사람들에 대해 알아보았다. 모둠별로 이야기 속 주인공을 한 사람씩 정한 후, 인권이 침해된 가상의 상황을 일기로 쓰도록 하였다. 일기의 한 장면을 교육 연극기법인 정지 장면(tableau)으로 표현하여, 나머지 학생들이 어떤 상황인지 맞추는 활동을 했다. 이후 일기 속 인권 침해 상황에 대한 설명을 듣고, 내가 일기 속 주인공을 위해 할 수 있는 일에 대해 토의하였다. 토의한 내용을 바탕으로 인권 보호를 위해 내가 실천할 수 있는 일을 또 다른 꽃 모양 학습지에 적어 망가진 인권의 꽃밭을 다시 꾸미는 활동을 진행하였다.

수업 당시에는 학생들이 아동, 여성, 저소득층, 다문화 가정, 장애인 등 소외 계층에 관심을 갖고, 그들을 도울 수 있는 다양한 방법과 스스로 할 수 있는 일까지 생각해 보는 의미 있는 수업이라고 생각했다.

그러나 교사아카데미에 참여하면서, 이 수업이 소외 계층을 도와주는 자선에 초점이 맞춰져 있었다는 것을 깨달았다. 이미 모든 것을 가지고 있는 기득권자의 입장에서 불쌍한 사람들을 동정하고 도와주는 시혜적인 행동을 학생들에게 주입한 것이 아닌가 하는 생각에 아찔해졌다. 학생들은 소외 계층이 왜 도움을 받아야만 하는 입장이 되었는지, 그런 상황에 놓이게 된 사회 구조나 권력관계에 대해서 생각할 기회를 갖지 못했다. 인권 보호를 위한 실천 약속을 적은 꽃 학습지가 교실 한쪽을 예쁘게 꾸미는 종잇조각 이상이라고 자신 있게 말할 수 있을까?

'한국에서 태어나서 다행이야'

몇 년 뒤 옮긴 학교에서 일주일간 6학년 보결 수업을 들어가게 되었다. 마침 학생들은 인권과 평화 프로젝트 수업을 준비하던 중이었다. 당시 이슈였던 시리아 난민 어린이 크루디의 죽음을 접하며 난민의 생존권과 아동권에 관심이 생겨 이를 소재로 수업을 진행하였다.

우리 역시 일제 강점기나 한국 전쟁으로 난민이던 시절이 있었고,

다른 나라의 도움을 받아야 하던 때가 있었다. 그러나 학생들은 전쟁의 아픔을 직접 겪지 않았기에 전쟁을 비롯한 다양한 이유로 늘어나는 난민을 우리와는 별개의 존재로 생각하는 경향이 있었다. 그래서 현재 세계 곳곳에서 계속되는 전쟁으로 인한 어린이들의 참상 자료와 한국 전쟁 당시 가난과 기아에 허덕이던 우리나라의 어린이 사진을 함께 보여 주며, 별반 다르지 않음을 알려 주었다. 또한 전쟁으로 인한 고통과 아픔이 지금까지 이어져 오고 있음을 느낄 수 있도록, 1983년의 이산가족 찾기 생방송을 모티브로 한 활동도 함께 진행하였다. 학생들은 활동을 통해 현재도 전쟁이 계속되고 있는 나라들이 많으며 살기 위해 조국을 떠나야만 하는 난민들이 있다는 것을 배웠다. 그리고 전쟁과 박해를 피해 목숨을 걸고 먼 길을 온 난민들에게 필요한 인권은 무엇인지 생각해 보았다.

2차시에는 아동권으로 범위를 좁혀 유엔아동권리협약에 대해 알아보고, 40개 조항의 권리를 하나씩 살펴보았다. 그리고 그림책 『거짓말 같은 이야기』를 함께 읽으며, 이야기 속 어린이들에게 필요한 권리는 무엇일지 생각하는 활동을 진행하였다.

지하에서 하루 종일 석탄을 캐는 키르기스스탄의 어린이, 카펫 공장에서 빛도 보지 못하고 일하는 인도의 어린이, 의료 시설이 없어 말라리아에 걸려 죽어 가는 우간다의 어린이, 큰 지진으로 고아가 된 아이티의 어린이, 9살에 전쟁터에 끌려가 마음의 병을 앓고 있는 콩코의 어린이 등 아동 노동력 착취 사례를 모둠별로 하나씩 정해 그 어린이에게 가장 필요한 인권이 무엇인지 유엔아동권리협약을 보면서 토의했다.

토의 후, 해당 어린이에게 필요한 권리를 보장하기 위해 유엔아동권리협약의 40개 조항을 바탕으로 아동 권리 경매 활동을 진행하였다. 정해진 금액만으로 권리를 구입해야 하기 때문에 40개의 조항 중 시급하게 필요한 것이 무엇인지 우선순위를 정해야 하고, 경매에서 그 권리를 낙찰 받지 못했을 때의 대책도 세워야 하므로 학생들은 진지하게 고민하며 경매 참가를 계획하였다.

아동권을 보장받지 못하는 어린이를 위한 카드 뉴스도 만들었다. 현재 처해 있는 상황과 필요한 권리가 무엇인지, 왜 그렇게 생각하는지 이유를 적어 전시하고, 서로의 작품을 감상하며 자유롭게 의견을 나눴다.

수업을 기획한 의도대로 학생들은 난민과 고통받는 세계 아동들에게 관심을 가졌다. 그들을 위해 자신들이 할 수 있는 일을 찾고, 성금을 모금하여 난민을 돕는 단체에 기부도 하였다.

풍족한 삶을 사는 요즘 학생들이 인권 문제를 자신의 삶과는 별개로 인식하는 경향이 있다는 문제의식을 갖고 구성한 수업이었다. 좁게는 나의 삶 속의 작은 차별도 인권 침해가 될 수 있고, 넓게는 전 세계로 시야를 확장해 바라봐야 함을 일깨우고자 하였다. 다양한 관점에서 바라봄으로써 인권 문제가 결코 나와 상관없는 남의 이야기만이 아님을 생각할 수 있도록 하고자 하였다.

하지만 지금 돌이켜 생각해 보면, 이 수업 역시 과거 우리나라가 다른 나라의 도움을 받았던 것처럼 이제는 너희도 어려운 난민을 도와야 한다는 시혜적인 관점을 주입한 것이 아닌가 하는 후회가 든다. 또한 학생들에게 은연중에 너희는 저들 나라에 태어나지 않은 것에 감사해 하고, 불쌍한 아이들을 도와주어야 한다는 연민의 관점으로 인권 교육을 했다는 반성을 하게 된다.

4. 어떻게 가르쳐야 하는가

다시 생각하는 인권교육

교사아카데미에 참여하고 내 수업을 돌아보면서 인권교육의 목표가 무엇일까 생각해 보았다. 일본의 인권학자 우치다 다쓰루는 인권교육을 "사회가 무의식적으로 배제하는 것을 시야 안으로 들어오도록 만들어 인권 감수성을 빚어내는 일"이라고 하였다.

인권 감수성은 인권 문제나 그 징후를 감지하고, 그에 반응하는 민감성을 의미한다. 또한 인권 감수성은 문제상황을 제3자의 입장에서 나와는 별개의 문제로 생각하고 동정하여 인정을 베푸는 연민의 감정이 아니다. 함께 분노하고, 이러한 상황이 생기게 된 구조적 문제를 해결하기 위해 고민하고 실천하는 공감의 감수성에 기반해야 한다.

따라서 인권교육의 1차적인 목표는 학생들을 인권이 침해당하는 문제상황에 대응하여 변화를 가져올 수 있는 인권 감수성을 가진 사람으로 키우는 것이다. 이런 인권 감수성을 가진 사람들이 연대하여, 모든 사람이 인간으로서 존엄과 가치를 인정받고 차별과 편견으로부터 자유로운 친인권적인 사회를 만들도록 하는 것이 2차적인 목표이다. 인권교육의 목표를 달성하기 위해서는 단순하게 인권의 종류가 무엇인지 아는 것에서 그쳐서는 안 된다. 인권에 대한 지식을 바탕으로 인권 감수성을 기르고 실천까지 할 수 있도록 하는 교육이 이루어져야 한다.

교사아카데미 100시간 교육을 이수하며, 인권교육의 방향에 대한 생각이 바뀐 나는 용기를 내어 다시 인권교육을 해 보기로 했다.

우선 인권의 개념, 인권 침해의 현실과 구조적 배경, 권력관계에 대한 지식을 학생들에게 가능한 한 풍부하고 정확하게 전달해야겠다고 생각했다. 수업을 위해 참고한 이은진의 『인권 수업』에서는, 인권에 대한 지식 전달 활동으로 「세계인권선언」이나 「아동권리협약」을 미술과 연계하여 각 조항의 의미를 알려 주는 픽토그램, 포스터 그리기, 권리 카드를 활용한 토론 등을 소개하고 있었다.

어린 나이일수록 공감을 기반으로 한 인권 감수성을 기르는 것이 중요하다. 그래서 학생들의 일상과 관련된 소재와 주제를 선택하고, 공감대 형성을 위한 프로그램을 활용하여 인권 수업에 학생들의 이야기가 녹아들 수 있도록 하였다. 이를 위해서 교사는 학생들의 눈으로 주변을 살피고 관심을 가져야 한다.

인권교육이 효과를 거두기 위해서는 어떤 기법을 활용할지에 대한 고민도 필요하지만, 무엇보다 중요한 것은 교사가 열린 마음으로 학생 인권을 존중하는 태도를 갖는 것이다. 존중받은 경험이 있는 사람이 타인을 존중할 줄 안다. 마찬가지로 담임교사와 학급 친구들에게 존중받은 경험이 있는 학생이 타인의 인권을 존중할 수 있다. 아울러 인권 문제를 다룰 때 교사의 의견을 강요하지 않고, 학생들이 사안을 쟁점으로 바라보고 스스로 질문과 토론을 통해 학습할 수 있도록 하여야 한다.

2021년에는 초등학교 1학년을 지도하게 되었다. 2020년 교사아카데미 100시간 중 전반부인 50시간 철학 연수를 이수하고, 이제 인권교육을 제대로 해 보겠노라고 야심차게 다짐하였다. 그런데 한글도 제대로 읽고 쓰지 못하는 1학년 학생들을 맡게 되다니. 처음에는 병아리 같은 1학년 학생들과 어떻게 인권 수업을 할지 막막했다.

그래서 나의 '다시 하는 인권교육' 원년의 목표를 소박하게 잡았다. 인권이 무엇이고, 권리가 무엇인지, 감수성은 무엇인지 전문 용어 중심의 지식 전달은 줄이고, 학급 안에서 학생들이 존중받는 경험을 할 수 있는 데 중점을 두었다. 교육과정 안에서 거창하게 프로젝트 수업을 계획하기보다, 학생들 주변에서 일어나는 소소한 갈등 상황을 해결하는 과정을 통해 인권교육의 관점을 자연스럽게 체험할 수 있도록 하였다.

내가 다시 시도한 인권교육 역시 완성된 것은 아니다. 이것이 인권교육의 정석이라고도 감히 말할 수 없다. 그러나 교사아카데미 이전의 수업과는 다른 관점에서 수업을 진행하니 학생들의 반응과 결과물에서 차이를 느낄 수 있었다. 몇 가지 사례를 다음에 소개하고자 한다.

아동 노동 다시 바라보기

현재 근무하고 있는 학교는 동아시아시민교육 거점학교로서 동아시아에서 일어나는 다양한 주제 중 한 가지를 정해 매월 동아시아시민교육을 실시하고 있다. 3월 주제는 '아동 노동, 공정무역'이었다. 이번에도 아동의 권리를 보장받지 못하는 다양한 사례가 제시된 그림책 『거짓말 같은 이야기』와 참고 자료를 읽어 주었다. 역시나 학생들은 아동권을 보장받지 못하는 어린이들이 불쌍하다는 연민의 감정을 바로 보였다.

"불쌍해요."
"안됐어요."
"너무 배고플 것 같아요."
"거짓말 같아요."
몇몇은 큰 충격을 받았는지 얼굴 표정이 일그러졌다.

예전의 나였더라면 학생들의 이러한 감정을 놓치지 않고 다음의 질문을 이어 갔을 것이다.

"그러니 우리가 도와주어야겠지? 어떻게 도와주면 좋을까?"

"저런 나라에 태어나지 않은 걸 감사히 생각하고, 부모님과 선생님 말씀을 잘 들어야겠지?"

그러나 이번에는 질문을 바꿔 보았다.

"왜 이 아이들은 이런 상황에 놓이게 되었을까? 이 아이들은 왜 힘들게 카카오 열매를 따야만 할까?"

질문을 바꾸니 학생들의 대답과 이어지는 생각에도 차이가 생겼다.

"가난해서요."

"돈을 조금밖에 못 벌어서 온 가족이 다 일해야 하는 거 아니에요?"

"우리가 초콜릿을 너무 많이 먹어서 저 아이들이 열매를 많이 따야 하는 거 아니야?"

"그건 아니지, 어른들이 열매를 따면 되지, 왜 애들이 따냐?"

1학년 학생들끼리 나름 열띤 논의를 할 때, 질문 하나를 더 던졌다.

"얘들아, 선생님이랑 너희랑 딸기 농장에 가서 똑같이 딸기를 땄다고 생각해 보자. 딸기 농장 주인은 선생님이랑 너희 중 누구에게 일한 돈을 더 많이 줘야 할까?"

"선생님이요! 선생님은 어른이니까 더 많이 줄 거 같아요."

"그런 법이 어디 있어? 똑같이 일했으면 똑같이 줘야지?"

"원래 어른은 돈을 더 많이 받거든!"

"그럼 얘들아, 만약 너희가 딸기 농장 주인이라면 돈을 많이 줘야 하는 어른과, 돈을 조금만 줘도 마음대로 일을 시킬 수 있는 어린이 중 누구한테 일을 시킬래?"

이 질문을 하자마자 교실 여기저기서 '우와~, 나빴다!'라는 소리가 연신 들려왔고, 그 딸기 농장에서 딸기를 사 먹으면 안 되겠다는 이야기까지 나왔다.

학생들은 제 나름대로 아이들이 일을 해야만 하는 상황과 사회 구조에서 문제의 원인을 찾으려 하였고, 대응 방식에도 변화를 보였다. 예전에는 그 아이들이 불쌍하니 아이들을 위해 기부를 하거나, 아이들이 용기를 낼 수 있게 편지를 써 주자는 방안이 주를 이루었다. 하지만 이번에는 아이들의 값싼 노동력을 이용해서 만든 상품을 구입하지 않겠다는 이야기가 학생들의 대화 속에서 자연스럽게 나왔다.

이참에 학생들에게 공정무역에 대해서도 소개하고 싶었지만, 공정무역은 무조건 좋은 것이라는 고정 관념을 주입하게 될까 우려되어 설명을 멈췄다. 대신 학생들이 볼 수 있도록 『공정무역, 행복한 카카오 농장 이야기』 등 공정무역을 다룬 그림책 몇 권을 교실에 비치하였다.

며칠 뒤, 동아시아시민교육의 일환으로 학교 급식에서 '공정무역 초콜릿 우유'가 나왔다. 교실에 둔 그림책에서 공정무역이라는 말을 이미 접한 학생들이 '어, 나 이 말 그림책에서 봤는데!' 하며 알은체를 하자, 더 많은 학생들이 그림책에 관심을 보였다. 자연스럽게 학생들에게 공정무역에 대해 설명할 기회가 생겼다.

학생들에게 공정무역에 대해 알려 주고, 공정무역을 통해 마을에 안정적인 수입이 생기면 마을 공동 우물과 학교 등의 필요 시설들을 마련한다는 것을 설명해 주었다. 그러자 한 학생이 이렇게 중요한 사실을 우리만 알고 있으면 안 된다며 집에 가서 가족에게 꼭 알리겠다고 말했다. 다른 학생들도 서로 경쟁이라도 하듯 친척에게 말하겠다, 학원 친구에게 말하겠다, 옆 반 친구한테 알려 주겠다고 하였다. 작은 변화지만 학생들의 달라진 모습에 보람을 느끼고, 다른 인권 수업을 할 용기도 얻을 수 있었다. 질문만 살짝 바꾸었을 뿐인데 학생들의 반응이 이렇게 바뀔 수 있다는 것이 놀라웠다.

장애인과 비장애인 구분이 사라지다

4월 20일, 장애인의 날에는 대부분의 학교에서 장애인의 날 교육을 실시한다. 저학년 학생들은 관련 영상을 보고, 장애 체험을 직접 해 본다. 눈을 가리고 시각 장애인이 되어 보거나 의자에 몸을 고정하는 등의 방법으로 지체 장애인의 입장이 되어, 그들의 불편함과 어려움을 체험해 보는 활동이다. 활동이 끝나면 학생들은 "장애인이 되어 보니 힘들고 불편해요. 그러니까 장애인을 만나면 도와줘야 해요."라고 느낀 점을 말한다. 천편일률적인 활동과 뻔한 답을 말하고 나면 수업이 마무리된다.

장애인의 날 교육을 매년 반복하면서, 장애는 신체적인 장애만 있는 것이 아닌데 왜 한정된 장애 체험만을 하는 것인지 의문이 생겼다. 그리고 항상 장애인을 도움을 받아야 하는 연민의 대상으로 교육하는 것에 대한 문제의식을 갖게 되었다.

그래서 2021년 장애인의 날에는 배리어 프리(barrier free)와 보편적 설계(UD, universal design)에 초점을 맞춰 새로운 교육활동을 계획하였다. 먼저 학생들에게 한글 자막이 없는 단편 애니메이션을 보여 주었다. 자막이 없어도 내용을 이해하는 데 어려움이 없는 지체 장애인에 관한 애니메이션이었지만, 학생들은 한글 자막이 없는 것에 불편함을 느꼈다.

"한글 자막이 없어서 장애를 느꼈나요?"

"아니오. 그냥 불편할 뿐이에요. 우리는 장애인이 아니에요!"

"여러분의 그 불편함이 장애인 거예요."

이어 모든 사람들의 불편함을 최소화하기 위해 물리적, 제도적 장벽을 허물자는 배리어 프리 운동과 모두를 위한 디자인인 보편적 설계에 대한 필요성을 설명해 주었다. 다행히 2020년 개교한 우리 학교 건물은 배리어 프리 인증을 받아서, 학생들이 그 예를 쉽게 접할 수 있었다. 학생들에게 학교 안에서 배리어 프리가 적용된 곳을 찾아보는 활동을 제안했다.

모둠별로 태블릿 PC를 받은 학생들은 신이 나서 학교 이곳저곳을 누비며 사진을 찍어 왔다. 각 교실에 붙어 있는 점자 안내판, 계단과 화장실 앞의 점자 블록, 휠체어에 앉아서도 쉽게 누를 수 있는 높이의 엘리베이터의 버튼, 휠체어가 쉽게 드나들 수 있도록 넓게 설계된 교실 출입문, 손을 쓰지 않고 팔꿈치로도 여닫을 수 있는 손잡이, 청각장애인용 화재경보기 등 교사인 나도 미처 생각지 못했던 부분까지 찾아와 발표를 하였다.

학생들의 발표를 통해서 학교 내에 휠체어 보행에 방해가 되는 턱이 없다는 사실도 처음 알게 되었다. 학생들은 숨은그림찾기 하듯 학교 곳곳에서 배리어 프리가 적용된 곳을 찾아, 이래서 편하고 저래서 좋다는 이야기를 재잘대었다.

교실 출입문이 넓어 휠체어를 탄 사람도 쉽게 드나들 수 있어서 좋다고 발표하는 학생에게 기회를 놓치지 않고 질문을 던졌다.

"휠체어 타는 사람에게만 좋은데 왜 이렇게 바꿨을까요? 우리 학급에는 휠체어를 타는 친구가 없잖아요?"

"아니에요. 우리들한테도 좋아요. 교실 문이 넓으면, 오고 갈 때 친구들이랑 부딪히지 않아서 좋아요."

"맞아요. 지난번 커다란 수학 교구 상자도 한 번에 쏙 들어왔어요."

"바람이 잘 들어와서 더 시원해요."

어느 순간 학생들의 이야기 속에서 장애와 비장애를 구분하는 말이 사라져 있었다.

며칠 뒤 쉬는 시간에 학생들 몇몇이 휴대폰을 보며 무언가에 대해 이야기를 나누고 있었다. 무슨 일인지 물어보니, 한 학생이 집에 가는 길에 학교에서 본 노란색 점자 블록이 보여서 재미 삼아 이를 따라가 봤다고 한다. 그런데 버스 정류장 앞에서 점자 블록이 갑자기 끊어졌고, 또 다른 정류장 앞에는 점자 블록이 잘못 부착되어 있었다고 한다. 위험해 보여서 개선을 요청하려고 사진을 찍어 왔다며, 친구들에게 혹시 이런 곳이 또 있는지 방과 후에 찾아보자는 이야기를 하던 중이라고 하였다.

예전 같았으면 "그게 너희들하고 무슨 상관이 있다고 그러니?", "위험하니 학교 끝나면 바로 집에 가야지.", "학교에서는 휴대폰을 꺼야지." 등 잔소리를 늘어놓았을지도 모른다. 그러나 진지한 눈동자로 말하는 학생들의 모습에 '이것이 교육의 힘이구나.' 하는 생각이 들었다.

우리 반 학생들은 더 이상 장애인과 비장애인을 구별하여 말하지 않는다. 가난한 나라에서 노동력을 착취당하는 어린이들을 연민의 시선으로만 바라보며 동정하지도 않는다. 왜 그런 상황이 생겼는지 원인을 생각해 보고, 함께 해결할 수 있는 방안을 고민한다. 그 고민이 소수의 몇몇만을 위한 것이 아니라, 나를 포함한 우리 전체를 위해 필요한 일임을 우리 반 학생들은 이미 체득하였기 때문이다.

5. 공감의 인권교육을 위하여

인권교육에는 정답이 없다. 인간이 가져야 하는 당연한 권리를 인권이라고 말하지만, 인권의 개념과 범위는 시대에 따라 유동적으로 변해 왔다. 시민혁명을 통해 자유권과 평등권이 생겼고, 영국의 차티즘 운동으로 노동자의 참정권이, 산업혁명 이후에는 사회권 개념이 생겨났다. 오늘날은 연대권이 강조되고 있다.

시대가 변함에 따라 인간이 가져야 하는 당연한 권리는 변화하고 있으며, 다양한 양상의 충돌은 계속 일어나고 있다. 따라서 인권교육은 인권이 옳고 중요한 권리이니 꼭 보장해야 한다는 원론적인 강조로는 부족하다. 오늘날의 인권교육은 일상생활에서 일어나는 여러 문제들을 인권 차원에서 이해하고 행동할 수 있는 인권 감수성을 기르는 데 초점이 맞춰져야 한다. 이때 어떤 철학과 가치에 기반하여 판단할지는 학생 스스로 고민하고 찾아 가도록 도와야 한다.

연민을 바탕으로 한 기존의 인권교육은 문제의 원인을 찾지 못한 채 대상에 대한 동정만을 불러일으키고, 해결책도 자선과 시혜에 머물 수밖에 없었다. 인권교육이 공감을 바탕으로 하는 인권 감수성으로 나아가지 못한다면 자칫 편 가르기식 혐오와 차별을 유발할 위험마저 있다.

다시 몇 년 전 급식실로 돌아가 자신의 권리를 주장하며 항의하는 남학생과 마주한다면 나는 어떤 말을 해 줄 수 있을까? 지금의 나라면 이렇게 말해 주고 싶다. 그러나 무엇이 최선일지는 계속 고민해 봐야겠다.

"예전 같았으면 어쩌다 보니 여학생들에게만 간장 소스를 주었구나 생각하고 지나쳤을 텐데, 프로젝트를 계기로 양성평등에 어긋난다는 생각을 하고, 문제 제기까지 하는 용기를 냈구나. 참 대견하다. 그런데 「세계인권선언」에서는 나의 권리와 자유를 위해 다른 사람의 권리와 자유가 침해되면 안 된다고 하였단다. 지금 네 권리를 주장하는 과정에서 또 다른 누군가의 권리를 침해한 건 아닐까? 우리 이 문제를 어떻게 해결하는 것이 좋을지 함께 논의해 보는 건 어떨까?"

11장
인권이 살아 있는 토론 수업을 꿈꾸며

우성용 신명여자고등학교 교사

1. 경쟁식 토론을 시도하다

경쟁식 토론에 대한 기대와 실제

토론에 관심을 갖게 된 것은 2007년도부터이다. 교사 5년 차에 접어들면서 강의를 하는 교사와 이를 청취하는 학생이라는 수업 구도에 식상함을 느끼며 출구를 찾던 중, 토론 연수에 참여하게 되었다. 혹시 토론이 돌파구가 되어 주진 않을까 하는 기대감이 생겼다. 학생들이 자신의 주장과 근거를 가지고 토론 수업에 열정적으로 참여한다면 명실상부한 수업의 주체가 될 수 있지 않을까. 아울러 다른 학생과의 토론을 통해 타인의 생각을 받아들이고 공감하면서 서로를 존중하게 되는 긍정적인 효과까지 기대하였다.

　토론 연수에서 다루는 토론은 대부분 경쟁식 토론이었다. 연수를 들으며 경쟁식 토론이 학생들의 승부욕을 자극하여 수업에 적극적으로 참여시킬 수 있을 거라는 생각이 들었다. 학생들은 경쟁식 토론에서 승자가 되기 위해 설득력을 갖춘 주장과 논거를 준비할 것이고, 이 과정에서 해당 논제와 관련된 깊이 있는 학습을 할 수 있을 것이다. 설령 경쟁식 토론에서 패한다 하더라도, 상대방의 주장과 근거를 인정하는 자세를 갖게 될 것이라 생각했다. 또한 패배의 원인을 분석하여 다음에는 더 철저한 준비를 하는 전화위복의 계기가 될 것이다.

이런 기대감을 갖고 학생들과 경쟁식 토론 수업을 진행하였다. 수업에 참여한 학생들은 찬반 진영으로 나뉘어 열띤 토론을 벌였다. 그런데 생각지 못한 문제들이 발생했다.

일단 학생들이 토론에 임하는 목적은 오로지 상대를 이기는 것이었다. 그래서 논제와 관련된 다양한 관점의 주장들보다는, 상대방을 이길 수 있는 논거의 주장만을 내세웠다. 때로 승부를 내는 데 불리한 생각들은 그 가치와 무관하게 가볍게 폐기 처분을 당했다. 학생들은 나날이 매서운 공격수로 변해 어려운 근거를 갖춘 주장으로 상대방을 몰아붙일 준비를 하였다. 상대를 옴짝달싹 못하게 할 주장과 근거를 준비한 학생이 역량 있는 학생이었고, 상대의 주장에 대해서는 어떻게든 허점을 찾기 위해 무조건 비판적으로 접근하였다.

또 다른 문제는, 바로 원치 않는 생각 강요였다. 찬반 양 진영을 동수로 하려다 보니, 제비뽑기 등의 무작위 배정 방법에 의존하게 되었다. 그 결과 해당 논제에 대해 찬성 입장인 학생이 제비뽑기에 의해 반대 진영에 속하게 되면, 정반대의 입장을 주장해야 하는 역설적인 상황도 심심찮게 발생했다. 때로는 논제에 찬성하는 학생이 반대 입장에, 반대하는 학생이 찬성 입장에 서서 자신의 의견과 반대의 입장을 강변하는 부자연스런 상황도 연출되곤 했다.

토론 전에는 같은 반 학생들 사이에서 치열한 신경전이 벌어져 담임 교사도 부담스러워할 만큼 팽팽한 긴장감이 흘렀다. 토론 수업이 끝나고 난 뒤에는 더욱 부담스러운 상황이 전개되기 일쑤였다. 토론에 패한 학생이 승자의 주장에 공감하거나, 상대의 토론 준비 과정을 배우고자 하는 자세는 거의 찾아볼 수 없었다. 패배했다는 사실에 크게 상심하여 토론에 참여한 것 자체를 후회하는 학생도 있었다. 팀 간 경쟁식 토론일 경우, 자신 때문에 속한 팀이 패배했다고 생각하여 친구들에 대한 미안함으로 눈물을 보이는 학생들도 있었다. 승자들은 승자들 나름대로 경쟁식 토론에서 격렬한 논쟁을 벌인 친구들에 대한 미안함으로 후유증을 겪었다. 서로의 생각 차이를 인정하고 존중하게끔 하고자 했던 토론의 긍정적인 목적은 사라지고 감정적인 서먹함만이 남았다.

학생들 간의 토론은 양측 주장과 근거가 모두 대등한 가치를 가진 경우가 많아 사실상 승부를 가리기 어려울 때가 많다. 그럼에도 나는 연수 때 배운 채점 방식에 따라, 양측의 생각에 점수를 매겼다. 어쩌면 토론에서 가장 설득력이 부족했던 사람은, 토론에 대한 평가를 수치화하여 승패를 결정짓는 교사인 바로 나 자신이었을 것이다. 승자도 패자도 결과에 대해 오롯이 수긍하기 힘든 상황이 자주 연출됐고, 청중들은 말없이 지켜보다 패자를 위로하는 역할에 그쳐야 했다.

경쟁식 토론을 돌아보다

토론 수업을 마친 어느 날 텅 빈 교실에 홀로 남은 나는 생각에 잠겼다. '내가 경쟁식 토론을 제대로 활용하지 못해서 이런 문제가 생긴 것일까? 교육청을 포함한 많은 기관들이 사용하는 공인된 토론 방식인데 무엇이 문제일까? 경쟁식 토론의 이론상 순기능을 잘 활용할 수 있도록 수업 설계를 다시 하면 해결되지 않을까?' 등등 다양한 생각이 들었다. 토론 수업의 문제점이 해결되지 않는다면, 학생들은 토론 수업에 참여하는 것 자체를 부담스러워할 것이 자명한 상황이었다. 분명 무언가가 잘못되었다. '그 무언가가 혹 경쟁이라는 요소인가?' 꼬리에 꼬리를 문 고민 끝에 결국 경쟁이라는 요소에 주목하게 되었다.

토론식 수업을 처음 시작할 때, 학생들에게 사회는 설득하는 사람의 생각대로 움직인다며 설득의 중요성을 강조하였다. 그리고 설득력을 갖추기 위한 연습으로 경쟁식 토론을 제안하였다. 그러나 그럴듯한 명분을 가지고 시작된 경쟁식 토론 수업에서 학생들이 무엇을 얻고, 무엇을 잃었는지 진지하게 되묻지 않을 수 없었다.

가장 아쉬운 점은 경쟁식 토론 수업이 학생들로 하여금 생각에 우열이 있다고 믿도록 만든 것이다. 토론 상대를 공존의 대상으로 바라보고 존중하기보다는, 그들의 주장과 근거가 자신보다 못하다는 것을 입증하기 위해 비판하고 깎아내리는 데만 치중했다. 그 때문에 토론에 참여한 학생들 중 상당수가 토론장에 나서는 것에 대한 두려움을 호소했다. 토론에 참여만 하면, 서로 생각의 차이를 인정하고 공존하는 법을 배우게 될 거라는 기대는 큰 착각이었다.

토론에서 경쟁적 요소가 지배적일 경우 나타나는 가장 큰 부작용은 자신의 생각과 존재 자체에 대한 자신감이 저하되는 것이다. 나는 인간의 존엄성을 바탕으로 하는 민주주의를 가르치는 사회 교사인데 오히려 자존감을 저하시키고 있다는 사실에, 차라리 토론을 하지 않는 것이 나을지 많은 고민이 되었다.

하지만 서로의 생각을 나눌 수 있는 토론이라는 장에 대한 미련은 쉽게 버려지지 않았다. 그래서 나 스스로에게 과제를 주었다. 어떻게 하면 경쟁식 토론의 부작용을 최소화하고, 토론의 이상적인 효과를 거둘 수 있을까? 경쟁적 요소를 최소화하고 서로를 존중하며 토론을 진행할 수는 없을까? 토론 방식 자체가 아니라 다른 것에 문제가 있는 것은 아닐까? 정리되지 않은 생각을 안은 채 그 실마리를 찾고자 했다.

2. 새로운 토론을 위한 만남들

만남1. 교사아카데미와의 만남

2020년 우연히 교사아카데미에 참여하며 몇 권의 책과 저자, 그리고 저자의 생각들을 만나게 되었다. 특히, 프레이리와의 만남은 많은 것을 일깨워 주었다.

우선 프레이리가 말하는 '대화적 인간'에 주목하였다. 대화적 인간이란 겸손한 태도를 갖춘 존재이다. 내가 다른 사람들을 무지하다고만 여길 경우, 정작 내 자신의 무지는 제대로 인식하지 못하게 되고 대화는 불가능해진다. 대화적 인간은 세상에 완전한 바보도 완벽한 현인도 없으며, 함께 노력하여 더 많이 알고자 하는 민중만이 있다는 믿음을 가진 사람들이다. 우리가 대화적 인간이 될 때, 비로소 서로를 온전히 만날 수 있고 함께 변화를 꾀할 수 있다. 이 모든 것들은 수평적 인간관계를 전제로 대화가 진행될 때 가능한 일이다.

따라서 교사가 토론을 이끌 때에도 학생들의 승부욕을 자극하고 토론의 우열을 가리는 데 치중해서는 안 된다. 학생들이 무엇에 관해 대화하도록 할지 교사 스스로 깊이 고민해야 한다. 그리고 토론 중에는 학생들이 처한 구체적인 상황과 그에 대한 생각을 경청해야 한다.

예를 들어, 기존의 경쟁적 토론 상황이라면 교사는 A학생에게 "B학생이 말한 민족주의 관련 주장 및 근거에 대해 반박해 보세요." 하고 질문했을 것이다. 하지만 프레이리의 대화적 인간에 대해 알게 된 교사는 "당신이 경험한 민족주의란 무엇인가요? 민족주의에 관한 토론이 당신과 무슨 관련이 있나요?"라고 질문할 것이다. 이렇게 질문할 때 토론에 임하는 사람들은 비로소 주체적으로 생각하고, 자신의 생각을 편안하게 이야기할 수 있다. 이와 같은 프레이리의 사상을 접한 후에 인권이 존중받는 민주적인 토론을 다시 시도해 볼 수 있겠다는 확신이 생겼다.

프레이리는 대화적 인간에서 한 발 더 나아가, '비판적 사고를 하는 대화적 인간'이 될 것을 역설하고 있다. 비판적 사고를 하는 대화적 인간이란, 광장에서 변화를 위한 대화를 하며 현실 개혁을 꾀하는 인간이다. 여기서 비판적 사고란 "세계와 인간의 보이지 않는 연대감을 분명히 인식하고 (중략) 현실을 정태적인 실체가 아니라 과정으로서, 변화로서 파악하는 사고, 행동과 분리되지 않고 두려움 없이 과감하게 현실 속에 빠져드는 사고"를 말한다. 비판적 사고는 단순한 사고와 대비할 때 잘 이해할 수 있다. 프레이리에 따르면 단순한 사고는 오늘이라는 현실에 적응하는 사고인 반면, 비판적 사고는 현실의 지속적인 변화를 중요하게 생각하며 지속적인 인간화를 지향하는 사고이다. 대화적 인간이 서로에게 자신의 생각을 편안하게 드러내는 것에 초점을 맞춘 개념이라면, 비판적 사고를 하는 대화적 인간은 '무엇'에 관해 자신의 생각을 드러낼 것인지에 주목한다. 프레이리는 비판적 사고를 하지 않으면 진정한 대화는 성립되지 않는다고 강조했다.

교사아카데미를 계기로 프레이리를 만나 토론에 대한 입장을 재정립하면서, 비로소 인권에 대한 정의도 내릴 수 있었다. 내가 생각하는 인권이란 '나에게 영향을 미치는 것들에 대한 생각의 차이가 편안히 드러나는 광장에 있을 권리'이다. 토론은 이 광장에 대한 '상상'의 과정이며, 학교는 이런 상상을 구체화할 수 있는 대표적인 '현실'이 되어야 한다.

내가 지난 몇 년간 경쟁식 토론을 통해 구현하고자 했던 가치가 바로 이런 광장에 있다는 것을 깨달았을 때의 쾌감이란! 그 광장에서 학생들은 자신과 자신을 둘러싼 존재에 대해 자기 목소리를 솔직히 드러낼 수 있을 것이다. 이를 위해 토론은 무조건적인 경쟁이 아니라 민주적인 방식으로 진행되어야 한다. 인권이 존중받는 민주적인 토론을 학생들과 함께 시도해 봐야겠다는 생각이 들었다.

만남2. 보이텔스바흐 합의 3원칙과의 만남

교사아카데미를 만나기에 앞서, 2019년 보이텔스바흐 합의의 3원칙을 접하고 관심을 가지게 되었다. 논쟁성의 유지, 정치적 행위 능력 강화, 강제성 금지 원칙이라는 3원칙이 준수된다면, 학생들이 비판적 사고를 하며 토론에 임할 수 있을 것으로 기대했다.

첫 번째 원칙인 논쟁성을 유지하기 위해서 입장에 따른 견해차가 잘 드러나는 토론 주제 혹은 토론 대상 도서를 선정하여야 한다. 최근 논쟁이 되고 있는 이슈를 담고 있으면서 교육과정과 연관된 도서를 선정한다면, 토론에 대한 학생들의 관심을 높일 수 있다. 논쟁성 유지는 앞서 강조한 비판적 사고를 하는 데 있어서도 매우 중요한 원칙이다.

두 번째 원칙인 정치적 행위 능력 강화를 위한 출발점이 토론 능력 강화라고 생각하였다. 논쟁성을 갖춘 도서를 함께 읽은 후, 텍스트 관련 질문 단계에서 사회를 비판적으로 바라보고 어떻게 변화를 꾀할 수 있을지 이야기 나눴다. 이를 바탕으로 학급 및 학교의 다양한 의사결정과 활동에 참여하고, 나아가 사회 활동에 적극적으로 참여하는 시민이 되도록 이끌었다.

마지막 원칙인 강제성 금지 원칙을 토론에 접목하는 데는 적잖은 고민이 필요했다. '만남3'에서 소개할 이야기식 독서 토론 절차 중 일부인 '독서를 바탕으로 한 발문 만들기'에서 학생의 독립성을 최대한 존중하려고 노력했다. 즉, 교사나 동료 학생들의 가치관이 발문 내용에 영향을 미치지 않도록 주의했다. 하지만 민주주의 기본 이념인 인간의 존엄성, 자유, 평등 등에 어긋나는 가치관이 담긴 발문은 평가 단계에서 문제점을 지적하고, 반인륜적인 주장을 근거로 한 발문 작성자는 토론에서 제외시켰다.

만남3. 이야기식 독서 토론과의 만남

이야기식 독서 토론은 반원 형태로 둘러앉아 선정된 도서를 중심으로 토론하는 방식이다. 이 토론은 도서에서 추출된 찬반 대립 논제를 다룰 수도 있지만, 토의 형식의 논제를 다루는 비경쟁식 토론으로 진행할 수도 있다. 이야기식 독서 토론 방법을 접한 것은 사단법인 전국독서새물결모임을 통해서였다. 처음 이 토론을 배웠을 때만 해도 그 가치를 제대로 알지 못했으나, 경쟁식 토론을 시도해 보고 보이텔스바흐 합의 3원칙, 교사아카데미 등을 경험하면서 이야기식 독서 토론의 가치를 재발견할 수 있었다.

이야기식 독서 토론 방법은 민주시민교육에 활용하기에 적절하다. 우선 반원 형태의 대형부터 대립적이지 않다. 팽팽한 긴장감 속에서 서로를 이겨야 할 상대로 바라보는 것이 아니라, 차이를 편안하게 드러낼 수 있는 동료로 만날 수 있게 한다. 참가자들은 아이스 브레이킹 시간에 자기소개 등을 하면서 서로에 대해 친근감을 갖게 된다. 발언권은 원하는 모두에게 주어진다. 다른 사람들의 의견을 비판하고 반대하기에 급급한 경쟁식 토론과 달리, 다른 토론자들의 의견에 동의하거

자료1. 이야기식 독서 토론 절차

순서	시간	의미
진행 안내	3분	축제의 성격임을 강조
자기소개	5분	긴장 완화, 서로에 대한 친밀감 생성
대상 도서 소개	3분	대상 도서 선정 이유, 대상 도서를 통해 우리가 고려해야 할 사항 등을 간략히 소개하기
배경지식 말하기	15분	자신이 처한 상황이나 경험을 바탕으로 생각하여 말하면서 긴장감 해소에 기여
텍스트 내용 토론	25분	텍스트 내용에 대한 비판적 사고력을 발휘할 수 있는 기회 제공
텍스트 관련 토론	35분	본문 내용을 자신의 삶, 사회 문제 등과 연관 지어 자신의 생각을 말하고 자신의 가치관이나 세계관 이야기하기
독서 토론 소감	5분	비경쟁식 토론을 통해 배우고 느낀 점 말하면서 토론의 가치를 공유하기
학생 상호평가 및 교사 평가	4분	서로의 생각을 칭찬하며 모두의 생각이 존중되는 장으로서 마무리하기
친구 맺기 및 마무리 인사	5분	

나 보완하는 발언을 더 자주 만날 수 있다. 토론 후 친구 맺기 과정이 포함되어 있어 독서를 매개로 처음 만난 사람과도 친밀한 인간관계를 맺을 수 있다.

이야기식 독서 토론은 앞서 언급했던 프레이리의 비판적 사고를 하는 대화적 인간의 자세를 익히는 데 효과적이다. 우선 도서에서 추출한 논제에 대한 답을 자신의 상황이나 경험을 바탕으로 생각하여 말함으로써 대화적 인간의 토대를 마련할 수 있다. 이보다 더 중요하다고 할 수 있는 비판적 사고는 각자가 생각하는 책의 핵심 내용을 소개하는 발문을 추출하고 이에 대한 답을 생각해 보는 과정에서 형성된다. 학생들은 이야기식 독서 토론 절차 중 '텍스트 내용 토론' 단계와 '텍스트 관련 토론' 단계에 해당하는 발문과 발문에 대한 자신만의 답을 생각하는 과정에서 비판적으로 사고하는 훈련을 하게 된다. 텍스트 내용 토론 단계에서는 책에 등장하는 인물이나 텍스트에 담긴 저자의 생각에 대해 성찰하고 비틀어 보게 된다. 텍스트 관련 토론 단계에서는 본문 내용을 나를 둘러싼 사회와 연관 지어 생각하며 현실을 바라보는 시각을 갖게 된다. 이런 과정을 반복하면서, 현실을 바라보는 학생들의 관점이 바뀔 수 있다. 현실을 변화시킬 수 없는 적응해야만 하는 대상으로 생각하던 태도에서 벗어나, 자신의 생각과 실천으로 충분히 바꿀 수 있는 대상으로 인식하게 된다.

토론할 책을 교사가 선정하는 것이 강제성 금지 원칙상 고민이 된다면, 일부 학생을 선정 주체로 참여시키는 방법도 고려해 볼 수 있다. 경쟁식 토론의 특징을 이야기식 독서 토론에 가미시킬 수도 있다. 경쟁적 요소를 부분적으로 도입하더라도 주장과 반박을 의무화하지 않는다면 광장의 훼손은 일어나지 않는다. 실제 학교 경시대회에서 이야기식 독서 토론을 하면서 동료에 대한 상호평가를 접목해 본 결과 긍정적인 효과가 나타났다.

3. 새로운 토론을 시도하다

이야기식 독서 토론의 예

다음은 우리 학교에서 이야기식 독서 토론을 시도한 사례이다. 선생님들이 함께 토론 방식을 공부하고 도서 선정을 하였다. 학생들의 발문 중 우수한 발문과 교사들이 만든 발문을 함께 토론에 활용하였다.

『천국으로의 70마일』

이야기식 독서 토론의 첫 도서로 난민 문제를 다룬 『천국으로의 70마일』을 선정하였다. 인권이 국내에 한정된 것이 아닌 전 지구적인 보편적 개념임을 일깨우고 싶었다. 난민의 인권을 다룬 이 책을 통해, 학생들이 스스로 세계시민이라는 정체성을 갖고 난민 문제를 적극적으로 고민하기를 바랐다. 마침 제주도에 입국한 예멘인들이 난민 신청을 하면서 우리 사회에 큰 화두를 던진 상황이라, 학생들이 난민 문제에 더 관심을 갖고 토론에 임할 거라 생각하였다.

『천국으로의 70마일』을 매개로 한 이야기식 독서 토론은 참여 학생들과 교사들로부터 매우 긍정적인 평가를 받았다. 무엇보다 경쟁식 토론이 줄 수 없는 이야기식 독서 토론만의 편안함을 학생과 교사 모두 체감할 수 있었다. 학생들이 자신의 의견을 자유롭게 이야기하는 모습과 토론을 통해 함께 해결책을 찾는 모습이 인상적이었다. 또한 책

속에서 일어나는 수많은 갈등 상황에서 정의에 가까운 판단을 내리기 위해 고민하고, 서로의 생각을 나누는 과정을 통해 편협한 생각에서 벗어날 수 있었다는 평가도 나왔다. 토론이 공공의 해결책을 찾는 훈련이 될 수 있음을 입증한 셈이다. 토론을 하며 책 속의 주인공인 난민의 입장에서 생각해 볼 기회를 가진 것이 인상적이었다는 반응도 있었다. 이번 경험을 통해 예멘 난민을 수용할지 여부에 대해 좀 더 다양한 측면에서 고민을 하게 되었다고 한다.

자료2. 『천국으로의 70마일』 주요 발문과 소감

배경지식 관련 발문	1) 난민 하면 어떤 생각이 떠오르나요? 2) 주인공인 시아드와 딸 샤라를 포함해 많은 난민들이 유럽을 '천국'이라고 생각합니다. 자신이 생각하는 천국에 대해 자유롭게 이야기해 봅시다.
대상 도서와 관련된 인간 삶이나 사회 관련 발문	1) 하미드가 정의를 실현하기 위해 선택한 방법에 대해 어떻게 생각하나요? 2) 최근 우리나라 제주도에도 난민들이 입국하여 난민 신청을 하고, '난민 포비아'라는 말이 연일 방송매체에 등장합니다. 만약 여러분이 제주도민이라면, 난민 수용에 대해 찬성하는 입장인가요? 반대하는 입장인가요? 이유와 함께 이야기해 봅시다. 3) 책을 읽은 후, 자신이 달라진 점이 있다면 무엇인지 말해 봅시다.
참여 학생들의 소감	• 난민 문제에 대한 내 생각을 편안하게 이야기할 수 있고, 다른 친구들의 생각을 알 수 있었다. 난민에 대한 다양한 관점이 존재한다는 것을 알고, 나의 생각을 되돌아보는 기회가 되었다. • 책을 통해 난민의 삶에 대해 구체적으로 알 수 있었다. 특히, 그들이 얼마나 불행한지, 그리고 어떤 부분에서 도움의 손길을 필요로 하는지 알게 되었다. • 보통 독서만 하고 끝났는데, 독서한 내용을 바탕으로 토론을 한 경험 자체가 행복했다. 나의 생각을 말할 수 있다는 것이 즐거운 경험이라는 것도 새롭게 알게 됐다. 내년에도 이런 기회가 있었으면 좋겠다.

긍정적인 평가에 자신감을 얻고, 그 다음 해에도 이야기식 독서 토론을 진행하였다.

『다이어트 학교』

다이어트와 인권을 연관 지어 생각해 볼 수 있는 책 『다이어트 학교』로 이야기식 독서 토론을 진행하였다. 우리는 시각적으로 보여지는 것을 중시하는 시대를 살아가고 있다. 누군가가 만들어 놓은 미의 기준에 맞춰 자기 자신과 타인을 평가하고, 그 평가가 개인의 행복을 좌우하기도 한다. 때로는 타인의 잣대에 휘둘려 자신의 아름다움을 발견할 기회마저 빼앗기게 된다. 이는 심각한 인권 침해라고 느껴졌다. 그래서 자신의 모습 그대로가 아름답다고 느낄 수 있는 사회를 만들기 위해, 우리가 극복해야 하는 것은 무엇인지 생각해 보게끔 하고 싶었다. 또한 독서 토론 주체가 고1 학생인 것을 감안하여 학생들이 쉽게 다가갈 수 있는 주제의 책을 선정하였다. 여학생들이 다이어트에 상대적으로 관심이 많다는 점도 고려하였다.

함께 토론을 준비한 선생님들은 이 책으로 진행된 토론을 보며 이야기식 독서 토론이 학생들의 목소리를 이끌어내는 데 매우 효과적이라는 확신을 얻었다고 한다. 특히 다이어트라는 익숙한 주제로 학생들이 스스로를 돌아볼 수 있도록 기회를 제공했다는 긍정적인 평가를 낳았다. 자존감을 갖는 것이 중요하다는 원칙론적 강조를 넘어, 자존감을 높이기 위해 구체적으로 무엇을 어떻게 노력해야 하는지 고민하도록 이끌었다는 평가도 있었다. 주체적인 삶의 중요성을 알게 되고, 삶의 태도를 성찰하는 계기를 제공했다는 반응도 무척 반가웠다. 또한 우리가 무비판적으로 수용하고 있는 제도나 가치가 사회적 산물이며, 그

자료3. 『다이어트 학교』발문과 소감

배경지식 관련 발문	1) 다이어트라는 말을 들으면 가장 먼저 무슨 생각이 떠오르나요? 2) 다이어트를 해야겠다고 생각한 적이 있나요? 이유는 무엇인가요? 3) 주변에서 다이어트 때문에 힘들어하는 친구를 본 적이 있나요?
대상 도서의 내용 관련 발문	이 책에서 가장 기억에 남는 인물을 이유와 함께 이야기해 봅시다.
대상 도서와 관련된 인간 삶이나 사회 관련 발문	1) 여러분이 원치 않게 다이어트 학교에 들어갔다면 학교 내에서 어떤 선택을 하시겠습니까? 그 이유는 무엇인가요? 2) 원장을 고발하는 프로그램 방송이 나간 후에도 왜 일부 학생들은 마주리 다이어트 학교를 가겠다고 했을까요? 3) 몸매와 자존감 사이에 상관관계가 있습니까? 있다면 어떤 상관관계가 있으며 그 이유는 무엇일까요? 4) 다이어트를 하지 않아도 자존감을 높일 수 있을까요? 진정한 자존감은 어디에서 나오는 것일까요?
참여 학생들의 소감	• 이제 적어도 다이어트 때문에, 몸매 때문에 자존감이 낮아지는 일은 없을 것이다. • 사회에는 강한 자에게 아첨하는 사람과, 이에 저항하는 사람들이 함께 존재함을 알게 되었다. 강한 자의 가치가 도덕적이지 못할 때, 나는 과연 저항할 수 있는 사람인지 자문하게 되었다. • 다이어트에 대한 친구들의 의견에 공감이 되었다. 함께 생각하는 친구들이 많다는 것에 행복했고, 내 이야기를 편하게 할 수 있어 좋았다.

것이 누군가에게 유리하게 또 다른 누군가에게는 불리하게 작용할 수 있다는 것을 깨닫게 된 시간이었다.

토론 중 눈물을 글썽이는 학생들을 보면서 다이어트를 비롯한 사회가 만들어 놓은 수많은 잣대에 부합하는 존재가 되지 못할 때 얼마나 마음고생이 심한지 알 수 있었다. 학생들이 이 책을 읽고 토론을 하며 우리 사회의 억압적 시선 앞에서 자신을 지킬 수 있는 존재로 성장하길 희망한다. 『다이어트 학교』에 대한 반응이 좋아, 2년 연속 고1 학생을 대상으로 이 책으로 수업을 진행했다.

『산 자들』

비정규직 노동자들의 삶을 다룬 『산 자들』을 함께 읽고 토론을 진행했다. 아르바이트생, 구조조정을 피하려는 직장인, 경쟁에서 살아남기 위해 몸부림치는 자영업자 등 치열한 경쟁 사회인 대한민국에서 생존의 위협을 받는 이들의 인권을 생생하게 느끼고 함께 해결 방안을 찾고자 이 책을 선정하였다.

고2 학생을 대상으로 한 이야기식 독서 토론에서, 학생들은 졸업과 대학 입시를 앞두고 있어서인지 책에 등장하는 현실적인 문제에 대해 깊이 고민하는 모습을 보였다. 학생들은 소설 속 인물들에게 깊이 공감했다. 업무 능력의 우수함과는 별개로 암묵적으로 요구되는 '싹싹함'은 여성 노동자들에게 본래의 자신을 감추고 가면을 쓸 것을 강요한다는 의견을 내는가 하면, 해고자 명단에 따라 산 자와 죽은 자로 나뉘는 모습은 마치 성적표에 따라 성적이 오른 자와 떨어진 자로 나뉘는 자신들의 모습 같다고 했다. 지방대 콤플렉스를 극복하기 위해 대학 생활 내내 캠퍼스의 낭만은커녕 스펙을 쌓기 위한 대외 활동에 몰입하는 주인공을 보며 대학 입시를 위한 각종 활동을 하느라 정작 자신이 정말 원하는 것은 무엇인지 생각해 보지 못한 스스로의 모습이 떠올랐다고 한다. 나와 동떨어진 제3자의 이야기가 아니라, 나의 이야기이고, 내 짝꿍의 이야기이고, 내 가족의 이야기가 되어 우리의 이야기로 확장되는 의미 있는 경험이 되었다. 해고자 명단으로 죽은 자와 산 자로 나뉘는 공장 직원들의 모습을 보며 노동자로서의 삶에 대해 생각해 보고, 사회에서 어떤 의미 있는 목소리를 낼 수 있을지 생각해

자료4. 『산 자들』 발문 및 소감

배경지식 관련 발문	1) 최근 미디어를 통해 정리해고, 구조조정, 비정규직이라는 용어를 접해 본 적이 있나요? 알고 있는 내용을 말해 봅시다. 2) 한국은 헬조선이라는 표현에 동의하십니까? 해외에서 살 수 있는 여건과 기회가 주어진다면 한국을 떠나고 싶은가요?
대상 도서의 내용 관련 발문	「알바생 자르기」에서 혜미의 모습은, 학생인 당신이 학교에서 보이는 모습과 어떤 점이 다른가요?
대상 도서와 관련된 인간 삶이나 사회 관련 발문	1) 「알바생 자르기」에서 회사는 급여에 비해 쓸모가 적다는 이유로 혜미의 해고를 추진합니다. 몸이 약해서 지각이 잦고, 잘 웃지 않는다는 이유로 혜미를 해고하는 것은 당연한 것일까요? 그럼에도 불구하고 회사가 혜미의 고용 연장을 해야 할 이유가 있나요? 2) 내가 결정권자라면 혜미의 고용과 관련하여 어떤 결정을 내렸을까요? 3) 「공장 밖에서」에는 '해고는 살인'이라는 표현이 나옵니다. 해고가 노동자에게 살인과 같다는 이 표현을 노동자와 노동자 가족의 입장에서 설명해 봅시다. 4) 「알바생 자르기」와 「공장 밖에서」에서 제시된 현실은, 상황은 조금씩 다르지만 인간(노동자)을 바라보는 관점에 있어 공통점이 존재합니다. 공통점은 무엇인가요? 5) 대학에 진학하기 위한 입시 경쟁이 지옥과 같이 힘들다고 말합니다. 고교등급제가 사라지고 대학이 자체적으로 선발시험을 시행하는 등 대입에서 경쟁적인 측면이 완화된다면, 여러분의 고등학교 생활은 어떻게 달라질까요? 좀 더 행복한 학교생활, 학생들의 학력 제고, 자아실현을 위한 의미 있는 교육 시행 등을 할 수 있게 될까요? 그리고 이 같은 변화가 국가 발전과는 어떤 상관관계를 가질까요? 6) 현재 여러분이 희망하는 장래 직업을 갖기 위해, 고교 졸업 또는 대학 4년 졸업을 앞두고 해당 회사 혹은 기관에 지원을 하고 있다고 상상해 봅시다. 200여 번 지원을 했는데 번번이 낙방 중입니다. 이때, 실패의 원인이 당신의 능력이나 배경에 있다고 생각하십니까, 아니면 기업이나 기관, 혹은 사회 전반에 있다고 생각하십니까? 7) 여러분이 직장 생활을 하게 되었습니다. 위로는 상사들의 눈치를 봐야 하고, 밑으로는 자신의 자리를 위협하는 후배가 존재하며 동료마저 마음에 들지 않습니다. 편하게 자르기, 치열하게 싸우기, 정말 힘겹게 버티기 중 하나의 전략만을 고수할 수 있다면 어떤 전략을 선택하시겠습니까? 그 이유는 무엇입니까?

참여 학생들의 소감	• 이야기식 독서 토론을 통해 책의 내용을 더 자세히 파악하고, 기억할 수 있었다. • 내 의견을 정리하고, 답변하는 과정을 통해 내 미래와 삶에 대해서 생각해 보는 계기가 되었다. 또한 우리 사회가 어떤 방향으로 나아가야 더 좋은 사회가 될 수 있을지 고민하고, 탐구하는 계기가 되었다. • 대기 발령을 앞두고 회사에 방치되어 있는 회사원들의 이야기를 보면서 현재 어딘가에서 실제로 일어나고 있을 법한 일이라는 생각이 들었다. 미래의 나에게도 일어날 수 있는 일이라는 생각에 회사원들의 감정에 공감이 되었다.

보는 계기가 되었길 기대한다.

이야기식 독서 토론의 성과

이야기식 독서 토론을 통해 얻은 성과는 다음과 같다.

첫째, 학생들은 발문을 만드는 과정에서 자신을 성찰할 수 있었다. 발문이 과연 나의 생각을 잘 담고 있는지, 발문에 대한 답을 생각해 보며 스스로를 되돌아보는 시간을 가질 수 있었다.

둘째, 학생들은 토론을 통해 동료를 만들 수 있었다. 경쟁식 토론과 달리, 나와 다른 의견을 반박하거나 공격하는 데 급급하지 않았다. 발문이 서로의 다양한 생각을 이끌어 내기 위한 수단임을 인식한 데 따른 변화로 보인다. 오히려 자신의 생각과 다른 의견을 궁금해 하고, 공감하고 변화하는 모습도 볼 수 있었다. 자신과 다른 의견을 가진 친구들과 이야기하며 생각을 넓히고자 하는 모습이 반가웠다. 나는 이들을 '동료'라고 명명했다. 토론 후 동료들은 나란히 앉아 서로의 생각을 편안히 나누고, 토론에 참여한 소감 등을 공유했다. 이후 다른 책에서도 다시 만나기를 희망하였다. 토론 후 멀어지는 것이 아니라 가까워질 수 있게 된 것! 바로 이것이 이야기식 독서 토론의 가장 큰 성과 중 하나이다.

4. 다음 비경쟁식 토론을 준비하며

동료의 중요성

토론을 준비하는 교사에게도 함께 고민하고 준비할 동료의 존재가 절대적으로 중요하다. 토론 운영 방법과 학생들의 참여를 유도할 방법, 선정 도서 등을 동료와 함께 고민할 때 좀 더 효과적인 방안을 이끌어 낼 수 있기 때문이다. 내가 동료를 만날 수 있었던 대표적인 장은 전학공(전문적 학습 공동체)이다. 이야기식 독서 토론을 하기 위해서 손을 내밀었을 때 맞잡아 주신 여러 선생님들께 이 자리를 빌려 진심으로 감사를 표하고 싶다.

바쁘신 중에도 동참해 주신 선생님들을 생각하면, 교사아카데미에서 만난 또 다른 인상적인 저자 사울 D. 알린스키의 주장이 생각난다. 알린스키는 '대중 교육'과 '인민 조직'의 중요성을 강조했다. 대중 교육이 작동할 수 있는 일련의 환경을 인민 조직이 만들어 나가야 한다는 것이 그의 주장이다. 훌륭한 선생님, 최상의 도서관, 아름다운 건물이 있더라도 사람들이 이 시설을 이용하지 않는다면 대중 교육은 진전될 수 없다. 인민 조직은 열성적인 학습 분위기가 조성될 수 있도록 방법과 경로를 지속적으로 고민해야 한다. 이때 인민 조직이 함께 고민하고 해결책을 찾기 위해서는 구성원 간의 유대감은 필수적이다. 알린스키는 인민 조직 구성원들이 모두 관심 있는 프로그램에 협력하는 경험을 통해 구성원 간 친밀도를 높일 수 있다고 하였다. 자신만의 문제로 생각했던 사안에 대해 동료들이 공감하는 경험을 하고 협력의 힘을 깨닫게 된다고 역설한다. 이런 과정이 서로를 인간으로서 알아 가고, 강력한 일체감을 형성한다며 인간관계의 중요성을 강조했다.

알린스키가 말한 인민 조직 개념을 전학공에 적용하는 것은 무리일까? 하지만 나는 알린스키의 주장을 접할 때마다 전학공을 떠올리며 희망을 가졌다. 함께하신 선생님들은 처음에는 이야기식 독서 토론을 낯설어하셨지만, 점점 이 수업의 의미와 가치에 대해 공감하는 모습을 보이셨다. 그 모습을 보면서 그들도 나와 같은 고민을 하고 계신 선생님임을, 내가 고립된 존재가 아님을 확인할 수 있었고, 앞으로 독서 토론 수업을 이어 나갈 힘을 얻을 수 있었다.

인권이 살아 있는 비경쟁식 독서 토론을 위하여

교사아카데미를 만나 민주시민교육에 대한 이해를 심화하면서, 인권 감수성을 염두에 둔 비경쟁식 독서 토론을 해 보고 싶다는 생각을 하게 되었다. 앞서 『산 자들』이라는 도서로 진행한 이야기식 독서 토론을 통해 인권이 살아 있는 광장으로서의 비경쟁식 독서 토론의 가능성을 확인하고 자신감도 얻었다. 수동적인 자세로 주입식 공부에 익숙했던 학생들이 광장에 서서 스스로 생각하는 '정의를 찾는 소녀들'이 될 수 있도록 깨달음을 주는 도서와의 만남을 간절히 바란다.

아울러 경쟁식 토론이라는 형식에는 인권을 담을 수 없다고 너무 쉽게 결론 내린 것은 아닌지 반성해 본다. 경쟁식 토론 자체가 반인권적인 것이 아니라, 내가 경쟁식 토론 운영에 미숙했던 탓은 아닌지 되돌아보게 된다. 비경쟁식 토론에 집중해서 인권적 측면을 고찰해 보았지만, 앞으로 기회가 된다면 경쟁식 토론이 갖는 인권적 측면 또한 성찰해 보고자 한다. 경쟁식이든, 비경쟁식이든 우리 학생들의 모든 토론이 청소년들의 인권 의식을 제고하고 북돋는 광장이 되어야 하기 때문이다.

12장
비주류 학생들과 함께한 인권 수업 이야기

박희현 인천한누리학교 교사

나는 그동안 비주류라고 할 수 있는 학생들과 주로 함께해 왔다. 첫 발령지는 도시에서 멀리 떨어진 농어촌 학교였고, 이후에도 주로 열악한 학군에 있는 일반고 학생들을 가르쳤다. 이후 특성화 고등학교 두 곳을 거쳐, 지금은 다문화 학교에 재직 중이다. 주류든 비주류든 아이들은 모두 존엄한 존재이자, 자기 삶의 주인으로 살아가야 할 주체이다. 하지만 스스로 지켜 내지 않으면, 기본적인 인권조차 위협받을 수 있는 것이 비주류 학생들의 현실이다. 그래서 학생들이 자기 삶의 주체가 될 수 있도록 돕는 수업을 하고자 노력했다. 교사가 세상을 바꾸지는 못하지만 내 수업은 바꿀 수 있으며, 수업을 통해 연대와 공존을 실천하는 사람으로 만들 수 있다고 믿기 때문이다.

1. "쏨생님, 기도 플레이스(선생님, 기도실 없어요)?"

2021년부터 재직 중인 다문화 학교에서는 아직까지 지면을 통해 공유할 만한 인권교육을 실천하지 못했다. 다만 다문화 학생들이 갈수록 늘어남을 생각할 때, 그들에게 필요한 인권교육이 어떤 것일지 고민해야 할 필요성을 강조하는 것으로 내 짧은 인권 수업기를 시작하려 한다.

다문화 학교에 전근 오자마자 초·중·고 전교생이 120여 명, 교원 총 30명인 이 작은 학교의 매력에 빠져들었다. 짧지 않은 교직 경력임에도, 이 학교에 와서는 매일매일이 새로운 경험이었다. 학생들의 한국어 읽기, 쓰기, 말하기, 듣기의 수준이 천차만별인 것을 감안하여, 수업에서 사용하는 교재와 수업의 수준이 매우 세분화되어 있었다. 급식실 조리 종사원들은 모든 학생의 이름과 식습관을 기억하고 세심하게 배려하였다. 러시아, 몽골, 베트남, 브라질, 아프가니스탄, 요르단, 인도네시아, 중국, 필리핀 등 다양한 나라에서 온 학생들은 국적에 상관없이 함께 어울렸다. 학교 전체가 가족같이 학생들에 대해 속속들이 알고, 서로를 지지하고 지원하는 모습이 감동이었다. 그래서인지 학생들의 학교 만족도는 굉장히 높은 편이었다.

그러던 어느 날, 중학교 2학년인 아프가니스탄 남학생이 점심시간마다 화장실에서 발을 씻는다는 사실을 알게 됐다. 처음엔 한창 외모에 관심 많은 시기이니까 자기 관리를 하는 것이라 생각했다. 그러나 동료 교사의 설명을 듣고, 이슬람교에서 기도를 하기 전에 행하는 정화 의식의 일부일 수 있음을 알게 되었다.

무슬림 학생들 중 일부는 점심시간에 화장실에서 기도를 한 경험이 있다고 한다. 몇 해 전, 무슬림 학생들이 기도실을 만들어 달라고 학교에 요청했지만, 여러 종교를 가진 학생들이 다니는 다문화 학교에서 특정 종교만의 기도실을 만들기는 어렵다는 결정이 내려졌다고 한다. 학교의 입장이 이해는 되지만, 인권의 측면에서 종교의 자유를 보장하기 위한 재논의가 필요하다는 생각이 들었다. 종교라는 변수까지 고려해야 하는 우리 학교 현실을 알게 되면서, 다문화 학교에서 인권교육을 하기 위해 얼마나 많은 고민이 필요한지 절감했다.

2. 특성화고에서 인권 수업하기

조금 거슬러 올라가 특성화고에서 부족하게나마 인권 수업을 진행했던 경험을 적어 보려 한다.(자료1 참조) 특성화고에서는 학생인권 이전에 예비 노동자로서 노동인권에 대한 교육이 더 절실하게 필요한 실정이다. 특히 도제교육을 운영하는 특성화고에서는 2학년부터 실제 작업 현장에서 기술을 배우고, 정식 취업과 동일한 노동을 제공하며 임금을 받는다. 학교에서는 근로기준법에 준하여 노동자의 권리에 대해 가르치고, 노동인권을 보장하는 업체와 연계하여 학생의 직업교육을 추진한다. 그럼에도 제주 생수공장 현장실습생 사망(2017년), 전주 콜센터 현장실습생 자살(2017년), 대전 현장실습생 성추행·폭행 사건(2020년) 등 비인권적인 노동 현장에서 아직 여물지 않은 우리 아이들이 스러져가는 일이 비일비재하다.

학생들은 도제교육을 받기 전에도 학교 밖에서 다양한 아르바이트를 한다. 특성화고 학생들에게 아르바이트는 학교에 가는 것처럼 일상적인 삶의 한 장면이다. 그런데 학교에서는 학생들의 아르바이트 환경

자료1. 인권 수업 개요

대상	특성화고 2학년 학생
과목	고등학교 실용국어
관련단원	4. 정보는 어떻게 문서가 될까?
성취기준	[12실국02-01] 필요한 정보를 수집하여 핵심 내용을 이해한다. [12실국02-02] 정보에 담긴 의도를 추론하고 내용을 비판적으로 평가한다. [12실국03-01] 타당한 근거를 들어 자신의 주장을 설득력 있게 표현한다.

	주제	수업 내용	관련 자료 링크
1차시	「세계인권선언」	• 이효리 예습하기(기사읽기) • 차별의 경험 및 일화 소개하기 • 「세계인권선언」 학습하기	
2차시	먼지 차별	• 관련 영상 시청 후 주제 찾기 • 관련된 경험과 일화 소개하기 • 우리 사회 차별의 예 제시하기	
3차시	노인 그리고 여성	• 노인과 여성에 대한 자료 내용 정리하기 • 우리나라의 노인인권에 대한 기사 찾기 • 세상 읽기를 통해 만난 불편한 진실	
4차시	직업 윤리	• 자료를 통해 알게 된 문제상황 제시하기 • 직업 윤리는 왜 필요한가? 생각 쓰기 • 내가 원하는 진로 희망에 어떤 윤리가 필요할지 판단하기	
5차시	노동자로서의 권리	• 청소년 알바, 근로기준법, 노동법의 기초 • 알기 쉬운 알바이야기 • 근로 계약서 작성해 보기	

에 대해 얼마나 알고 있을까. 교사는 학생들의 노동인권 문제를 얼마나 민감하게 받아들이고 있을까. 학생들이 자신의 정당한 권리를 주장할 수 있도록 제대로 가르치고 있는지 스스로 의문이 들었다.

나는 부족한 대로 내 수업을 통해 노동자로서의 권리와 직업 윤리를 가르쳐 주어야겠다고 생각했다.

1차시: 「세계인권선언」과 세상 읽기

인권의 개념이 지속적으로 확대되고 있지만 교실 속에서 이를 제대로 가르쳐 본 적이 없다. 인권이 인간으로서 당연히 가지는 기본 권리라는 것은 알고 있지만, 구체적으로 어떤 권리를 누릴 수 있는 것인지, 누가 그것을 보장하고, 어떤 경우 제한할 수 있는지 등에 대한 정확한 이해가 부족한 현실이다.

인권에 대한 다양한 해석이 존재하는 만큼 인권의 지침서라고 할 수 있는 「세계인권선언」을 같이 살펴볼 필요가 있다고 생각했다. 인간이 각자가 지닌 조건과 상관없이 '인간이기 때문에' 보장받아야 할 권리를 총 30개의 조항에 걸쳐 명시하고 있는 「세계인권선언」을 탐독하고, 생활 속 경험들과 연결해 보았다. 「세계인권선언」을 통해 인권에 대한 기본 인식의 틀을 수립하고, 연예인이 실제 겪은 일을 담은 기사문 등을 읽은 후 실제 생활 속에 적용하여 생각해 보았다.

다음은 이 수업에 참여한 학생들이 작성한 소감의 일부이다.

"나는 제23조의 두 번째 내용이 기억에 남는다. 모든 사람은 어떠한 차별도 받지 않고 동일한 노동에 대해서 동일한 보수를 받을 권리가

자료2. 1차시 수업 활동지

2학년 실용국어 - 세상 읽기 1	2020. . . 교시
	학번( ) 이름( )

단원	4. (2) 정보의 조직과 표현

활동1	핵심 주제	핵심 문장
제1조		
제2조		
제3조		
제4조		
제5조		

활동2 위의 5개 조항 중에서 내가 직접 경험했거나 관련된 일화 소개하기

활동3 「세계인권선언」 제1조를 따라 쓰고, 「세계인권선언」에서 인상적인 조항을 찾아 그 이유를 작성하시오.

「세계인권선언」 제1조
모든 사람들은 존엄성과 권리를 가지고 동등하게 태어난다. 인간은 이상과 양심을 부여받았으며 서로에게 동료애를 가지고 행동해야 한다.

인상적인 조항과 이유

활동 소감

있다고 한다. 나는 고깃집에서 아르바이트를 하는데 사장님이 너는 일을 잘하니까 특별히 시급을 잘 쳐주는 거라고 말했다. 최저 임금에 따른 시급을 받고 있으니, 당연히 내가 일한 만큼 받고 있는 거 아닌가 하는 생각이 들었지만 잘릴까 봐 입 밖으로 말하지는 않았다."(2학년 이○○)

"막말과 관련된 이효리 기사 내용이 제일 공감이 된다. 내 주변에도 막말을 하는 사람들이 있는데, 막말을 하는 자신은 모르겠지만 듣는 사람은 큰 상처를 받는다. 막말을 듣고도 분위기를 맞추기 위해 괜찮은 척해야 했던 내 모습이, 기사에 나오는 막말을 들은 연예인의 상황과 비슷하다는 생각이 들었다. 내가 중3때 교무실에서 진로 상담을 하고 있었는데, 어떤 선생님이 나에게 '너 나중에 커서 남자 여러 명 울리겠다.'고 말했다. 그때는 아무렇지 않은 척 그 상황을 넘겼지만, 그 말이 아직도 기억난다."(2학년 이○○)

2차시: 먼지 차별과 세상 읽기

'먼지 차별'은 일상 혹은 특별한 상황에서, 무의식적 혹은 의식적으로 행해지는 차별을 의미한다. 성별, 나이, 인종, 장애, 성정체성 등의 소수자에 대한 차별 행위는 물론 이들에 대한 편견을 담은 표현까지 지칭한다. 먼지처럼 눈에 잘 띄지 않는 사소한 말이나 행동이지만, 누군가에게는 큰 상처를 남기는 해로운 차별을 말한다. 자신의 경험 속에서 일상적으로 만연해 있는 차별의 흔적을 찾아보고, 우리 사회에서 벌어지는 먼지 차별의 사례를 기사로 확인해 보는 활동을 기획했다.

이 수업을 마친 학생들의 소감에서 인권에 대해 더 많이 공부하고, 항상 깨어있어야 할 필요성을 자각하는 모습이 엿보였다.

"과거 당연시했던 소수와 약자들을 대상으로 한 차별적 관행에 대한 문제의식이 확산되고, 이제라도 모든 사람의 권리가 중요하게 여겨져서 다행이다. 기사에서처럼 사람들의 인식이 개선되면서 해결되는 문제도 있겠지만, 편견과 관행이 대물림되어 다음 세대에게 피해를 주기도 한다. 나이가 더 많다고, 높은 직위에 있다고, 힘이 더 세다고, 아무렇게나 상대를 대하는 행동은 용납되어서는 안 된다. 우리가 더 배우고 관심을 가지고 비판해야 한다."(2학년 김○○)

"기회, 과정, 결과는 평등한가. 모든 사람들이 각자의 환경과 주어진 기회 속에서 최대한 노력하여 최선의 결과를 얻고자 한다. 이때 그 개인이 처한 상황을 존중하며 바라봐야 한다. 하지만 우리는 남을 평가할 때 당사자의 기준이 아닌 나의 기준으로 평가한다. '고졸이랑 대졸이랑 같은 월급을 받는 게 말이 돼?'라는 말은 당사자의 환경, 조건, 노력을 무시하고, 자신의 기준으로 함부로 판단하는 차별적 발언이다."(2학년 우○○)

3차시: 노인 그리고 여성과 세상 읽기

남혐, 여혐이 보편적인 명사처럼 사용되는 요즘, 젠더 간 갈등은 도처에 만연해 있다. 거기에 능력주의 개념이 왜곡되면서 애초에 일을 할 수 없는 조건에 처한 사람(아동, 장애인, 노인 등)까지 능력이 없으니 차별당하는 것은 당연하다는 인식이 확산되어 있어 참으로 씁쓸하다. 사람이 존엄한 삶을 유지하기 위해서는 자유권과 사회권이 모두 필요하며, 이는 세대와 성(性)을 초월하여 누구에게나 동등하게 보장되어야 한다. 시민으로서 정치적 자유권을 누림은 물론, 경제·사회·문화적으로 평등함을 누릴 수 있는 사회권도 동시에 보장되어야 비로소 인권이 보장될 수 있음을 배울 수 있도록 기획했다. 영화 〈69세〉를 감상하고 노인과 남녀 차별에 대한 기사를 찾아 함께 읽으면서 이 문제들에 대한 비판적인 시각을 기르도록 하였다.

"세상 읽기 활동을 하면서 얼마나 많은 '불편한 진실'들이 내 주위에서 비일비재하게 일어나고 있는지 확인할 수 있었다. 우리들은 문제가 무엇인지 알면서도 해결하려고 적극적으로 노력하지 않는다. 상황을 인지하고 있는 것도 중요하지만, 이러한 문제를 해결하려고 노력하는 자세가 더 중요하지 않을까? 오늘 수업에서 노인인권에 관한 영상을 보고 큰 충격을 받았다. 오늘도 어딘가에서 일어나고 있을 이런 문제들을 우리가 관심 있게 바라보고 귀를 기울여야 한다고 생각한다. 나 또한 앞장서서 이러한 사회적 문제들을 해결하려는 태도를 가지도록 이제부터라도 노력할 것이다."(2학년 선○○)

"인권교육을 받으면서 일상에서 나 자신이 했던 비인권적 언행을 반성하였다. 혐오의 시대를 살아가고 있는 우리들이 어떻게 이를 극복할 수 있을까 고민을 하면서, 미디어의 영향이 적잖음을 생각하게 되었다. 평소 PD가 되고 싶다는 꿈을 가졌는데, 연대와 포용의 의미를 전달할 수 있는 영상을 제작하고 싶어졌다."(2학년 김○○)

4차시: 직업 윤리

직업은 생계를 유지하기 위한 활동인 동시에 자아실현을 위한 길이기도 하다. 하지만 내 직업과 관련된 제반 활동이 나 자신에게만 영향을 미치는 것은 아니라는 사실을 기억해야 한다. 내가 하는 '일'은 누군가의 삶에 필연적으로 영향을 준다. 따라서 직업에는 직업 윤리가 반드시 수반되어야 한다. 일을 할 때, 항상 직업 윤리에 비춰 올바른 선택을 하기 위해 노력하는 자세를 가져야 한다.

이 수업에서는 사명감을 가지고 자신의 역할을 묵묵히 수행하는 직업인들의 사례를 영상으로 보여 주었다. 놀이공원 롤러코스터의 나사 하나하나까지 꼼꼼하게 점검하는 정비 기사, 폭염 속에서도 방호복을 입고 코로나 검사에 매진하는 의료진들을 통해 직업 윤리에 대해 생각하고 글을 쓰도록 했다. 이와 반대로 유통기한이 지난 식재료를 사용하는 음식점, 가짜 뉴스로 독자들을 호도하는 언론 등을 통해 잘못된 직업 윤리가 일반인의 삶에 미치는 악영향에 대해서도 이야기 나누었다.

학생 소감에서는 진로와 직업 윤리에 대한 솔직한 고민이 묻어났다.

"나는 액세서리 디자이너가 되고 싶다. 사실 이 분야에서는 고졸이 살아남기 어렵다고 한다. 대학을 나왔다고 무엇이 다른지 잘 모르겠지만, 어쨌든 대학이나 유학이 필수라니 난감하다. 난 우리 학교에 진학하면 디자이너가 될 수 있다고 알고 온 건데……. 아무튼 사람들이 좋아할 만한 걸 디자인 하는 것이 중요한데, 그게 다 기존 디자인을 베껴서 조금씩만 다르게 만드는 거라 하니, 잘 베끼는 걸 배워야 하나 생각한 적도 있다."(2학년 엄○○)

5차시: 노동자로서의 권리

아이들의 노동은 분명 차별받고 있다. 앞서 어떤 학생이 이야기한 것처럼 학벌에 따라 노동의 가치가 다르게 매겨지고, 고용주는 나이와 성별에 따라 그들의 노동을 차별한다. 이를 방지하기 위해 노동3법 즉 근로기준법, 노동조합법, 노동쟁의조정법 등이 있지만 법의 존재만으로 노동 존중 사회가 만들어지는 것은 아니다.

2021년 노동인권교육 실시 범위가 초등학교까지 확대되어, 인천의 초·중·고 학교에서는 신성한 권리로서의 노동에 대해 가르치고 있다. 그러나 아무리 학교에서 노동자들의 권리에 대해 가르쳐도, 실제 노동 시장에 나간 학생들은 자신이 겪는 부당함에 대해 작은 목소리 하나 낼 수 없는 것이 현실이다. 5차시를 운영하며 교사로서 가장 큰 고민이 된 부분이었다. 권리를 알려 주는 것만으로 삶의 힘을 자라게 해 줄 수 있을까.

다음은 근로 계약서를 작성하는 실습을 하는 수업 중에 나눈 대화이다.

학생 1 선생님, 주말에 일하면 수당을 더 받는 거였어요?
나 응. 동영상에 노무사님이 말씀하신 대로. 근로 계약서에 쓰지 않았어요?
학생 1 근로 계약서가 있다는 것도 오늘 처음 알았어요.
나 근로 계약서를 안 쓰면 신고할 수 있는 거예요. 오늘 아르바이트 가면 사장님한테 말해요.
학생 1 사장 진짜 어이없네. 내가 호구였네.

나 여러분이 당당하게 말할 수 있어야 해요. 이것은 법이 보장해 주는 거니까.

학생 2 그러면 사장님이 쟤 자를 거 같은데요? 어차피 근로 계약서도 안 썼으니까.

학생 1과 나 (침묵)

부끄럽게도 나는 학생들에게 당당하게 말하라고, 너희들의 권리를 법이 보장해 주고 있다고 정말 '교사다운' 말을 했지만, 실제로 부당함을 겪지 않도록, 부당한 상황에서 어떻게 힘을 행사해야 하는지 당시에는 답하지 못했다. 다시 그때 수업으로 돌아간다면, 나는 학생들에게 무엇이라고 답할 수 있을까. 한 명 한 명 권리 있는 사람들이 모여 권력을 만들어야 한다고 말하지 않았을까.

청소년의 노동을 교실에서 다룰 때 개인의 권리를 가르쳐 주는 것도 중요하지만, 여기서 한 발 더 나아가 서로 연대하고 힘을 합쳐 권력이 되어야 함도 가르쳐야 한다. 독일에서는 초등학교 때부터 단체 교섭에 대해 배우고 실습을 한다고 한다. 우리의 노동인권교육이 양적 확장과 더불어 노사 협력, 단체 교섭 등 실질적인 내용을 다루는 질적 향상도 이뤘으면 한다.

현장실습 중인 학생의 수업 소감을 접하고, 노동인권 보호가 허울에 불과한 현실에 내던져진 아이들에게 너무도 미안한 마음이 되었다.

"노동인권을 보호받는 듯하면서 받지 못하는 느낌이다. 근로 계약서에서 보장한 내용을 분명히 알고 있지만, 일하는 매장의 힘든 사정을 알기 때문에 연장 근무나 야근을 하면서도 추가 급여를 받을 생각조차 하지 못하는 아이러니한 상황에 처해 있다. 같이 일하는 사람들과의 교류, 내 직업이 주는 행복의 가치를 생각하면 내 노동에는 '사람'이 살아 있다. 그러나 그 의미를 안다고 해서 노동인권 보호가 되는 것인가? 내가 일하는 곳에 노동인권 보호는 분명히 있는데 또 분명히 없기도 하다."(3학년 현장실습생 정○○)

우리 학교 학생들이 현실에서 맞닥뜨리고 있는 노동인권 문제를 다루는 5차시 수업을 진행하면서, 특성화고에서 시행 중인 노동인권교육의 실효성에 대한 고민이 더욱 깊어졌다. 동료 교사들과도 허심탄회하게 이야기를 나눠 봤다.

"솔직히 학교에서 하고 있는 노동인권교육은 필수적인 이수 시간을 채우는 데 급급한 단발성 교육에 그치는 경우가 많습니다. 창체 시간이나 방과 후에 전문 강사가 1~2시간 현장 강의를 하거나, 온라인 연수를 진행하는 경우가 대부분인데 실효성이 거의 없다고 생각합니다."(교사 임○○)

"노동인권에 대해서 학생, 업체, 학교 모두 노력하는 것만이 답인 것 같습니다. 학생들은 학교 차원에서 하는 노동인권교육을 통해 졸업하기 전에 스스로 노동자로서의 정체성을 분명히 하고, 자신의 권리와 책임을 정확하게 알아야 합니다. 업체는 학습 근로자로서의 학생들의 처지와 발달 단계를 고려하여, 노동인권을 보장할 수 있는 업무 환경을 만들 책임이 있습니다. 취업한 학생들을 단기적 수익을 내기 위한 도구로만 보지 말고, 부디 함께 성장하는 동반자로서 바라봐 주길 바랍니다. 마지막으로 학교는 학생과 업체를 연결하는 매개로서 노동인권교육의 중요성을 제대로 인식해야 합니다. 졸업 전후 순회지도, 추수지도 등을 통해 학교도 책임을 다하고 학생, 업체와 소통하는 노력을 더 기울여야 합니다."(교사 권○○)

"우리 학교 현장실습생들이 대기업 1차 전형에 통과하고 회사 내 아카데미에서 교육을 받을 때 일입니다. 강사님 한 분이 나름 유명 강사였는데 강의하면서 우리 학생들에게 성적인 농담을 했다고 합니다. 이를 불편하게 느낀 학생들이 강의 후 담당자에게 이 사실을 전달했다고 합니다. 예전 같았으면 불이익이 있을까 걱정되어 학생들이 참고 말하지 않았을 텐데, 본인들의 인권에 대해 알고 권리를 지키려고 표현했다는 것이 대견했죠. 학교에서 노동인권교육이 일회적으로 이뤄지는 부분에 대해 아쉬움은 있지만, 그래도 교육적 효과는 분명 있다고 생각합니다. 그 사건 이후 해당 강사는 더 이상 그 업체 아카데미 과정에서 강의를 하지 못하게 되었다는 말을 들었습니다."(교사 전○○)

3. 다음 인권 수업을 고민하며

곧 노동자가 될 학생들과 인권에 대해 수업한 내용은 여기까지이다. 코로나가 극성을 부리던 시기인지라, 토론 활동까지 나아가지 못했던 것이 못내 아쉽다.

다시 서두로 돌아와, 이제는 우리 다문화 학생들과 인권에 대해 어떻게 공부해 볼 수 있을까를 고민한다.

다문화 학생들에게 인권은 스스로 요구하기보다는 누군가로부터 보장받아야 하는 타자화된 개념이다. 더욱이 의사소통 도구인 한국어를 배우는 단계의 학생들에게 인권교육은 당장 시급하지도, 가능하지도 않은 과제일 수 있다. 이처럼 다문화 학교에서의 인권교육은 한계가 많지만 그럴수록 더 중요하다고 생각한다. 요즘 나는 수업 중에 학생들에게 "너는 어떻게 생각하니?" 하고 꼭 물어본다. 한국어가 서툴더라도, 아주 짧은 표현일지라도 자기 생각과 느낌을 말할 수 있도록 묻고 기다린다. 자신의 의견을 스스로 말하는 것이 인권의 첫걸음이라고 믿기 때문이다.

우리 사회가 인권에 대해 굳이 말하지 않아도 인권이 보장되는 사회가 되길 바란다. 비주류, 소수자, 다문화 등 무언가를 나누고 구분 짓는 말들이 더 이상 양산되지 않기를 희망한다. 그래서 비주류 학생들과 함께한 인권 수업이 더 이상 쓸모없는 수업이 되었으면 한다. 그런 날을 앞당기기 위해서라도 당분간은 이 수업을 지속할 것이다.

13장
헌법과 인권교육을 위한 '대화'

김현아·정미경 제물포여자중학교 교사

1. 수업 친구, 함께 교육과정을 재구성하다

중견 교사와 신규 교사, 수업 친구가 되다

미경 새내기 교사 김현아 선생님은 내게 도전이었다. 그동안 내가 시도했던 교육과정 재구성은 선거 시즌에 맞추어 선거 단원의 학습 시기를 조정하거나, 토론 수업하기 좋은 단원을 시험기간 후로 배치하는 식의 순서 바꾸기 수준이었다. 그런데 갓 임용되어 의욕에 불타는 현아 샘을 만나면서, 머릿속에만 있던 교육과정 재구성을 제대로 실천하는 1년을 보냈다. 험난한 과정이었지만 재미있었다. 참으로 오랜만에 '어떻게' 가르칠지에 앞서, '무엇을', '왜' 가르쳐야 하는지를 고민한 시간이었다. 수업에 관한 고민으로 하루도 마음 편할 날이 없었지만, 내가 교사임을 온몸으로 느낀 짜릿한 한 해였다.

현아 대선배이신 미경 샘은 내게 해결사였다. 이제 막 교사가 되어 의욕만 앞선 '열정 신규'인 나는 교육학 개론서나 연구 논문에 있는 이상적인 모델들을 적용해 볼 생각에 설렜다. 하지만 현실은 녹록치 않았다. 제한된 수업 시수, 전공이 아닌 사회 교과까지 맡아야 하는 학교의 상황(난 역사 교사다.), 복잡한 행정 절차들, 국어·영어·수학 등 핵심 교과 외에는 관심 없는 학생들, 코로나19로 인한 원격 수업 등이 나의 발목을 잡았다. 그때 미경 샘이 내게 수업 친구를 제안하시면서 나의 이상들을 수업에 실제 적용할 수 있도록 해 주셨다. 교육과정 재구성을 위해 함께 연구하고 적용하느라 매일매일이 바빴지만, 토론하는 과정에서 많이 배울 수 있었고 교사로서 행복했다.

함께 1학년 사회과 수업을 담당하게 된 우리는 나란히 교사아카데미에 참여하여 민주시민교육의 철학과 교육 방법을 더불어 고민했다. 민주시민을 정의하고, 수업의 기본적인 방향을 잡는 것이 첫 과제였다. 민주시민을 '자기 목소리로 공동체에 참여하는 사람'으로 정의하고, '무엇이든 자기 생각을 말할 수 있는 토론 수업'을 1년 수업의 방향으로 잡았다. 이에 따라 우리는 2020학년도 1학년 사회과 수업의 목표를 다음과 같이 정했다.

자기 목소리로 공동체에 참여하는 민주시민성 키우기

방향이 정해졌으니 구체적으로 교육과정 재구성에 나설 차례다.

교육과정을 재구성하다

토론 수업을 위해서는 시간을 확보하는 것이 중요했다. 2015 개정 교육과정 개발의 철학이었던 'Less is more'를 적용하여, 적은 내용을 깊이 있게 가르치는 대신 학생들과 토론할 시간을 확보했다. 교과서 분석을 통해 각 단원의 핵심 개념(Big idea)을 추출하고, 이에 집중하기로 했다. 『중학교 사회 1』 교과서에서 정치를 다루는 9~11단원의 핵심 개념과 학습 순서를 다음과 같이 정했다. 이 글에서는 9단원과 11단원의 수업을 위한 과정을 집중적으로 소개한다.

자료1. 교육과정을 재구성한 주요 단원

단원명	핵심 개념	교육과정 재구성에 따른 학습 순서
IX. 정치 생활과 민주주의	민주주의	1
X. 정치 과정과 시민 참여	선거, 지방 자치	3
XI. 일상생활과 법	헌법	2

2. 헌법을 매개로 인권 수업을 계획하다

인권과 헌법

9단원 '정치 생활과 민주주의' 수업에서는 민주주의 이념을 집중적으로 살펴보기로 하였다. 자료2는 민주주의의 궁극적 가치가 인간의 존엄성임을 나타내고 있다. 인간의 존엄성은 18세기 계몽사상가들이 주장한 천부인권에서 유래한다. 인간은 태어날 때부터 신에게서 불가침의 인권을 부여받아 인간이라는 이유만으로 존엄하다는 이 사상은 시

자료2. 민주주의의 이념

민혁명의 사상적 토대이다. 인간의 존엄성을 지탱하고 있는 것은 높이와 둘레가 똑같은 기둥인 자유와 평등이다. 이는 개인의 자유와 개인 간의 평등이 어느 하나에 치우치지 않고 균형을 이룰 때, 인간의 존엄성이 보장되고, 민주주의도 실현됨을 보여 주는 것이다.

근대 민주주의 탄생 이래, 각 국가들은 민주주의 이념의 핵심인 인간의 존엄성을 성문 헌법에 명시하고 제도적으로 보장하려는 노력을 계속해 왔다. 우리는 대한민국 헌법을 우리나라의 민주주의와 인권을 실현하기 위한 가장 기본이 되는 규범이자 정치 시스템으로 보고, 이를 중심으로 인권에 대해 살펴보기로 했다. 이에 따라 11단원에서는 인간의 존엄성과 자유, 평등을 다룬 헌법 조항을 통해 헌법이 우리 삶에서 인권을 어떻게 보장하는지 이야기해 보았다.

헌법을 읽다

헌법을 중심으로 한 인권 수업을 구상하기 위해 각자 교과서와 대한

민국 헌법을 읽고, 이후 토론을 통해 구체적인 차시 계획을 세워 보기로 했다.

현아 부끄러운 말이지만 이번에 헌법을 처음 읽어 보았어요. 교원 임용 시험을 준비하면서 제헌 헌법부터 9차 개정 헌법까지 주요 내용은 달달 외우고, 「인간과 시민에 관한 권리 선언」과 「미국 독립 선언서」 전문은 열심히 읽었으면서 정작 우리나라 헌법을 읽어 볼 생각은 왜 하지 않았을까요? 헌법을 처음 제대로 접하면서 우선 그 분량이 적어서 놀랐어요. 두꺼운 법전을 상상했는데, 겨우 130조밖에 되지 않는 얇은 책자더라고요. 헌법의 130개 조항 중에 국민의 권리에 대해 다루는 조항은 제10조부터 제37조까지이고, 제38조와 제39조만이 국민의 의무에 대해 다루고, 나머지 조항은 모두 대한민국 국가 구성 원리에 대한 내용이었어요.

미경 저는 대학 법학 개론 시간에 헌법 조항 전체를 따라 적으며 공부한 경험이 있는데도 새로웠어요. 이번에 헌법을 읽으며 '헌법 조항에 참 좋은 말들이 많이 있구나. 이 조항들이 잘 지켜지기만 해도 우리나라가 참 좋은 나라가 되겠구나.' 하는 생각이 들었어요. 대한민국 헌법은 우리가 반드시 보장받아야 할 인권이 무엇인지 알려 주는 지침이 된다고 생각해요.

현아 맞아요. 특히 제10조는 국민의 권리에 대해 다루는 다른 조항의 전제가 되잖아요. "모든 국민은 인간으로서의 존엄과 가치를 가지며, 행복을 추구할 권리를 가진다. 국가는 개인이 가지는 불가침의 기본적 인권을 확인하고 이를 보장할 의무를 진다." 인간의 존엄성을 전제로 국민의 권리를 열거했다는 점에서, 헌법은 그 자체로 인권교육의 핵심 텍스트라고 생각해요.

미경 그것을 잘 보여 주고 있는 것이 9단원에서 공부한 민주주의 이념을 나타낸 자료2의 그림이죠. 인간의 존엄성을 실현하기 위해서는 자유와 평등을 균형적으로 보장해야 한다는 내용이었어요. 자유를 자유권적 인권, 평등을 사회권적 인권으로 연결해 살펴볼 수 있을 듯하니 헌법 인권 수업을 이 그림에서부터 출발해 보는 것은 어떨까요?

현아 네, 좋아요. 그림에 대해 이야기하며 자연스럽게 자유권과 사회권에 대한 수업으로 넘어가죠. 그런데 학생들에게 인권의 중요성에 대해서는 어떻게 상기시키면 좋을까요?

미경 일단 학생들이 인권에 대해 어떻게 생각하는지 알아보면 좋겠어요. '인권은 ○○이다.'라는 문장으로, 메타포를 이용해 인권에 대한 생각을 표현해 보게 하는 거죠. 학생들의 답 속에 인권의 중요성에 대해 이야기할 실마리가 있지 않을까요?

현아 네, 그럼 그것을 첫 차시 활동으로 해요. 그 후 헌법을 읽고 가장 마음에 드는 조항을 고르고, 그 이유에 대해 말하는 활동을 하는 것은 어떨까요? 활동을 통해 각 조항이 우리의 인권을 어떻게 지켜 주고 있는지 이야기할 수 있고, 학생들이 각 조항의 의미를 어떻게 받아들이고 있는지도 알 수 있어 재미있을 것 같아요.

미경 그 다음 활동으로, 우리에게 가장 필요한 조항은 무엇인지 찾아보는 활동은 어떨까요? 그 과정에서 지금 어떤 조항이 잘 지켜지지 않는지 생각해 볼 수 있을 것 같아요. 아마도 대부분은 사회권 관련 조항을 고를 것 같은데, 그럼 자연스럽게 사회권에 대해 이야기할 수 있지 않을까 싶네요.

3. 헌법 인권 수업의 실제

1차시: 메타포를 이용하여 인권에 대한 생각 나누기

   Q1. 인권을 한 단어로 표현하고, 그 이유를 적어 봅시다.
   인권은 ○○이다. 왜냐하면 ○○○이기 때문이다.

  인권을 한 단어로 표현하고, 그렇게 표현한 이유를 써 보는 활동을 하였다. 활동을 통해 인권에 대해 각자가 생각하는 바를 정리하고, 서로의 생각을 나누는 시간으로 삼았다. 다음은 학생들의 답변이다.

- 인권은 경찰관이다. 왜냐하면 인권이 우리를 지켜 주기 때문이다.
- 인권은 물이다. 없으면 살 수 없기 때문이다.
- 인권은 빛이다. 없으면 인생이 어두워지기 때문이다.
- 인권은 그림자다. 모든 사람에게 그림자가 있듯이, 모든 사람에게 있는 것이기 때문이다.
- 인권은 출생 신고다. 누구나 태어나자마자 가지기 때문이다.
- 인권은 사랑이다. 인권은 태어나면서 가지는 권리인데 태어나면 누구나 사랑받기 때문이다.

  학생들 대부분 인권이 인간이 태어나면서부터 당연히 가지며, 동시에 모두가 가져야 하는 권리임을 인식하고 있었다. '누구에게나 있다.' 는 보편권, '태어나면서 갖게 된다.'는 자연권 등 인권의 주요 요소를 이해하고, 메타포를 이용하여 자신만의 언어로 잘 표현했다.

2차시: 민주주의의 이념에 대한 생각 나누기

Q1. 우리 삶에서 개인의 자유가 중요할까요? 개인 간의 평등이 중요할까요?
Q2. 능력만 있다면 무엇이든 할 수 있는 자유와, 능력으로 인해 벌어진 개인 간의 격차를 줄이는 평등, 무엇이 더 중요한지 자신의 생각을 말해 봅시다.

이 질문을 던진 이유는 학생들이 자유와 평등 중 어느 하나를 고르는 과정에서 둘의 가치를 재인식하기 바랐기 때문이다. 내심 평등이 더 중요하다고 답하는 학생들이 많기를 기대하기도 했다. 그렇게 되면 그간 가르칠 기회가 상대적으로 적었던 사회권을 집중적으로 설명하는 수업으로 자연스럽게 이어갈 수 있기 때문이다.

다음은 자유가 더 중요하다고 선택한 학생들의 답변이다.

- 지금은 개인의 능력에 따라 공부를 하거나 일을 하면 내가 잘살 수 있기 때문에 누구나 열심히 노력한다. 하지만 노력을 하든 안하든 똑같이 돈을 벌고 혜택을 받는다면, 노력하는 사람이 적어져 개인의 발전이 없게 된다. 사회적으로 평등은 하지만 장기적으로는 문제가 될 수 있다.
- 개인의 자유는 어떤 논리에서도 침범해서는 안 된다고 생각한다. 자

유가 없다면 하기 싫은 일도 해야 하고, 하고 싶어도 하지 못하는 경우가 생길 것이다. 개인 간의 평등이 강화되면 내가 남보다 더 잘나도 똑같은 대우를 받기 때문에 조금은 억울할 것 같다.

다음은 평등이 더 중요하다고 선택한 학생들의 답변이다.

· 사회에는 서포트를 받지 못하는 학생들이 많고, 다양한 장애를 가진 사람들도 있다. 그중 지적 장애인은 공부나 일을 할 수 있는 능력이 부족하기 때문에 국가의 도움이 필요하다고 생각한다.
· 사람마다 조건과 환경이 서로 다르므로 평등이 더 중요하다고 생각한다.
· 똑같은 출발점에서 평등하게 시작하는 것이 옳다고 생각한다. 누군가는 더 유리하고 누군가는 더 불리한 상황이 오지 않게 노력해야 한다.
· 사회적 약자를 챙기느라 평범한 사람들이 역차별을 받는 경우가 생길 수도 있다. 하지만 사회적 약자를 챙기지 않는다면 개인 간의 격차는 더욱 벌어질 것이다. 역차별도 문제지만 사회적 약자들의 삶이 너무 많이 힘들어지는 것이 더 큰 문제라고 생각한다.
· 개인의 자유를 추구하면 능력에 따라 공부하고 돈을 벌 수 있겠지만, 사회 구성원들의 평등을 추구하면 사회적 약자에게도 기회가 주어진다고 생각하기 때문에 평등이 더 중요하다.
· 평등하지 않으면 사회적으로 약한 사람이 생기고, 점점 더 격차가 벌어지면 그 사람들은 더 이상 살기 어려워질 것이다.
· 평등하지 않고 사람들이 자신의 자유만 중요시한다면 개인 간의 다툼이 일어날 수도 있고, 사람들은 점점 자신만 생각하며 살게 될 것이다.
· 평등이 더 중요하다고 생각한다. 왜냐하면 나 혼자 편한 것보다는 다 함께 평등하게 생활하는 것이 좋을 것 같기 때문이다. 다 같이 평등하

게 살다 보면 언젠가는 자신에게 자유도 찾아올 것 같다.

한 반에서 한두 명을 제외한 대부분의 학생들이 평등을 선택했다. 평등을 선택한 학생들은 장애인, 조건이 불리한 사람, 출발점이 다른 사람 등 사회적 약자들을 위해 평등이 더 중요하다고 답했다. 또한 불평등해지면 갈등이 일어날 것이라고 우려하는 학생들도 있었다.

소수지만 자유를 선택한 학생들은 노력에 따른 적절한 보상이 있어야 개인과 사회가 발전한다고 생각했다. 평등이 강화되면 오히려 억울할 것 같다는 학생도 있었다.

앞 단원에서 차별을 주제로 6차시에 걸쳐 학습했고, 이때 사회적 약자를 주로 다루었기 때문인지 평등을 중시하는 입장이 압도적으로 많았다. 우리의 예상과는 달랐지만 처음에 계획하고 있었던 사회권의 필요성을 강조하는 수업을 진행하는 데는 우호적인 상황이어서 반갑기도 하였다.

3차시: 내가 좋아하는 헌법 조항 고르기

Q1. 『손바닥 헌법책』의 제2장 국민의 권리와 의무(제10조~제37조)를 함께 읽는다. 가장 마음에 드는 헌법 조항을 고르고, 그 이유를 함께 말해 봅시다.

3차시에는 헌법을 함께 읽고, 가장 마음에 드는 헌법 조항과 그 이유에 대해 이야기 나누는 활동을 하였다. 가장 많은 학생들이 선택한 헌법 조항은 인간으로서의 존엄과 가치 및 행복 추구권을 명시한 제10조(33%)였다.

제10조 모든 국민은 인간으로서의 존엄과 가치를 가지며, 행복을 추구할 권리를 가진다. 국가는 개인이 가지는 불가침의 기본적 인권을 확인하고 이를 보장할 의무를 진다.

두 번째로 많은 학생들이 선택한 조항은 모든 국민이 차별받지 않고 동등하게 대우받을 수 있는 평등권을 명시한 제11조(28%)였다.

① 모든 국민은 법 앞에 평등하다. 누구든지 성별·종교 또는 사회적 신분에 의하여 정치적·경제적·사회적·문화적 생활의 모든 영역에 있어서 차별을 받지 아니한다.
② 사회적 특수계급의 제도는 인정되지 아니하며, 어떠한 형태로도 이를 창설할 수 없다.
③ 훈장 등의 영전은 이를 받은 자에게만 효력이 있고, 어떠한 특권도 이에 따르지 아니한다.

학생들의 인권의 보편성에 대한 확고한 인식과 차별에 대한 부정적인 인식이 반영된 결과로 보인다. 제10조와 제11조를 선택한 이유는 "인권은 출생 신고다. 누구나 태어나자마자 가지기 때문이다.", "똑같은 출발점에서 평등하게 시작하는 것이 옳다고 생각하기 때문이다. 누군가는 더 유리하고 누군가는 더 불리한 상황이 오지 않게 노력해야 한다." 등 지난 1, 2차시에서 제시했던 인권과 평등의 중요성을 설명한 근거와 유사했다. 좋아하는 헌법 조항 3, 4위는 제34조*(3.0%), 제37조**

---

* 제34조 ①모든 국민은 인간다운 생활을 할 권리를 가진다. ②국가는 사회보장·사회복지의 증진에 노력할 의무를 진다. ③국가는 여자의 복지와 권익의 향상을 위하여 노력하여야 한다. ④국가는 노인과 청소년의 복지향상을 위한 정책을 실시할 의무를 진다. ⑤신체장애자 및 질병·노령 기

(2.5%)가 꼽혔다. 이런 조항들이 있어서 우리 생활의 일상성과 평화가 지켜진다는 것을 인식하고 있었다.

4차시: 우리에게 가장 필요한 헌법 조항 고르기

Q1. 지금 우리에게 가장 필요하다고 생각되는 헌법 조항을 고르고, 그 이유를 말해 봅시다.

4차시에는 가장 필요하다고 생각하는 헌법 조항을 고르고, 그 이유는 무엇인지 이야기 나누는 활동을 하였다.

1위(28%)는 제17조 "모든 국민은 사생활의 비밀과 자유를 침해받지 아니한다."였다. 많은 학생들이 그 조항을 선택한 근거로, 연예인들의 사생활 침해와 그로 인해 그들이 겪는 불편에 관해 이야기하였다. 그 밖에 본인의 방에 형제자매가 노크도 없이 들어와서 겪었던 불편함, 부모님이 친척들에게 본인의 이야기를 함부로 했을 때 느꼈던 불쾌감 등을 근거로 들었다.

2위(15%)는 3차시 활동인 내가 좋아하는 헌법 조항 고르기에서 3위였던 제34조 1항인 "모든 국민은 인간다운 생활을 할 권리를 가진다."였다. 이 조항을 선택한 이유를 발표하면서 학생들은 자연스럽게 '인간다운 생활은 과연 무엇인가'에 대해 각자 정의를 내리고, 한 명씩 돌아가며 말하였다. 그중 "인간다운 삶이란 하고 싶은 것을 하면서 사는

타의 사유로 생활능력이 없는 국민은 법률이 정하는 바에 의하여 국가의 보호를 받는다. ⑥국가는 재해를 예방하고 그 위험으로부터 국민을 보호하기 위하여 노력하여야 한다.
•• 제37조 ①국민의 자유와 권리는 헌법에 열거되지 아니한 이유로 경시되지 아니한다. ②국민의 모든 자유와 권리는 국가안전보장·질서유지 또는 공공복리를 위하여 필요한 경우에 한하여 법률로써 제한할 수 있으며, 제한하는 경우에도 자유와 권리의 본질적인 내용을 침해할 수 없다.

것이다."라는 의견에 많은 학생들이 공감하였다. 다수의 학생들이 지금은 본인들이 하고 싶은 것을 하지 못하며 살고 있다고 생각하였다.

3위(10%) 역시 3차시 활동에 나왔던 제11조 1항으로 법 앞의 평등을 강조하는 내용이었다. 우리 사회에 차별이 많다며 나이 차별, 외모 차별, 성적 차별 등을 자신의 경험을 중심으로 이야기하였다. 4위(8%)는 제36조 1항*으로 집에서 자신이 오빠나 남동생보다 설거지를 많이 하는 것, 뉴스에서 본 명절 풍경 등을 근거로 들면서 여성들이 상대적으로 불리한 대우를 받고 있다고 말했다. 5위(2%)가 종교의 자유를 보장하는 내용인 제20조**인 것은 매우 의외였는데, 길에서 광적인 기독교인이나 사이비 종교 신도들을 만나 불쾌하거나 무서웠던 경험 등이 그 원인이었다.

이와 같은 학생들의 답변을 접하고 우리는 고민에 빠졌다. 인권은 누구에게나 보편적인 것이라며 자유보다는 평등이 중요하다고 말하고, 가장 좋아하는 헌법 조항으로 제10조, 제11조를 선택한 학생들이다. 그렇다면 우리에게 필요한 조항을 고르는 활동에서는 제32조***, 제33조****, 제34조와 같은 사회권을 다룬 조항을 선택할 것이라고 생

• 제36조 ①혼인과 가족생활은 개인의 존엄과 양성의 평등을 기초로 성립되고 유지되어야 하며, 국가는 이를 보장한다.
•• 제20조 ①모든 국민은 종교의 자유를 가진다. ②국교는 인정되지 아니하며, 종교와 정치는 분리된다.
••• 제32조 ①모든 국민은 근로의 권리를 가진다. 국가는 사회적·경제적 방법으로 근로자의 고용의 증진과 적정임금의 보장에 노력하여야 하며, 법률이 정하는 바에 의하여 최저임금제를 시행하여야 한다. ②모든 국민은 근로의 의무를 진다. 국가는 근로의 의무의 내용과 조건을 민주주의원칙에 따라 법률로 정한다. ③근로조건의 기준은 인간의 존엄성을 보장하도록 법률로 정한다. ④여자의 근로는 특별한 보호를 받으며, 고용·임금 및 근로조건에 있어서 부당한 차별을 받지 아니한다. ⑤연소자의 근로는 특별한 보호를 받는다. ⑥국가유공자·상이군경 및 전몰군경의 유가족은 법률이 정하는 바에 의하여 우선적으로 근로의 기회를 부여받는다.

각했다. 거기서부터 학생들이 선택한 헌법 조항에 근거해 사회권의 등장 배경, 사회권의 가치를 공부하려는 것이 우리 계획이었다. 그런데 학생들이 가장 필요한 헌법 조항으로 꼽은 조항들은 대부분 자유권을 다룬 조항이었다.

헌법을 통해 인권교육을 하는 것이 의미 있는 시도라고 생각했고, 특히 사회권을 집중적으로 조명함으로써 인권의 보편성을 보장하는 헌법의 역할을 알려 줄 수 있을 것으로 기대했다. 그런데 무엇이 잘못되었던 것일까? 우리는 길을 잃었고 처음으로 돌아가, 인권과 헌법에 대해 다시 생각해 보기로 했다.

4. 다시, 헌법 공부를 하다

헌법으로 인권교육을 하고자 목표를 세웠지만, 우리의 계획대로 수업은 진행되지 않았다.

목표 설정이 잘못된 것일까? 방법상의 오류일까? 그래서 함께 헌법 공부를 하면서, 다시 계획을 세워 보기로 했다. 각자 나름대로 논문도 찾아 읽어 보고 시중에 나온 헌법 관련 책도 찾아보면서, 헌법과 인권교육의 연결고리를 찾으려고 고심했다. 우리가 함께 읽은 책과 토론 내용을 공유한다.

•••• 제33조 ①근로자는 근로조건의 향상을 위하여 자주적인 단결권·단체교섭권 및 단체행동권을 가진다. ②공무원인 근로자는 법률이 정하는 자에 한하여 단결권·단체교섭권 및 단체행동권을 가진다. ③법률이 정하는 주요방위산업체에 종사하는 근로자의 단체행동권은 법률이 정하는 바에 의하여 이를 제한하거나 인정하지 아니할 수 있다.

『당신이 허락한다면 나는 이 말 하고 싶어요』(김제동)

현아 선생님, 이 책을 읽고 나서 헌법이 일상과 얼마나 맞닿아 있는지 알게 되었어요. 일상 속에서 헌법 조항이 나를 어떻게 지켜 주고 있는지, 그리고 어떤 행위가 인권 침해에 해당되는지 쉽게 설명해 줘서 많은 사람들이 공감할 수 있을 것 같아요. "맞네, 이거 인권 침해네."라고 혼자 중얼거리면서 이 책을 읽었어요. 이 책을 읽기 전까지만 해도 헌법이 판·검사나 변호사의 전유물이라고 생각했어요. 그런데 이제 평범한 우리가 헌법을 왜 읽어야 하는지, 내 권리를 어떻게 지켜야 하는지 알게 되었어요. 헌법을 다시 찬찬히 음미하며 읽고 싶다는 욕구도 생겼어요.

미경 저도 그렇게 느꼈어요. 흔히 법은 국민을 통제하는 수단이라고 생각하잖아요. 우리가 일상에서 주로 접하는 법은 이런저런 사항을 강제하고 규제하는 법률이다 보니 그렇게 생각하는 것 같아요. 새롭게 적용되는 교통 법규를 모르면 벌금 등 손해를 볼 수 있어서 관심을 갖지만, 추상적 이상을 담고 있는 헌법에는 관심을 가질 필요성을 크게 느끼지 못했어요. 하지만 이 책을 읽으면서 김제동 씨만큼은 아니지만 헌법에 대한 애정을 가지게 되었어요.

현아 저도요.

미경 특히 김제동 씨가 좋아한다는 헌법 제37조 1항 "국민의 자유와 권리는 헌법에 열거되지 아니한 이유로 경시되지 아니한다."는 조항이 마음에 남았어요. 내 권리가 보호받고 있다는 느낌이 들거든요. 하지만 한편으로 의구심도 생겼어요. 경시하지 않는다고? 정말 그런가?

민주화가 되기 전의 사회를 경험했던 나는 헌법에 대한 의심을 완전히 떨치지는 못했지만, 우리 학생들은 헌법이 우리를 지켜 준다는 것을 의심하지 않고 믿을 수 있었으면 좋겠어요. 선생님은 책을 읽으며 마음에 와닿는 부분이 있었나요?

현아 저는 김제동 씨가 헌법을 나의 든든한 '백'이라고 비유한 것이 참 적절하다고 생각했어요. 사실 저는 지극히 평범한 대한민국 국민이라 뒤를 든든히 지켜 줄 백이 없거든요. 그런데 뭐랄까? 백이 생긴 기분이 정말 들더라고요. 백이 있다는 사실을 알아야 활용할 수 있겠죠? 그래서 헌법에 대해 잘 아는 것이 굉장히 중요하다는 생각을 다시 했어요. 그리고 누군가 나의 인권을 침해할 때 "이건 반헌법적이야!"라는 말로 대응하라고 알려 준 부분이 흥미로웠어요. 앞으로 이 표현을 자주 사용해야겠어요.

미경 네, 저도 이 부분을 학생들에게 알려 주면 좋겠다고 생각했어요. 엄마가 친구와의 문자 통화 내용을 보고 싶어 하실 때, "어머니, 지금 헌법 제17조˙를 위반하는 반헌법적인 행위를 하시는 겁니다."라고 말해 보라고요.

현아 사실 인권을 침해당하면 당황스러워서 어떻게 대응해야 할지 모르잖아요. 그런데 반헌법적이라는 표현은 격식 있으면서도 단호한 표현이라는 생각이 들어요. 나의 권리를 알고, 권리를 침해당했다는 것을 인지하고, 그것의 구제를 요청하는 것이 인권 존중의 시작이 될 수 있잖아요. 나의 권리를 안다는 것은 남의 권리를 안다는 것과도 같

• 제17조 모든 국민은 사생활의 비밀과 자유를 침해받지 아니한다.

고, 나의 권리를 구제받으면 선행 사례가 되어 다른 사람의 권리도 구제해 줄 수 있으니까요. 하지만 인권교육은 여기서 그치지 않고, 한 발 더 나아가야 한다고 생각해요.

김제동 씨가 헌법에 대해 이야기하면 많은 사람들이 "네가 뭔데 헌법을 이야기하냐?"라는 반응을 보였다고 하잖아요. 이 책을 읽기 전이라면 저도 그랬을 것 같아요. 그래서 김제동 씨가 제목을 이렇게 지었구나 하는 생각이 들었어요. 허락을 구하면서까지 "헌법은 네 꺼야! 네 백이라고!" 하고 말해 주고 싶어서요. 근데 저도 선생님이랑 같은 의구심이 들긴 했어요. 정말? 내 백이라고? 과연…….

미경 맞아요. 헌법이 우리를 보호해 준다고 하지만, 헌법이 항상 선한 것이고, 정당하고, 절대적이라는 생각도 경계해야 한다고 생각해요. '헌법주의'라는 말이 있는데, 헌법주의는 헌법에 따라 통치하는 것, 말 그대로 그냥 헌법에 적힌 대로만 통치하면 된다는 의미래요. 이때 좋은 헌법이냐, 나쁜 헌법이냐는 문제가 되지 않아요. 예를 들면, 나치는 대량 학살에 앞서 이를 정당화 할 「뉘른베르크법」을 미리 만들었고, 나치 공무원들은 그 법대로 집행을 했죠. 아돌프 아이히만이나 『어느 독일인의 삶』을 쓴 브룬힐데 폼젤 등 나치에 복무했던 사람들이 죄의식을 느끼지 않는다는 사실이 우리에게는 충격적이죠. 하지만 그들은 한결같이 "나는 공직자로서 법에 따라 행동했을 뿐이다."라고 변명하고 있어요.

현아 유신 헌법이 박정희의 독재를 정당화하는 역할을 했던 것이나 일제 강점이 국제법상 합법이라는 일본의 주장과도 일맥상통하네요.

미경 네, 국가 권력의 부당한 행사를 정당화하는 데 헌법을 이용한 거죠. 의심하지 않으면 아이히만이나 폼젤처럼 본인이 선량하다고 생각하는 가해자가 될 수도 있는 거예요. 저도 공무원이니까 그들과 같은 상황에 놓였을 때 나는 어떤 선택을 했을까 생각해 보았는데, 그들과 다르게 행동했을 거라고 장담하지는 못하겠어요.

현아 의심, 중요한 키워드네요. 지난번에는 헌법으로 어떻게 인권교육을 할지 방법만을 고민했었는데, 헌법 자체를 문제 삼아 수업을 진행하는 것도 재미있겠네요. 정리하면 헌법은 특정 계층의 전유물이 아니라 우리 일상과 맞닿아 있고 우리의 인권을 지켜 주는 보호 장치라는 점을 상기시키면서, 한편으로는 헌법이 국가 권력을 통제하는지 아니면 우리를 통제하는지 의심하고 감시해야 한다는 것을 알려 주어야겠네요. 어렵지만 꼭 다루어야 할 부분이라고 생각해요.

> 토론 일지1
> · 헌법은 우리의 일상과 연결되어 있는 우리 모두의 것이다.
> · 헌법은 인권의 보호 장치다. 인권을, 나의 권리를 침해당하면 구제를 당당히 요구해라.
> · 헌법을 의심하라!

『우리에게는 헌법이 있다』(이효원)

미경 선생님, 제가 추천한 유튜브 채널 〈서가명강〉에서 총 여덟 강좌로 이뤄진 〈우리에게는 헌법이 있다〉라는 강의 들어 보셨어요? 요즘에는 유튜브를 통해 서울대 교수님의 강의도 들을 수 있고, 지식을 공유하기에 참 좋은 세상이에요.

현아 네, 저자가 강의를 통해서 책의 내용을 설명해 주니 더 쉽게 이해되어 좋았어요. 덕분에 헌법 자체에 대한 이해뿐만 아니라 국가와 헌법의 관계, 헌법 시스템에서 국민 주권이 어떻게 실현되는지, 개인의 행복과의 상관관계 등에 대해 깊이 생각해 볼 수 있었어요. 특히 국가와 헌법의 관계를 다시 고민해 보면서 우리나라 헌법으로 인권교육을 할 수 있다는 가능성을 확인했어요.

미경 저자가 서문에서 "왜 헌법이라는 잣대로 살펴봐야 할까?"라고 질문을 던지고 "헌법은 국가의 기본적인 사상과 비전을 담고 있다. 개인이 어떻게 살 것인지를 철학하듯이 인공적인 인격체인 국가가 어떻게 유지되고 발전할 것인지를 고민해 규범으로 체계화한 것이 헌법이다. 행복한 국가의 미래상이 헌법인 것이다. 헌법은 대한민국의 현실적인 자기이해를 위한 수단이자 기준이다. 대한민국을 제대로 이해하기 위해서는 현실을 인식하고 헌법을 통해 재인식하는 과정을 반복해야 한다."라고 스스로 답하고 있잖아요. 저도 저자의 의견에 동의해요. 우리나라 인권 보장의 현주소와 나아가야 할 방향을 헌법이라는 거울을 통해 비춰 보는 과정이 충분히 의미 있다는 생각이 들었어요.

현아 그렇죠. 대한민국이 어떤 가치를 지향하는지는 헌법상에 명시되어 있죠. 헌법 조항은, 국민이 국가에게 헌법적 가치를 실현하는 데 필요한 법률을 만들도록 요구할 수 있는 근거가 되고요. 이로써 인권 보장 사회로 나아갈 수 있는 가능성이 있다는 거죠. 저자는 이것을 '자인'과 '졸렌'의 개념으로 설명하잖아요.

미경 네, 맞아요. 재미있는 부분이었죠.

현아 법의 기능과 역할을 명확하게 이해하는 데 도움이 되었어요. 자인은 실제, 사실이고, 졸렌은 가치, 당위인데 실제와 당위가 일치하지 않을 때 그 괴리를 없애 졸렌으로 일치시키는 것이 법이라는 거죠. 법의 기능에 대한 설명 중 가장 명쾌했어요.

미경 맞아요. 강의에서의 설명을 그대로 옮겨 보면 '돈을 빌리고도 갚지 않았다.', '살인을 저질렀다.'라는 사실 판단은 자인이고, '빌린 돈을 갚아야 한다.', '살인을 금지한다.'와 같은 가치 판단은 졸렌이다. 자인과 졸렌이 일치하지 않을 때, 법이 개입해 강제로 돈을 갚도록 하거나 살인자에게 형벌을 주어 졸렌에 자인을 맞춘다는 것이죠.

현아 맞아요. 또 인상적이었던 것은 이효원 교수가 헌법을 국가가 나아가야 할 방향을 비춰 주는 등대에 비유하잖아요. 그러면서 모든 헌법 조항은 사실 'should', 즉 '~해야 한다'라고 읽어야 더 정확하다고 설명한 부분이 공감되었어요. 우리도 학생들과 헌법 조항을 읽을 때 '~해야 한다'로 읽어 보는 건 어떨까요?

미경 should로 조항 읽기, 그거 좋네요. 저도 그 부분이 인상적이었거든요.

현아 지난번에 선생님이 말씀하신 헌법주의에 대한 이야기 있잖아요. '헌법을 지키는 것이 중요한 것이 아니라 어떤 헌법인지를 판단해야 한다.' 이 책에서도 그 부분을 강조하고 있었어요. 헌법은 국가가 나아가야 할 방향을 말해 주는 최고법인데, 그 방향 자체가 옳지 못하면 안

되잖아요.

미경 저자는 책에서 계속 '좋은 헌법'을 강조하잖아요. 우리가 김제동 씨의 책을 읽으면서 토론했던 부분과 연결되는 부분이죠. 저자의 표현을 빌리면 헌법주의는 '법에 의한 지배', '형식적 법치'이고, 그에 대비되는 개념이 '법의 지배', '실질적 법치'예요. 실질적 법치주의의 핵심은 그 법이 민주적인 규범과 질서를 지키고 있느냐에 있다고 해요. 다시 말해 국가 권력이 법에서 정한 방법과 절차에 따라 집행될 뿐 아니라, 그 내용과 결과까지 법적 이념에 부합해야 실질적 법치가 이뤄진다는 거죠. 저자는 헌법이 국민의 동의를 기반으로 해야 한다는 법의 정신을 잘 지키고 있는지 감시해야 한다는 것을, 형식적 법치와 실질적 법치의 대비를 통해 역설하고 있어요.

현아 오호.

미경 법치는 사실 피치자보다는 통치자를 규제하는 성격이 더 커요. 그럼에도 국민들의 준법정신만 강조하고, 정작 국가가 '법의 지배'를 제대로 하고 있는지 감시하는 역할에는 소홀했다는 생각이 들었어요. 학생들에게도 그 감시자로서의 역할이 얼마나 중요한지 알려 주고 싶네요.

현아 국민 주권의 원리에 따라 우리가 감시자의 역할을 해야 한다는 것을 알려 줘야겠군요. 하나 더 보태도 될까요? 학생들에게 좋은 헌법을 우리가 만들 수 있고, 만들어 가야 한다는 것을 이야기해 주고 싶어요.

미경 저는 책을 읽으며 제헌 헌법이 49일 만에 만들어졌다는 사실에 놀랐어요. 그리고 우리 헌법이 짧은 시간 내에 만들어진 것에 비해 매우 괜찮은 헌법이고, 우리가 꽤 괜찮은 나라에 살고 있다는 말이 좋았어요. 한편으로 9번에 걸친 법 개정이 개선이 아닌 개악은 아니었을까 하는 의심이 생겼어요. 이것은 우리끼리 한번 공부해 봐요. 우선 학생들에게 개정이 여러 번에 걸쳐 이뤄졌고, 이 과정에 개입하는 세력이 있다는 것은 알려 주어야 한다고 생각해요.

현아 사실 49일 만에 만들었다고 하지만, 저는 그렇게 생각하지 않아요. 대한민국임시정부가 구성된 1919년부터 독립을 준비하던 독립운동 단체들의 강령이 헌법의 원형이니까요. 그 연장선에 제헌 헌법이 있다고 생각해요. 저는 헌법 개정이 개악의 방향으로 이뤄졌다고 평가해요. 이승만, 박정희, 전두환 등이 모두 장기 집권의 수단으로 헌법을 개정했다고 보니까요. 아마 제 수업을 듣고 있는 3학년 학생들도 그렇게 생각할 것 같아요. 교과서가 주로 정치사 위주로 쓰여 있어서, 대한민국 현대사에서 누가 어떤 목적으로 헌법의 내용을 개정했는지에 대해 배우게 되거든요. 그런데 지금 생각해 보니 학생들이 수업을 통해 잠재적으로 '헌법이 다 좋은 것은 아니다.', '헌법은 정치 지도자가 바꾼다.'라고만 인식할까 걱정이 되네요. 아직 6월 민주항쟁에 대한 수업은 진행하지 않았는데, 그 수업을 할 때 꼭 1987년 개헌은 개선이 분명하고 국민들의 의사가 반영된, 국민들이 만들어 낸 헌법이라는 것을 강조해야겠다는 생각이 드네요.

미경 국민이 헌법을 바꾸는 주체가 된다는 것은 중요하죠. 헌법 개정이 국민 투표에 의해서 이루어지니까 국민에게 최종 결정권이 있다는 것을 기존 수업에서 강조했지만, 그 시작이나 개정의 방향을 정하는 과정에도 국민이 참여할 수 있다는 건 잊고 있었네요.

이제 자유에 대한 이야기를 좀 해 볼까요? 자유와 관련해서 책에서 가장 마음에 들었던 구절은 자유가 모든 사람에게 평등하게 보장되어야 하는 이유가 '인간이 서로 다르고, 이 점에서 모두 동일'하기 때문이라는 말이었어요. 인간의 개별성을 강조함으로써 우리와 다른 타인들이 아니라, 모두 다른 우리들을 말하고 있다는 생각이 들었어요. 저는 차별이 내집단과 외집단을 구별 짓는 것부터 시작된다고 생각해요. 구별 짓기를 통해서 소외되는 타인들을 만들고, 우리를 보호한다는 구실로 타인들의 인권을 침해하는 경우가 많죠.

현아 매우 정치적인 행위인 타자화를 통해 자유에 대해 더 깊이 생각해 볼 수 있군요. 나의 자유와 너의 자유가 충돌할 때 조화롭게 해결해야 하는데, 실제 삶에서는 그렇지 못한 경우가 많은 것 같아요. 모든 인간은 자유를 추구해요. 즉 졸렌의 세계죠. 그렇지만 자인의 세계에서 모든 인간에게 자유가 주어지지 않잖아요. 모든 인간이 존엄하고 가치 있다고 인정받는지, 각각 나름의 자유를 향유하고 행복한지를 생각해 보면 그렇지 않다는 거죠. 특히 경제적 영역에서의 자유를 생각하면, 자인의 세계와 졸렌의 세계의 괴리는 더 크게 느껴져요. 모든 사람들이 자유의 가치를 알고 있지만 자신의 자유를 우선시하기 때문에 인권 침해가 나타나는 거죠. 결국 인권 침해의 원인이 타자화인 것이죠. 인권이 정치 문제임을 다시금 일깨워 주네요.

미경 맞아요. 그래서 평등이 어려운 것 같아요. 평등은 기본적으로 분배를 전제하잖아요. 하지만 나의 것을 나누는 것을 뺏기는 것이라 생각할 수 있고, 나의 자유(재산권)를 침해당한다고 생각할 수도 있으니까요. 졸렌의 관점에서는 나누어야 하지만, 자인의 관점에서는 나의 것을 지키고 싶은 강한 마음, 이게 학생들이 우리 예상과는 다른 방향으로 답을 했던 이유일 수 있겠네요. 아, 우리 수업에서 무엇이 문제였는지 이제 깨달았어요!

토론 일지2
- 헌법 조항을 should로 읽기
- 감시자로서의 역할 알려 주기
- 좋은 헌법을 만드는 주체는 국민이다.
- 자유가 침해되는 이유, 평등이 실현되기 어려운 이유를 함께 고민해 보자.

5. 미완의 수업, 그러나 인권의 정치성에서 길을 찾다

학생들은 평등한 세상을 긍정하면서도 자신의 자유를 중시했다. 자유냐 평등이냐 하는 문제는 쉽지 않은 선택임을 보여 주는 동시에 인권의 갈등적 요소가 그대로 드러난 좋은 사례였는데, 이를 수업에 적절하게 활용하지 못했다는 아쉬움이 들었다. 자유와 평등 중 하나를 선택하도록 한 2차시 수업에도 아쉬움이 남는다. 두 가치에 대해 진지하게 고민해 보게 하려는 의도였지만, 자칫 자유와 평등을 대립적인 개념으로 오해하게 할 우려가 있었다. 다시 헌법 수업을 한다면, 2차시 수업을 마무리하며 '국가로부터의 자유', '국가에로의 자유', '기회의 평등', '조건의 평등' 등을 다뤄 자유와 평등에 대한 이해를 심화하고,

계층에 따라 평등이 전제가 되어야 자유를 누릴 수 있다는 것을 제대로 설명해 주어야겠다는 생각이 든다.

우리는 사회권적 인권을 인권 수업에서 다룬다는 목표를 가지고 있었지만 사회권의 갈등적 요소, 즉 정치성에 대해서는 충분히 이해하지 못한 상태에서 수업에 임했음을 깨달았다. 이제라도 인권의 정치성을 제대로 살펴보기로 했다.

우리 모두의 인권이 중요하다는 것을 알면서도 나의 권리를 포기하기 싫은 것이 인간의 본성이다. 모든 사람의 인권을 존중해야 한다고 하지만, 이를 위해서는 내가 누리던 것을 다른 누군가와 나눠 가져야 한다. 자신이 손해를 입게 될 선택을 받아들이는 것은 결코 쉬운 일이 아니다. 이것이 현실 속 인권의 진짜 속성이다. 인권 침해가 일어나는 원인도 대부분 이 같은 인권의 권력적 속성 때문이다. 권력의 재분배를 전제하는 평등이 실현되기 어렵고, 정치권력을 획득하지 못한 사회적 약자들이 인권에서 가장 먼저 배제되는 까닭도 모두 인권의 권력적 속성으로 설명할 수 있다.

특히 사회권적 인권은 소득 이전을 전제로 하기 때문에 갈등적 요소가 더욱 크다. 소득 이전은 누군가에게는 재산권 즉 자유권적 인권을 침해하는 사안으로 받아들여질 수 있다. 게다가 소득 이전은 돈의 분배를 넘어 권력을 분배하는 단계로까지 이어질 가능성이 있다. 안정적인 소득을 확보한 노동자나 시민들이 노동조합이나 시민단체로 세력화하고 자기 목소리를 내려고 하기 때문이다. 이처럼 인권은 돈과 권력의 분배와 깊은 연관이 있어서 갈등적이고 정치적일 수밖에 없다.

이 같은 깨달음을 바탕으로 우리는 헌법을 통한 인권교육의 방향을 다음과 같이 재설정했다.

첫째, 헌법에 대해 비판적 시선을 가져야 한다. 법은 하늘에서 뚝 떨어진 것이 아니다. 법에는 권력관계가 반영되어 있다. 따라서 법은 누군가에게 유리하고 누군가에게는 불리한 내용을 담고 있다. 헌법을 중립적으로 이해하지 말고 역사적이고 정치적인 맥락에서 이해하는 교육을 해야 한다. 좋은 헌법도 있지만 나쁜 헌법도 있다. 히틀러, 박정희, 그리고 지금의 미얀마 등은 국가 권력의 부당한 행사를 나쁜 헌법으로 정당화하였다. 헌법의 내용과 절차가 민주적인지, 인권을 침해하는 요소는 없는지 살펴야 하는 이유이다.

둘째, 좋은 헌법을 만드는 주체는 시민임을 알아야 한다. 헌법 개정안을 만드는 국회는 국민의 대의기관이다. 또한, 헌법 개정은 국민 투표를 통해 최종적으로 가부가 결정되므로 헌법을 만드는 주체는 시민이다. 우리 사회의 자인의 문제점을 파악하고, 졸렌의 관점에서 모두의 인권이 평등하게 보장될 수 있는 조항을 헌법에 담아 졸렌과 자인의 차이를 해소하여야 한다.

셋째, 헌법의 가치가 잘 지켜지고 있는지 감시해야 한다. 헌법에 명시되어 있다고 해서 우리의 인권이 지켜지는 것은 아니기 때문이다. 인권교육의 역할은 헌법에 인권 관련 조항이 어떻게 추가되었고, 그것이 잘 지켜지고 있는지 감시하는 것까지다.

마지막으로, 교육의 과정 자체도 정치적이어야 한다. 서로의 의견에 대해 옳고 그름을 따지는 것이 아니라, 누구나 서로 다른 자기의 목소리를 낼 수 있어야 한다. 토론을 통해 나의 의견과 다른 사람의 의견의 공통분모를 넓히고, 서로 다름을 통해 인식의 영역을 확장하는 수업이 이루어져야 한다.

헌법과 인권교육 무엇 하나 제대로 알지 못한 상태에서 했던 어설픈 시도의 결과를 지면으로 남기는 것에 대한 두려움이 없지는 않다. 하지만 어떤 시도든 용서되는 새내기 교사와 새로운 시도를 한 것만으로도 의미를 찾을 수 있는 중견 교사의 조합이 만들어 낸 기록이 우리에게는 추억이 되고, 누군가에는 도전할 수 있는 용기를 주었기를 희망한다.

에필로그:
토론하는 동료와 함께 떠나는 즐거운 소풍길

이 글은 『처음 하는 인권교육』의 저자들이 '나에게 100시간 교육의 의미는', '인권교육의 어려움과 극복 방법', '코로나19와 인권교육' 등의 주제를 놓고 벌인 가상의 좌담회 기록이다. 저자들이 각각의 질문에 대해 답변한 내용을 바탕으로 유범상 교수가 전체 내용을 정리했다.

1. 100시간은 ○○이다

유범상(이하 사회자) 반갑습니다. 교사아카데미 100시간을 완주하고, 그 과정과 결과를 이제 책으로 내는 순간에 와 있습니다. 나에게 100시간의 교육은 어떤 의미였는지 궁금합니다.

김용진 서로를 닮아 가는 시간이었습니다. 2018년에 인천광역시교육청과 유범상 교수님이 100시간의 교사아카데미를 기획하고, 2019년부터 시작하여 벌써 3년째 운영하고 있네요(2021년 현재 3기가 연수 중입니다). 100시간 동안의 연수는 신학기인 3월부터 시작해서 다음 해 1월까지 함께 공부하고, 2월부터 출판을 위해 함께 책을 쓰는 과정으로 구성되어 있습니다. 그 과정에서 생각과 마음이 서로 닮아 가는 것 같아요. 지금 서로의 얼굴을 보면 닮은 것 같지 않나요?

고정창 차근차근, 토닥토닥, 따스한 시간이었습니다. 따스함을 느끼지 못했더라면 민주시민교육에 이토록 젖어 들기 힘들었을 것입니다. 동료들에 대한 따뜻한 태도가 서로 닮았다고 할 수 있겠네요.

정미경 처음에는 경력 30년의 교사가 이제 와서 100시간에 달하는 연수를 받을 필요가 있을까 생각했습니다. 그러나 신규 교사인 김현아 선생님과 함께라면 의미가 있을 것 같아 신청했고, 선생님들과 함께한 100시간의 연수에서 존중과 재미, 감동을 얻었습니다.

문준영 제게는 '위험한 투자'였습니다. 처음 연수 과정 공문을 접했을 때, 나의 하루를 돌이켜 보았습니다. 하루 24시간 중 10시간을 학교에서 보내고, 4시간을 육아로 보냅니다. 7시간 정도 수면을 하고, 1시간 정도 식사와 개인 정비를 한다고 생각하니 나에게 남은 시간은 2시간 남짓이었습니다. 100시간의 교육은 산술적으로 1년 365일 중 50일에 해당하는 꽤 무겁고 중요한 일이었습니다. 교직에 있으면서 수업 외에 무엇인가에 이렇게 긴 시간을 들여 본 적이 거의 없습니다. 특히 수업 외 주제로 동료 선생님들과 함께 이야기를 나누고 내 생각을 말해 본 경험이 많지 않았습니다. 저로선 큰 모험이었던 100시간이 새로운 생각과 새로운 동료를 만날 수 있는 장이 되어서 정말 기쁩니다.

호명성 저에게 100시간은 한마디로 '빨간 알약'이었습니다. 영화 <매트릭스>에서 모피어스가 건넨 빨간 알약은 네오를 가짜 세계에서 진짜 세계로 이끌었지요. 저는 100시간의 교육을 통해서 현실을 보는 눈을 가지게 되었습니다.

이동철 저도 호명성 선생님과 비슷해요. 제게는 '결정적 사건'이었습니다. 100시간 연수를 듣고 나서 사회를 바라보는 관점이 크게 바뀌었습니다. 이전에는 사회의 다양한 현상들을 나와는 상관없는 일이라고 생각하며 회피하거나 무시해 왔습니다. 그런데 민주시민교육 100시간을 이수하고 난 후부터 사회의 여러 현상들을 더 이상 그냥 지나칠 수 없게 되었습니다. 무엇인가 불편했습니다. 사회에서 일어나는 일들이 결국에는 나와 관련이 있다는 생각이 들었고, 어떻게 하면 내 주변, 내 수업에서부터 변화를 이끌어 낼 수 있을지 고민하였습니다. 그래서 사회의 구성원이 될 학생들에게 꼭 필요한 것들을 알려 주고자 한 번 더 고민하고 가르칩니다. 또한 사회적 쟁점이 될 만한 이슈들을 수업에서 다루려고 노력합니다. 예를 들어 미얀마, 아프가니스탄 등 세계 각지에서 일어나는 문제들을 수업에 다루어 학생들이 세상을 제대로 바라보며 살아갈 수 있게 하려고 합니다. 이렇게 100시간은 저에게 삶의 패러다임의 전환을 가져온 결정적 사건이라고 할 수 있습니다.

박희현 제게 100시간은 블랙홀이었습니다. 100시간의 과정을 마치고 나면 민주시민에 대해 충분히 이해하고 전문가 행세를 할 줄 알았는데, 배울수록 알 수 없는 블랙홀에 빠진 느낌이었습니다. 배울수록 더 모르겠고, 과제도 너무 많은데다 어렵고, 책까지 써야 한다니, 이런 낭패가 있나! 솔직히 연수 신청할 때 좀 더 신중했어야 했다고 후회하기도 했습니다. 그러나 배움이 결과가 아닌 과정 그 자체로서 의미가 있음을 실감했습니다. 코로나 시국임에도 불구하고 100시간 연수를 완주하다니 동기들 모두 대단하다는 생각이 듭니다. 유범상 교수님을 비롯한 전문가들의 강의는 시민과 인권에 대한 제 무지함을 일깨워 줬습니다. 특히 성찰이 가득한 동기 선생님들의 이야기는 그 자체로 제게 좋은 가이드가 되었습니다.

조영은 제게는 기분 좋은 떨림입니다. 옳다고 믿었던 제 관점에 균열이 가기 시작하면서 스스로를 성찰하게 되었고, 동료들과 함께 토론하며 제가 나아가야 할 방향에 대해 다시 생각해 보았습니다. 교사아카데미 과정 중에는 과연 내가 잘 할 수 있을지 걱정되고 떨리는 순간도 있었습니다. 하지만 동료들과 함께 민주시민이 되는 길을 찾아 간다는 기분 좋은 설렘으로 가득했던 시간이었습니다. 하룻강아지 범 무서운 줄 모른다고 무지했기에 100시간에 겁 없이 도전했고, 퇴근 시간 이후 이루어지는 아카데미에 지칠 때도 있었지만 함께 고민하고 생각을 나누는 광장에서 저는 무척 행복했습니다.

신혜연 저도 행복한 시간이었습니다. 학생으로 회귀할 수 있었던 시간이었죠. 하지만 과제의 유무에 따라 몸과 마음의 무게가 달라졌습니다.

2. 인권교육은 ○○이다

사회자 100시간이 이렇게 다양한 의미였네요. 빨간 알약, 떨림, 블랙홀, 투자 등. 그런데 신혜연 선생님 말씀처럼 행복이 과제가 있고 없음에 좌우된 줄 몰랐습니다! 이제 본격적으로 인권을 주제로 이야기를 해 보기 전에 인권교육의 의미를 먼저 이야기해 봅시다.

손주호 필수교육이라고 생각합니다. 인권교육은 특정 과목에 국한된다고 생각했는데, 모든 교과의 근간이어야 한다는 것을 알았습니다.

김현아 동의합니다. 저도 혐오 표현으로 가득한 인터넷 세상에 자주 노출되는 학생들에게 반드시 필요한 교육이라고 생각해요.

김용진 저는 인권교육이 인권 감수성을 내재화하는 교육이라고 생각해요. 하지만 학교폭력이나 아동학대, 교권 침해 등의 대책을 논의할 때, 인권교육을 통해 문제를 해결하자는 의견은 찾기 힘듭니다. 인권교육을 별개의 사안으로 생각하기 때문이죠. 그러다 보니 인권교육이 스쳐 지나가는 가정통신문이나 계기교육에 머무는 것이 아닌가라는 생각이 들어요.

우성용 인권교육은 빚을 갚는 교육입니다. 이게 무슨 말이냐고요? 학생들에게 채무를 갚는 교육, 즉 마땅히 가르쳐야 했는데 제대로 가르치지 못했던 영역의 교육이라고 생각해요.

이동철 인권교육은 불편함이 아닐까요? 저는 인권교육은 '자기 공간에서 불편함을 발견하는 것'에서 시작해야 한다고 생각합니다. 학생들이 스스로 불편함을 발견할 수 있도록 '밝은 눈'을 길러 주는 것이 교사의 주된 역할이고요. 이를 위해서는 지식과 기능 습득에 중점을 둔 교과 수업이 아니라 삶과 긴밀하게 연결된 통합교육이 이루어져야 합니다. 예를 들어, 우리 마을의 여러 가지 문제를 해결하는 공부를 한다고 가정해 봅니다. 마을의 문제와 해결 방법을 알고 있더라도, 그것이 실제 삶의 문제로 연결되지 않는다면 결국 그 배움은 죽은 지식과 다름없습니다. 우리 마을의 불편 사항, 예를 들면 주차 문제, 쓰레기 문제, 교통 문제 등을 학생들이 스스로 발견하고 해결 방법을 고민하여 직접 해결하는 경험을 하는 것, 그것이 진정한 인권교육이라고 생각합니다.

정미경 이동철 선생님 말씀에 동의합니다. 저는 인권교육은 인권이 저기 어딘가가 아니라 내가 있는 바로 이곳에서부터 지켜져야 한다는 것을 알게 하는 교육이라고 생각합니다.

호명성 같은 맥락인데요, 저는 인권교육을 '잠재적 교육과정'이라고 말하고 싶어요. 우리는 설계된 교육과정을 성실하게 수행하는 과정에서 교육이 이루어진다고 생각하기 쉽습니다. 하지만 인권교육은 의도하지 않은 잠재적 교육과정을 통해 이루어진다고 생각해요. 인권을 가르칠 때 천부인권의 정의, 학생인권의 역사, 인권을 둘러싼 주요 이슈 등을 가르치면 학생들의 인권 인식이 높아질까요? 그보다는 학생을 대하는 교사의 말투나 눈빛, 일상적인 사건을 처리하는 학교의 태도 등을 통해서 학생들은 인권을 배우게 될 것입니다.

박희현 저도 호명성 선생님 생각에 전적으로 동의합니다. 현재 인권교육은 계기교육, 창의적 체험활동의 일환인 일회성 교육, 외부 전문가 특강 등의 형태로 이뤄지고 있습니다. 그러나 인권은 생활 속에서 학습되고 내면화되어야 하기 때문에 '교실 안에서', '교과를 넘어' 교육이 이루어져야 한다고 생각합니다. 교사가 인권을 생활 속에서 실천하며 학생들의 역할 모델이 될 때, 학생들의 삶에 스며드는 인권교육이 될 수 있습니다.

조영은 제게 인권교육은 '문제 해결의 열쇠'입니다. 학생들은 앞으로 복잡하고 불확실한 미래 사회를 살아가며 다양한 문제를 해결하기 위해 다른 사람과 협업하고 연대해야 합니다. 그러나 학생들은 개인주의적 성향이 강하고, 타인과 협업하거나 연대하는 경험이 부족합니다.

따라서 학생들이 인권을 존중하고 존중받는 경험과 협업과 연대의 경험을 해 보는 것이 중요합니다. 또한 교과 수업과 더불어 학교생활의 전 과정에서 공감의 인권 감수성을 함양할 수 있고 자기 목소리를 낼 수 있는 광장을 만들어야 한다고 생각합니다.

정고은 제게 인권교육은 민주시민교육입니다. 민주시민은 인권, 즉 인간의 존엄성이 지켜지는 사회를 지지하는 존재니까요. 그리고 인간의 존엄성이 반드시 지켜져야 할 장소는 다름 아닌 학교와 교실입니다. 우리 학생들이 민주시민으로 성장하기 위해서는 학교가 가장 민주적인 공간이 되어야 하고, 교실에서 제대로 된 인권교육이 이루어져야 합니다.

3. 인권교육, 질문으로 세상을 만나다

사회자 100시간 교육만큼이나, 인권교육에 대한 생각도 다양하군요. 인권교육에 대한 구체적인 생각은 조금씩 다르지만, 인권교육이 민주시민의 필수교육으로 일상에서 이루어져야 한다는 데에는 모두 동의하는 것 같습니다. 앞서 교사아카데미 1기가 『민주주의자들의 교실』을 펴냈는데, 이번 2기는 그 내용과 일맥상통하면서도 인권이라는 특정한 주제로 깊이 들어가는 것 같습니다. 이제 교실 속으로 들어가 볼까 합니다. 교육 현장에서 인권교육을 할 때 겪는 어려움과 극복 방법에 대해 이야기해 보았으면 합니다.

문준영 제가 먼저 이야기해 보겠습니다. 저는 인권교육이 정답이 없어서 어렵다고 생각합니다. 성취기준을 목표로 하는 교과교육과 달리 인권교육은 정확한 답이 없습니다. 그리고 인권교육을 위한 교육 자료도 구하기 쉽지 않습니다.

조영은 정답도 없지만, 제 자신도 인권교육을 받아 본 적이 없어서 더 어려워요. 학창 시절 인권교육을 받지 못한 교사가 대부분인지라 인권교육을 어떻게 해야 하는지 모르는 경우가 많습니다. 타자와 나를 분리하고 연민을 가르치는 것을 인권교육으로 오해하는 경우도 있습니다. 또한 입시 위주의 교육 환경에서 가르쳐야 할 교과의 내용이 너무 많다 보니 인권교육의 중요성을 인식하지 못하는 경우도 많습니다. 이런 점들에 대해 목소리를 내면 부정적으로 생각하는 학교 분위기도 인권교육을 어렵게 만드는 요인이라고 생각합니다.

박희현 저도 조영은 선생님 말씀처럼 교사들이 인권교육에 취약하다는 것을 지적하고 싶습니다. 인권의 중요성이 부각되고 있지만, 이것을 어떻게 교육해야 하는지 교사들조차 배운 적이 없습니다. 관련 연수와 교육 기회가 있어도 당장 맡고 있는 교과 수업이나 평가, 학교 업무 등에 급급하다 보니 선뜻 참여하기 힘듭니다. 게다가 학부모나 관리자들이 인권교육에 대해 부정적인 인식을 갖고 있거나 정치적 색안경을 끼고 바라보는 경향이 있는 점도 인권교육을 하려는 교사들에게 부담이 됩니다.

호명성 교육 현장에서 보면 아직 부족한 인권 감수성이 눈에 띄고, 이것이 학생들에게 상처가 될까 안타까운 경우가 적잖습니다. 일례로 학교 가정통신문에 의례적으로 사용하는 '학부모님'이라는 호칭도 인권 감수성이 부족한 표현이라고 생각합니다. 학생들 중에는 할머니와 사는 아이도 있고, 부모님 모두 계시지 않아 시설에서 지내는 아이들도 있습니다. 학부모라는 범주에 포함되지 않는 보호자가 있을 수도 있다는 생각을 할 때, 인권교육이 시작될 수 있지 않을까요?

이동철 저는 인권 감수성을 민주시민교육과 연결하여 공공성의 문제로 보고 싶습니다. 민주시민은 개인의 일은 물론 공동체의 일도 중요하게 생각합니다. 반면 교실의 개인주의는 갈수록 심화되어 이기주의로 변질되고 있습니다. 학생들은 문제가 발생했을 때 '나랑 상관없는 일이야.', '그 일을 다루기는 너무 힘들어.'라고 생각하는 경향이 있습니다. 성적에만 몰입하는 학생들에게 인권교육은 아직은 그저 학교에서 이따금 받는, 시험과 무관한 수업 정도로 인식되는 것 같아 안타깝습니다. 인권교육이 앞으로 가야 할 길이 먼 것 같습니다.

손주호 인권에 대한 오해와 무지가 가장 큰 어려움이라고 생각합니다. 인권에 대한 관심은 높아지는 반면 인권교육에 대한 제대로 된 이해는 여전히 부족해 보입니다. 특히 인권교육을 하고자 하는 교사 스스로도 인권교육에 대해 온전히 이해하고 있지 못하기 때문에 인권교육에 대한 오해를 바로잡기 어렵습니다.

박희현 인권교육 자체가 난해하게 느껴지는 상황입니다. 어디부터 어떻게 다루고 접근해야 하는지 교육 내용과 방법을 초·중·고 발달 단계에 맞춰 체계화한 교육과정이 없어서 인권교육을 시도하는 것이 쉽지 않습니다.

정미경 그러다 보니 특정 대상의 인권에 대한 교육만 하게 되는 경향이 있어요. 즉 인권교육의 내용을 난민, 장애인, 동성애자 등 사회적으로 소외되기 쉬운 사람들의 인권을 다루는 것으로 한정하는 것이죠. 이 같은 인권교육은 그들을 우리와 다른 타자로 구분하여 인식하게 하는 역효과를 불러오고, 인권교육은 그들을 차별하지 말아야 한다는 것을 가르치는 도덕적 당위의 교육에 그치고 있는 실정입니다.

김현아 저는 인권 존중은 생활 태도에서 묻어나야 하고 인권교육도 생활 속에서 이루어지는 것이 중요하다고 생각합니다. 그런데 교실 여건은 생활 속 인권교육을 하기에 여의치 않습니다. 일례로 담임을 맡은 아이들과 함께 하는 시간이 조·종례 10분이 전부입니다. 게다가 인권교육의 방향과 방법에 대한 교사 간 공감대가 형성되어 있지 않아 일관된 지도가 어려운 상황입니다.

고정창 선생님들의 말씀을 듣다 보니, 인권교육을 학교에만 맡겨둘 것이 아니라 우리 사회 전반이 함께 노력해야 한다는 생각이 드네요. '아이 하나 키우는 데 온 마을이 필요하다.'는 아프리카의 속담처럼 모두가 함께 교육하고, 시민성 함양을 위해 노력해야 합니다.

사회자 고정창 선생님, 적절한 타이밍에 잘 말씀해 주셨습니다. 이제 자연스럽게 인권교육의 어려움을 극복할 수 있는 방안에 대해 이야기해 봅시다.

손주호 저는 100시간을 공부하면서 인권교육을 위해 교사들이 먼저 공부해야 한다는 생각을 하게 되었습니다. 인권교육이 바로 서자면 교사 나름의 소신이 일단 서 있어야 하고, 이를 위해서는 공부가 필요하다고 생각합니다. 교사로서 해야 할 공부가 무척 많지만, 인권교육에 대한 고민을 우선순위에 두었으면 좋겠습니다.

문준영 저는 100시간의 교육이 교사의 문해력 교육이었고, 인권교육 또한 학생들의 삶의 문해력을 높이는 작업이라고 생각합니다. 교사는 학생들에게 삶에 대해 고민해 볼 수 있는 기회를 만들어 주어야 합니다. 이때 학생들에게 바른 가치관, 균형적인 시각을 심어 줄 수 있도록 교사 스스로 문해력을 높이려는 노력을 기울여야 합니다.

이동철 교사들이 인권교육에 집중할 수 있는 시스템이 필요합니다. 여건이 갖춰진 후에 어떤 주제를 가지고 인권교육을 할지는 단위 학교 교사들의 재량입니다. 사회적 쟁점 혹은 학생들의 관심 주제를 인권 수업으로 구현하자면 교사들에게 교육과정 리터러시가 필요합니다. 이는 지속적으로 교육청, 학교, 개인 단위의 연수를 시행하고 인권 수업을 계속해서 개발하면 해결할 수 있는 과제입니다.

정미경 저는 아이들을 민주시민으로 보고 그들에게 말할 권리를 보장하는 것이 중요하다고 생각해요. 자기 목소리로 말하고, 서로의 이야기를 경청하는 것이 인권 존중의 중요한 실천임을 인식시켜야 합니다. 인권존중이 교육 이전에 삶의 일부가 되도록 노력해야 합니다.

호명성 네, 저도 정미경 선생님의 말씀에 동의합니다. 이와 같은 노력이 학생들의 인권 감수성을 키워 줄 것입니다.

조영은 선생님들이 말씀하신 것처럼 교사와 학생이 바뀌기 위해서는 학교가 광장이 되어야 한다고 생각합니다. 학교 구성원 모두가 자기의 목소리를 편안하게 낼 수 있는 공간으로 학교가 바뀌어야 하는 것이죠. 개인의 이익보다는 공동체를 위한 것이 무엇인지 먼저 생각하는 구성원의 노력도 필요합니다.

4. 코로나19에 응답하라, 인권교육

사회자 코로나19는 특히 학교에 충격 그 자체였다고 생각합니다. 코로나19의 맥락에서 인권교육에 대해 이야기해 보았으면 합니다.

김용진 저는 원격 수업이 시작되면서 혐오와 편견, 그리고 차별이 온라인 공간에서 확산되고 있다는 이야기를 많이 들었습니다. 그래서 혐오와 편견을 갖게 한 사회 구조에 대한 이해를 전제로 인권교육이 이루어져야 하고, 그러한 사회 구조를 바꾸기 위해 행동하는 발걸음이 중요하다고 생각합니다.

이동철 저는 코로나19가 인권교육을 포함한 미래교육을 훨씬 더 앞당겼다고 생각합니다. 앨빈 토플러의 지적처럼 교육이 사회 변화의 속도를 따라가지 못한다고 생각했는데, 코로나19로 인해 인권교육의 시기가 앞당겨졌다고 생각됩니다.

정고은 이동철 선생님의 말씀에 동의합니다. 코로나19를 계기로 아이들은 사회의 민낯을 마주하게 되었습니다. 코로나19를 겪으면서 평상시에는 보이지 않던 인권의 문제들이 수면 위로 떠올랐습니다. 재난조차 모두에게 평등하지 않다는 것, 불평등으로 인해 인간의 존엄성이 얼마나 쉽게 훼손되는지 등 좀처럼 접근하기 어려웠던 인권교육의 주제들이 여실히 드러났다고 생각합니다.

정미경 저는 코로나19로 인해 불평등이 심화되고 있다고 생각합니다. 바이러스는 평등하지만, 그 영향은 평등하지 않다는 것을 실감했습니다. 코로나19 치료에 필요한 산소통을 개인이 구매해야 하는 다른 나라들의 상황을 보며 우리나라의 잘 갖춰진 공공 의료 시스템이 다행스럽게 여겨졌습니다. 하지만 중소상인들이 코로나19로 어려움을 겪고 있음에도 불구하고 헌법에서 보장하는 국가배상을 시행하지 않는 것을 보면서, 우리 사회도 갈 길이 멀다는 생각이 들었습니다. 인권의 보장을 위해 정치, 경제, 법적 기반이 얼마나 중요한지를 생각해 볼 기회였습니다.

우성용 저도 정미경 선생님이 말씀하신 것과 비슷한 맥락에서 사회권에 주목해야 한다고 생각했어요. 코로나19로 인해 경제적 어려움이 심화되면서 기본 소득 정책에 대한 관심이 높아졌습니다. 독서 토론을 통해 기본 소득이 왜 보장되어야 하는지 학생들과 함께 살펴보고 정책 제안으로까지 발전시켜 봐야겠다는 생각을 했습니다.

이동철 코로나19 이후의 인권교육은 생태계의 균형을 강조하는 방향으로 나아가야 합니다. 인간이 동물을 먹는 것을 당연시했던 것에 대해 깊이 성찰해야 합니다. 인간이 자연보다 우위에 있는 존재라는 생각에서 벗어나, 생태계의 균형을 지키기 위해 어떤 역할을 할 것인가를 고민해야 합니다. 그리고 전 세계가 연결되어 있음을 인지해야 합니다. 코로나19는 우리나라만 방역을 잘한다고 해결되는 문제가 아닙니다. 세계가 함께 극복하려고 노력할 때 문제를 해결할 수 있습니다. 그렇기 때문에 저는 인권교육이 세계시민교육, 기후위기교육, 동물권교육 등을 모두 아울러야 한다고 봅니다. 이러한 포괄적인 인권교육이 학교에서 가능하려면 교사의 교육과정 자율권이 확대되어야 합니다. 예를 들어 창의적 체험활동이나 교과 시수를 제외한 인권교육을 위한 별도의 시수를 확보하여 학교의 특성에 맞게 운영할 수 있어야 합니다. 평화, 환경, 난민, 동물권 등의 주제를 다루는 인권 수업을 학교의 특성에 따라 운영할 수 있어야 합니다. 현재 경기도, 전라북도의 경우 '학교자율과정', '학교교과목' 등의 이름으로 인권교육을 자유롭게 편성할 수 있는 권한을 부여하고 있습니다. 또한 별무리학교와 같은 대안학교에서는 학생들이 공부하고자 하는 교육과정을 스스로 개설할 수도 있습니다. 2022 개정 교육과정에서 '학교자율시간'을 통해 인권 수업을 할 수 있는 제도적 장치를 만들 예정이라고 들었습니다. 이와 같은 제도적 변화가 더 많이 일어나길 바랍니다.

5. 100시간은 계속된다

사회자 이제 대단원의 마무리 시간입니다. 소회를 한마디씩 들어 보려고 합니다.

김용진 우리의 삶은 낯선 것을 만나고, 이를 인정하는 과정의 연속이라고 생각합니다. 그래서 인권 감수성은 평생을 두고 키워 나가야 할 것 같습니다. 지금 이 대화를 하면서도 앞으로 맞닥뜨리게 될 낯선 것에 대한 막연한 불안함이 있지만, 한층 더 성숙한 인권 감수성을 갖추는 계기가 되어 주리라 낙관하렵니다. 그 끊임없는 배움과 성찰의 길을 여기에 계신 선생님들과 함께 걸어갈 수 있어서 행복합니다.

김현아 동료의 존재가 얼마나 큰 힘이 되는지 새삼 깨달았습니다. 활동 시간은 부족한데 긴 글을 쓰려니 너무 힘들었지만 든든한 정미경 선생님이 함께 해 주셔서 잘 마무리할 수 있었습니다. 완성된 글 못지않게 글을 쓰면서 나눴던 대화의 시간들이 소중하게 기억될 것 같습니다. 또한 교사아카데미의 다른 동료들로부터 실질적인 교수법 차원에서도 도움을 많이 받았습니다. 독서 토론 방법을 전수해 주신 우성용 선생님과 한국 전쟁 관련 사진과 경매 활동 수업 자료를 흔쾌히 공유해 주신 조영은 선생님 감사합니다. 많은 동료를 얻을 수 있어서 참 좋았고 교수님, 장학사님, 향미 국장님, 편집자님, 마북 대표님 모든 관계자 분들께 진심으로 감사드립니다.

손주호 모두에게 감사드립니다. 인권교육에 대한 교사들의 관심이 더 높아졌으면 좋겠습니다.

우성용 교직에 있으면서 가장 먼저, 그리고 가장 진지하게 생각해 봤어야 할 부분을 생각하지 않고 지내 왔다는 것을 교사아카데미를 통해서 알았습니다. 심지어 생각해야 하는지도 모르고 있었습니다. 많이 늦었지만 응당 돌아봐야 할 부분을 이제라도 만나서 눈물이 날 만큼 반가웠고 행복했습니다. 저는 정의를 함께 고민하고 실천할 수 있는 사람을 민주시민이라고 부르고 싶습니다. 그리고 이제부터라도 조금씩 민주시민이 되어 보려고 합니다.

신혜연 제게는 어렵고 불편한 주제였던 인권을 학생들과 교실 안에서 일상처럼 이야기할 수 있다는 희망을 갖게 해 준 교사아카데미였습니다. 유범상 교수님의 진지한 아재 개그, 김향미 국장님의 따스함이 더

해진 스페셜한 간식, 근황 토크를 나누던 선생님들과 김용진 장학사님이 문득문득 그리울 것 같습니다.

이동철 100시간의 연수를 통해서 우리는 인권교육을 해야 한다고 배웠습니다. 그래서 실천하려고 합니다. 어느 순간 이미 학생들과 미얀마 사태를 주제로 수업을 하고 있고, 아프가니스탄 이야기를 하고 있으며, 교과서에서 남자와 여자가 어떻게 표현되고 있는지 세심하게 관찰하고 있습니다. 나아가 인권교육을 삶 속에서 실천하려고 합니다. 인권교육에서 가장 중요한 것이 교사의 삶 자체라고 생각하기 때문입니다. 아무리 수업에서 관련 지식을 열심히 가르친다고 해도 아이들이 가장 쉽게 배우는 것은 저의 모습이니까요. 진짜 교육은 hidden curriculum(잠재적 교육과정)인 것이죠. 매일 나의 말과 행동에는 문제가 없는지 성찰하고 제대로 살아가기 위해 노력하겠습니다.

호명성 교사아카데미 첫 시간에 유범상 교수님이 전해 주신 '세상에는 모든 것을 아는 사람도 없고 아무 것도 모르는 사람도 없다.'는 프레이리의 말이 가슴에 남습니다. 이 말은 제 마음을 참으로 가벼우면서도 열정적으로 만들었습니다. 교사아카데미에서는 꼭 정답을 말할 필요가 없었고, 다른 선생님들의 말 한마디 한마디에 다 배울 것이 있었습니다. 이곳은 완벽한 광장이었고, 교사아카데미에서 만난 선생님은 함께 그 길을 걸어가는 토론 친구가 됐습니다. 우리의 일터도 광장이 되고 동료 선생님들이 토론 친구가 된다면 얼마나 살맛이 날까 상상해 봅니다. 이제 우리는 흩어지지만 각자의 영역에서 광장을 세우고 토론 친구를 만들어 나갔으면 좋겠습니다.

조영은 교사아카데미를 통해 학생을 바라보는 관점, 수업을 설계하는 관점에 변화가 생겼습니다. 인권교육이라는 것을 한없이 어렵게만 생각했는데 관점을 바꾸니 접근 방법이나 질문 자체에도 변화가 생겼습니다. 앞으로도 계속 고민하고 노력하겠습니다. 멘토 역할을 해 주신 유범상 교수님(교수님의 개그가 그리울 것 같습니다.)과 열정적으로 헌신하신 김용진 장학사님, 넉넉한 간식과 푸근한 마음으로 심적 안정감을 주신 김향미 국장님께 감사드립니다. 특히 100시간의 교사아카데미를 하며 선생님들과 나눈 이야기들이 책으로 나올 수 있도록 지속적인 피드백과 격려를 아끼지 않으신 마북의 김민하 대표님 고맙습니다. 무엇보다 낯설었던 첫 만남이 기억나지 않을 만큼 든든한 동료가 되어 주신 2기 선생님들께 감사를 드립니다. 함께 광장에 모여 서로 격려하고 보듬으며 고민을 나눌 수 있었던 100시간의 기억을 소중히 간직하겠습니다. 개인적으로 코로나19로 뒷풀이를 한 번도 하지 못한 것이 아쉽네요.

사회자 서로에 대한 감사의 말로 넘쳐 나는군요. 가을이 왔으니 진짜 감을 사서 파티를 해야겠습니다. 100시간의 여행을 통해 우리에게는 질문이 생겼습니다. 그리고 함께 토론하는 동료도 생겼습니다. 100시간은 끝난 것이 아니라 탐색 과정을 거쳐 이제 본격적으로 시작된 것입니다. 그 길을 응원하고 기대합니다. 모두들 수고하셨습니다.

참고 문헌

1장 인권은 정치다
니콜로 마키아벨리, 『군주론』, 까치, 2015.
켄 로치, 〈나, 다니엘 블레이크〉, 식스틴 필름스 외, 2016.
켄 로치, 〈빵과 장미〉, 패럴랙스 픽처스 외, 2000.

2장 청소년 인권과 학교 인권교육의 역사
교육부, 『초·중등학교 교육과정 총론』, 2015.
교육부, 『2015 개정 국가교육과정 총론 해설서-초등학교』, 2016.
교육부, 『2015 개정 교육과정 범교과 학습 주제 교수학습자료 인권교육』, 2019.
구정화, 「2015 개정 교육과정의 인권교육 내용체계 분석: 사회/도덕 교과 성취기준을 중심으로」, 『법교육연구』, 13(1), 2018.
박대훈 외, 『중학교 시민과 사회 참여』, 인천광역시교육청, 2021.
옥스팜·스톡홀름환경연구소, 「탄소 불평등에 직면하다(Confronting Carbon Inequality)」, 2020.

3장 교육열과 인권
김영지 외, 『2020 아동·청소년 권리에 관한 국제협약 이행 연구-한국 아동·청소년 인권실태: 총괄보고서』, 한국청소년정책연구원, 2020.
김왕배, 「한국의 교육열」, 『지식의 지평』, 17, 2014.
김위정, 「교육격차 원인과 대응과제」, 『심화되는 교육격차, 어떻게 해소할 것인가』 (제6차 토론회 자료집), 교육을바꾸는사람들·좋은교사운동·서울특별시교육청, 2020.
마이클 J. 세스, 『한국교육은 왜 바뀌지 않는가?』, 학지사, 2020.
보건복지부·중앙자살예방센터, 『2020 자살예방백서』, 중앙자살예방센터, 2020.

유성상, 『인권과 학교교육』, 박영스토리, 2020.
한국교육과정평가원, 「2020년 국가수준 학업성취도 평가 결과」, 2021.
한숭희, 「교육개혁, 이제는 고등평생학습개혁에 사활을 걸어라」, 『교육비평』, 44, 2019.
BBC, 〈Suneung: The day silence falls over South Korea〉, 2018년 11월 26일 방영.

4장 기후위기와 인권
교육부, 『초등학교 사회 6-2』, 2019.
육근록 외, 『고등학교 통합사회』, 동아출판, 2018.
한국교육개발원, 『고등학교 공통사회(상) 일반사회』, 교육부, 1996.

5장 인권교육이 어려운 이유
구정화, 『청소년을 위한 인권 에세이』, 해냄, 2015.
김자영 외, 「학교 인권교육의 문제점과 개선 방향에 대한 질적 탐색」, 『법교육연구』, 14(2), 2019.
이은진, 「인권교육에 관한 3가지 질문」, 『지금서울교육』, 2019년 10월호.
크리스티네 슐츠-라이스, 『청소년 인권 수첩』, 양철북, 2010.

6장 학생인권의 바로미터, 학생자치
국가교육회의, 『제2기 국가교육회의 백서』, 국가교육회의, 2019.
김요섭 외, 『학생자치, 학생주권시대를 열다』, 테크빌교육, 2020.
앤서니 기든스, 『자본주의와 현대사회이론』, 한길사, 2008.
인천광역시교육청, 『학생자치 안내서』, 인천광역시교육청, 2019.
파울로 프레이리, 『페다고지』, 그린비, 2018.

7장 인권의 눈으로 본 다문화교육
교육부, 『초등학교 도덕 4』, 2021.
교육부, 『초등학교 사회 4-2』, 2021.
교육부, 『초등학교 사회 6-2』, 2021.

8장 예술로 만나는 인권교육
뱅크시, 『Wall and Piece』, 세리프, 2015.
현영호 외, 『고등학교 미술』, 비상교육, 2018.

10장 질문을 바꾸니 보이는 인권교육
김영지·김희진, 『아동·청소년 권리에 관한 국제협약 이행 연구: 한국 아동·청소년 인권실태 2019 기초분석보고서』, 한국청소년정책연구원, 2019.
이은진, 『인권 수업』, 지식프레임, 2018.
인천광역시교육청 학교민주시민교육 교사아카데미, 『민주주의자들의 교실: 민주시민교육의 철학』, 마북, 2020.
인천광역시교육청 학교민주시민교육 교사아카데미, 『민주주의자들의 교실: 민주시민교육의 실천』, 마북, 2020.

11장 인권이 살아 있는 토론 수업을 꿈꾸며
사울 D. 알린스키 『래디컬 급진주의자여 일어나라』, 생각의힘, 2016.
심성보 외, 『보이텔스바흐 합의와 민주시민교육』, 북멘토, 2018.
유범상, 『이매진 빌리지에서 생긴 일』, 지식의날개, 2019.
유범상, 『정의를 찾는 소녀』, 마북, 2020.
임영규, 『독서토론 이야기』, 박이정, 2019.
파울로 프레이리, 『페다고지』, 그린비, 2018.

12장 비주류 학생들과 함께한 인권 수업 이야기
한국여성의전화, 먼지차별 캠페인, http://hotline.or.kr/board_FQuI88/47806

13장 헌법과 인권교육을 위한 '대화'
김제동, 『당신이 허락한다면 나는 이 말 하고 싶어요』, 나무의마음, 2018.
대한민국헌법, 헌법 제10호, 1987. 10. 29. 전부 개정.
'우리에게는 헌법이 있다', 서울대 법학전문대학원 이효원 교수의 헌법강의, https://www.youtube.com/watch?v=GkKwfKrISlU&list=PLYBNshK3Y2yKRtquvJdWDTG4hkgabimWZ
이효원, 『우리에게는 헌법이 있다』, 21세기북스, 2020.

처음 하는 인권교육
배우며 실천한 공감의 인권 수업

초판 1쇄 발행 2021년 11월 15일
지은이 인천광역시교육청 학교민주시민교육 교사아카데미
펴낸이 김민하 **펴낸곳** (주)마북 **등록** 제353-2019-000023호(2019년 10월 24일)
인천시 남동구 소래역남로16번길 75 에코메트로3차 더타워상가 B103-5호
전화 070-8744-6203 팩스 032-232-6440 이메일 mabook365@gmail.com
www.mabook.co.kr, blog.naver.com/mabook365, facebook.com/mabook365

편집 이영은 **디자인** 공미경 **인쇄·제책** 한영문화사

ISBN 979-11-969348-6-6 04370
ISBN 979-11-969348-1-1(세트)

이 책은 저작권법에 따라 보호를 받는 저작물이므로 무단 전재와 무단 복제를 금하며,
이 책의 전부 혹은 일부를 사용하려면 반드시 (주)마북의 허락을 받아야 합니다.